老科学家学术成长资料采集工程丛书

孙国华"中国牌"心理学先庚传

阎书昌 周广业 高云鹏 ◎ 著

1903年	1916年	1925年	1931年	1938年	1946年	1950年	1952年	1996年
出生于安徽金榜	考入清华学校	留学斯坦福大学	任教清华大学	任教西南联大	复员回清华大学任心理系主任	受聘中国科学院专门委员	任教北京大学	逝世于北京

老科学家学术成长资料采集工程丛书

逐梦『中国牌』心理学

周先庚传

阎书昌 周广业 高云鹏 ◎ 著

中国科学技术出版社
上海交通大学出版社

图书在版编目（CIP）数据

逐梦"中国牌"心理学：周先庚传 / 阎书昌，周广业，高云鹏著. — 北京：中国科学技术出版社，2021.7
（老科学家学术成长资料采集工程丛书）
ISBN 978-7-5046-8288-8

Ⅰ. ①逐… Ⅱ. ①阎… ②周… ③高… Ⅲ. ①周先庚－传记 Ⅳ. ① K825.1

中国版本图书馆 CIP 数据核字（2019）第 088498 号

责任编辑	李双北
责任校对	焦　宁
责任印制	李晓霖
版式设计	中文天地

出　　版	中国科学技术出版社　上海交通大学出版社
发　　行	中国科学技术出版社有限公司发行部
地　　址	北京市海淀区中关村南大街 16 号
邮　　编	100081
发行电话	010-62173865
传　　真	010-62173081
网　　址	http://www.cspbooks.com.cn

开　　本	787mm×1092mm　1/16
字　　数	288 千字
印　　张	19
彩　　插	2
版　　次	2021 年 7 月第 1 版
印　　次	2021 年 7 月第 1 次印刷
印　　刷	北京华联印刷有限公司
书　　号	ISBN 978-7-5046-8288-8 / K·255
定　　价	106.00 元

（凡购买本社图书，如有缺页、倒页、脱页者，本社发行部负责调换）

老科学家学术成长资料采集工程领导小组专家委员会

主　任：韩启德

委　员：（以姓氏拼音为序）

陈佳洱　方　新　傅志寰　李静海　刘　旭
齐　让　王礼恒　徐延豪　赵沁平

老科学家学术成长资料采集工程丛书组织机构

特邀顾问（以姓氏拼音为序）

樊洪业　方　新　谢克昌

编委会

主　编：老科学家学术成长资料采集工程领导小组办公室

编　委：（以姓氏拼音为序）

定宜庄　董庆九　郭　哲　胡宗刚　胡化凯
刘晓堪　吕瑞花　秦德继　任福君　王扬宗
熊卫民　姚　力　张大庆　张　藜　张　剑
周大亚　周德进

编委会办公室

主　任：孟令耘　杨志宏

副主任：许　慧　刘佩英

成　员：（以姓氏拼音为序）

冯　勤　高文静　韩　颖　李　梅　刘如溪
罗兴波　王传超　余　君　张佳静

老科学家学术成长资料采集工程简介

老科学家学术成长资料采集工程（以下简称"采集工程"）是根据国务院领导同志的指示精神，由国家科教领导小组于2010年正式启动，中国科协牵头，联合中组部、教育部、科技部、工信部、财政部、文化部、国资委、解放军总政治部、中国科学院、中国工程院、国家自然科学基金委员会等11部委共同实施的一项抢救性工程，旨在通过实物采集、口述访谈、录音录像等方法，把反映老科学家学术成长历程的关键事件、重要节点、师承关系等各方面的资料保存下来，为深入研究科技人才成长规律，宣传优秀科技人物提供第一手资料和原始素材。

采集工程是一项开创性工作。为确保采集工作规范科学，启动之初即成立了由中国科协主要领导任组长、12个部委分管领导任成员的领导小组，负责采集工程的宏观指导和重要政策措施制定，同时成立领导小组专家委员会负责采集原则确定、采集名单审定和学术咨询，委托科学史学者承担学术指导与组织工作，建立专门的馆藏基地确保采集资料的永久性收藏和提供使用，并研究制定了《采集工作流程》《采集工作规范》等一系列基础文件，作为采集人员的工作指南。截至2016年6月，已启动400多位老科学家的学术成长资料采集工作，获得手稿、书信等实物原件资料73968件，数字化资料178326件，视频资料4037小时，音频资料4963小时，具有重要的史料价值。

　　采集工程的成果目前主要有三种体现形式，一是建设"中国科学家博物馆网络版"，提供学术研究和弘扬科学精神、宣传科学家之用；二是编辑制作科学家专题资料片系列，以视频形式播出；三是研究撰写客观反映老科学家学术成长经历的研究报告，以学术传记的形式，与中国科学院、中国工程院联合出版。随着采集工程的不断拓展和深入，将有更多形式的采集成果问世，为社会公众了解老科学家的感人事迹，探索科技人才成长规律，研究中国科技事业的发展历程提供客观翔实的史料支撑。

总序一

中国科学技术协会主席 韩启德

老科学家是共和国建设的重要参与者，也是新中国科技发展历史的亲历者和见证者，他们的学术成长历程生动反映了近现代中国科技事业与科技教育的进展，本身就是新中国科技发展历史的重要组成部分。针对近年来老科学家相继辞世、学术成长资料大量散失的突出问题，中国科协于2009年向国务院提出抢救老科学家学术成长资料的建议，受到国务院领导同志的高度重视和充分肯定，并明确责成中国科协牵头，联合相关部门共同组织实施。根据国务院批复的《老科学家学术成长资料采集工程实施方案》，中国科协联合中组部、教育部、科技部、工业和信息化部、财政部、文化部、国资委、解放军总政治部、中国科学院、中国工程院、国家自然科学基金委员会等11部委共同组成领导小组，从2010年开始组织实施老科学家学术成长资料采集工程。

老科学家学术成长资料采集是一项系统工程，通过文献与口述资料的搜集和整理、录音录像、实物采集等形式，把反映老科学家求学历程、师承关系、科研活动、学术成就等学术成长中关键节点和重要事件的口述资料、实物资料和音像资料完整系统地保存下来，对于充实新中国科技发展的历史文献，理清我国科技界学术传承脉络，探索我国科技发展规律和科技人才成长规律，弘扬我国科技工作者求真务实、无私奉献的精神，在全社会营造爱科学、学科学、用科学的良好氛围，是一件很有意义的事情。采集工程把重点放在年龄在 80 岁以上、学术成长经历丰富的两院院士，以及虽然不是两院院士、但在我国科技事业发展中作出突出贡献的老科技工作者，充分体现了党和国家对老科学家的关心和爱护。

自 2010 年启动实施以来，采集工程以对历史负责、对国家负责、对科技事业负责的精神，开展了一系列工作，获得大量反映老科学家学术成长历程的文字资料、实物资料和音视频资料，其中有一些资料具有很高的史料价值和学术价值，弥足珍贵。

以传记丛书的形式把采集工程的成果展现给社会公众，是采集工程的目标之一，也是社会各界的共同期待。在我看来，这些传记丛书大都是在充分挖掘档案和书信等各种文献资料、与口述访谈相互印证校核、严密考证的基础之上形成的，内中还有许多很有价值的照片、手稿影印件等珍贵图片，基本做到了图文并茂，语言生动，既体现了历史的鲜活，又立体化地刻画了人物，较好地实现了真实性、专业性、可读性的有机统一。通过这套传记丛书，学者能够获得更加丰富扎实的文献依据，公众能够更加系统深入地了解老一辈科学家的成就、贡献、经历和品格，青少年可以更真实地了解科学家、了解科技活动，进而充分激发对科学家职业的浓厚兴趣。

借此机会，向所有接受采集的老科学家及其亲属朋友，向参与采集工程的工作人员和单位，表示衷心感谢。真诚希望这套丛书能够得到学术界的认可和读者的喜爱，希望采集工程能够得到更广泛的关注和支持。我期待并相信，随着时间的流逝，采集工程的成果将以更加丰富多样的形式呈现给社会公众，采集工程的意义也将越来越彰显于天下。

是为序。

总序二

中国科学院院长　白春礼

由国家科教领导小组直接启动，中国科学技术协会和中国科学院等12个部门和单位共同组织实施的老科学家学术成长资料采集工程，是国务院交办的一项重要任务，也是中国科技界的一件大事。值此采集工程传记丛书出版之际，我向采集工程的顺利实施表示热烈祝贺，向参与采集工程的老科学家和工作人员表示衷心感谢！

按照国务院批准实施的《老科学家学术成长资料采集工程实施方案》，开展这一工作的主要目的就是要通过录音录像、实物采集等多种方式，把反映老科学家学术成长历史的重要资料保存下来，丰富新中国科技发展的历史资料，推动形成新中国的学术传统，激发科技工作者的创新热情和创造活力，在全社会营造爱科学、学科学、用科学的良好氛围。通过实施采集工程，系统搜集、整理反映这些老科学家学术成长历程的关键事件、重要节点、学术传承关系等的各类文献、实物和音视频资料，并结合不同时期的社会发展和国际相关学科领域的发展背景加以梳理和研究，不仅有利于深入了解新中国科学发展的进程特别是老科学家所在学科的发展脉络，而且有利于发现老科学家成长成才中的关键人物、关键事件、关键因素，探索和把握高层次人才培养规律和创新人才成长规律，更有利于理清我国科技界学术传承脉络，深入了解我国科学传统的形成过程，在全社会范围内宣传弘扬老科学家的科学思想、卓越贡献和高尚品质，推动社会主义科学文化和创新文化建设。从这个意义上说，采集工程不仅是一项文化工程，更是一项严肃认真的学术建设工作。

中国科学院是科技事业的国家队，也是凝聚和团结广大院士的大家庭。早在1955年，中国科学院选举产生了第一批学部委员，1993年国务院决定中国科学院学部委员改称中国科学院院士。半个多世纪以来，从学部委员到院士，经历了一个艰难的制度化进程，在我国科学事业发展史上书写了浓墨重彩的一笔。在目前已接受采集的老科学家中，有很大一部分即是上个世纪80、90年代当选的中国科学院学部委员、院士，其中既有学科领域的奠基人和开拓者，也有作出过重大科学成就的著名科学家，更有毕生在专门学科领域默默耕耘的一流学者。作为声誉卓著的学术带头人，他们以发展科技、服务国家、造福人民为己任，求真务实、开拓创新，为我国经济建设、社会发展、科技进步和国家安全作出了重要贡献；作为杰出的科学教育家，他们着力培养、大力提携青年人才，在弘扬科学精神、倡树科学理念方面书写了可歌可泣的光辉篇章。他们的学术成就和成长经历既是新中国科技发展的一个缩影，也是国家和社会的宝贵财富。通过采集工程为老科学家树碑立传，不仅对老科学家们的成就和贡献是一份肯定和安慰，也使我们多年的夙愿得偿！

鲁迅说过，"跨过那站着的前人"。过去的辉煌历史是老一辈科学家铸就的，新的历史篇章需要我们来谱写。衷心希望广大科技工作者能够通过"采集工程"的这套老科学家传记丛书和院士丛书等类似著作，深入具体地了解和学习老一辈科学家学术成长历程中的感人事迹和优秀品质；继承和弘扬老一辈科学家求真务实、勇于创新的科学精神，不畏艰险、勇攀高峰的探索精神，团结协作、淡泊名利的团队精神，报效祖国、服务社会的奉献精神，在推动科技发展和创新型国家建设的广阔道路上取得更辉煌的成绩。

总序三

中国工程院院长　周　济

由中国科协联合相关部门共同组织实施的老科学家学术成长资料采集工程，是一项经国务院批准开展的弘扬老一辈科技专家崇高精神、加强科学道德建设的重要工作，也是我国科技界的共同责任。中国工程院作为采集工程领导小组的成员单位，能够直接参与此项工作，深感责任重大、意义非凡。

在新的历史时期，科学技术作为第一生产力，已经日益成为经济社会发展的主要驱动力。科技工作者作为先进生产力的开拓者和先进文化的传播者，在推动科学技术进步和科技事业发展方面发挥着关键的决定的作用。

新中国成立以来，特别是改革开放30多年来，我们国家的工程科技取得了伟大的历史性成就，为祖国的现代化事业作出了巨大的历史性贡献。两弹一星、三峡工程、高速铁路、载人航天、杂交水稻、载人深潜、超级计算机……一项项重大工程为社会主义事业的蓬勃发展和祖国富强书写了浓墨重彩的篇章。

这些伟大的重大工程成就，凝聚和倾注了以钱学森、朱光亚、周光召、侯祥麟、袁隆平等为代表的一代又一代科技专家们的心血和智慧。他们克服重重困难，攻克无数技术难关，潜心开展科技研究，致力推动创新发展，为实现我国工程科技水平大幅提升和国家综合实力显著增强作出了杰出贡献。他们热爱祖国，忠于人民，自觉把个人事业融入到国家建设大局之中，为实现国家富强而不断奋斗；他们求真务实，勇于创新，用科技为中华民族的伟大复兴铸就了辉煌；他们治学严谨，鞠躬尽瘁，具有崇高的科学精神和科学道德，是我们后代学习的楷模。科学家们的一生是一本珍贵的教科书，他们坚定的理想信念和淡泊名利的崇高品格是中华民族自强不息精神的宝贵财富，永远值得后人铭记和敬仰。

通过实施采集工程，把反映老科学家学术成长经历的重要文字资料、实物资料和音像资料保存下来，把他们卓越的技术成就和可贵的精神品质记录下来，并编辑出版他们的学术传记，对于进一步宣传他们为我国科技发展和民族进步作出的不朽功勋，引导青年科技工作者学习继承他们的可贵精神和优秀品质，不断攀登世界科技高峰，推动在全社会弘扬科学精神，营造爱科学、讲科学、学科学、用科学的良好氛围，无疑有着十分重要的意义。

中国工程院是我国工程科技界的最高荣誉性、咨询性学术机构，集中了一大批成就卓著、德高望重的老科技专家。以各种形式把他们的学术成长经历留存下来，为后人提供启迪，为社会提供借鉴，为共和国的科技发展留下一份珍贵资料。这是我们的愿望和责任，也是科技界和全社会的共同期待。

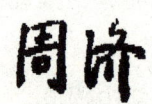

周济

周先庚
（1991年4月清华80周年校庆，摄于二校门）

2012年9月，采集小组到北京大学档案馆查阅周先庚档案资料
（左起：阎书昌、周广业、周文业）

2013年1月，采集小组采访孙昌龄
（左起：高云鹏、孙昌龄、万瑞芬、陈晶）

序

周先庚作为心理学领域目前唯一入选"老科学家学术成长资料采集工程"的科学家，他的学术传记经采集小组的努力，已基本完成。这是一项大工程：撰写者或是周先庚的研究者，或是周先庚生前的得力助手，或是周先庚的家属，他们经过较长时间深入细致地查阅大量档案、著述、手稿、书信、日记、笔记等，并对有关人士进行采访，从繁杂的资料中精心撷取、提炼、编撰而成。我被他们不懈的辛勤工作与可贵的敬业精神感动，向他们表示深深的敬意。

本书的意义十分深远，它不限于对周先生个人学术生平的总结与回顾，让我们深切具体地感受到周先生一生的勤奋工作和成果累累的学术经历；同时也是对中国现代心理学一次难得的审视与见证，它向我们展示了中国现代心理学创建发展的曲折历程，前辈们怎样披荆斩棘奋斗不息。在20世纪二三十年代，他们把中国心理学推向一个繁荣时期，用丰硕的成果为后人的工作奠定了坚实的基础。

周先庚先生是中国实验心理学的奠基人。1925年，22岁的他赴美国斯坦福大学，在生物学院心理系学习实验心理学和生理心理学，受到专业的实验心理技术训练，相继于1926年获学士学位、1928年获硕士学位、1930年获博士学位。1929年，周先庚在第九届国际心理学年会上宣读了利用"四门速示器"研究汉字阅读的论文，同年该论文发表在美国权威期刊《实验心理学杂志》上，对实验心理学的发展起到了积极的推动作用。1931年回国后，任清华大学理学院心理系教授，讲授实验心理学和应用心理学，以实验心理为主攻方向，用实验的方法和技术研究人的各种心理现象，同时也研究心理学各个领域的问题，如汉字心理、工业心理、教育心理、军事心理、社会心理、心理卫生和青年心理等。1932年，与牟乃祚合作编写的《初级心理实验》手册，是目前所知我国最早的自编心理学实验手册，影响深远。

实验心理学的创建使心理学超越了思辨哲学的范畴，成为一门独立的学科。实验心理学是科学心理学的基础，由于它引进了自然科学的研究方法，心理学得以快速发展，不断地产生出各个分支。可以说，心理学的发展要依靠实验心理学。为此，我要向中国实验心理学的开拓者周先庚先生表示崇高的敬意。

从本书可以感受到周先生对中国心理学的繁荣与发展必要遵循之路的一贯主张：一是大力开展对心理学理论与技术的深入研究；二是大力开展应用心理的研究与实践。先生很早就为我们树立了榜样，指明了中国心理学的发展方向。他言传身教，身体力行。周先生在1935年发表的《心理学之观点》一文中引用了实验心理学家布莱恩在1892年的一句话——"心理学家的努力，并不是没有目的的"，这让我联想起老伯恩斯坦一句错误的"名言"——运动是一切，目的是没有的——那是何等荒谬无知。周先生强调不要"为了实验而实验，为了搜集资料而实验，为了计算资料而实验"，而应是"为了求真理而实验"。同年，他在《心理学与心理建设》一文中呼吁对应用心理学的研究要重视和加强，指出心理学服务于社会实践，并且强调心理学应成为人民大众能理解、能接受的科学，他认为为大众所接受是推动心理学发展的重要动力，今天回顾这样的谆谆教导仍令人猛省，发人深思。

周先生一向重视心理学科普工作，他曾教导学生：不要小看科普工作，如果专业工作者只重视研究，忽视向人民大众普及和传授，"知识就是力量"就变成了一句空话。他还曾说过："科普工作者是把高深的理论转换成为大众所理解和接受的通俗知识，进而起到教育人民、提高民族文化素质的作用。"在一个指导研究选题的场合，周先生对他的学生语重心长地讲道："要考虑选题是否有益于世，尽可能地考虑到社会要求，选题不仅要有理论意义，更要有实际应用价值。"早在1931年发表的文章《心理学的回顾》中，周先生就强调心理学要面向大众、面向人类实际生活，他当时倡导"常识心理学"，也就是现在所说的"心理学科普读物"。

我初识周先生是1947年5月16日在辅仁大学大三学习时，当时辅仁与清华的心理系学生各自成立心理学会，举办讲演及茶话会，两系主任分别在两校作学术报告。周先庚先生曾到辅仁大学讲"青年心理的发展"，周先生的博学多才和儒雅风度让全体同学折服。先生的报告对我产生"启蒙"作用，萌发了我对青年心理研究的兴趣。1987年，我在中国青年出版社出版了《青年心理健康顾问》一书，成为风靡一时的科普畅销书，获文化部嘉奖，还被国家教委向全国中小学推荐为"在校期间应读的课外书籍"。20世纪80年代，周先生应邀做北京市社会心理学会顾问时，我任副理事长兼秘书长，二人相逢共忆往事，感慨万千。周先生重视实验心理学的思想对我影响也很深，50年代初，我曾在《光明日报》副刊"教育研究"版面上发表一篇关于如何建立心理实验室的长文，那是我在听苏联专家座谈会发言后写成的。可惜因几次迁居，此文至今遍寻不得。我设想如果当年曾寄一份给周先生请他指教，这份报纸定会保存至今完好无损。

这本传记展示了周先生毕生为心理学勤奋工作、不断开拓创新的精神，取得的丰硕成果和对晚辈后生的关怀与期望。周先生对心理科学的无比热爱，集学者与长者的风度与气度，令我们印象深刻。传记让我们温故知新，更加珍惜现在的大好形势：领导重视、社会需要，心理学科已经成为重点学科。我们应向周先生这样的前辈学习，加强社会责任感，多做"有益于世"的工作。牢记周先庚先生的教导：既要加强心理学基础理论知识的学习与掌握，也要面向实际加强应用心理学的发展。

孙昌龄[①]

2013年11月6日

---

① 孙昌龄（1925-），1948年毕业于北京辅仁大学教育学院心理学系。现为中国教育科学研究院研究员（已离休），北京大学老龄问题研究中心研究员。曾任中国心理学会理事、北京心理学会常务理事、中国社会心理学会常务理事、北京市社会心理学会副理事长兼秘书长等职务。

目 录

老科学家学术成长资料采集工程简介

总序一 ……………………………………………………… 韩启德

总序二 ……………………………………………………… 白春礼

总序三 ……………………………………………………… 周　济

序 ………………………………………………………… 孙昌龄

导　言 …………………………………………………………… 1

第一章　读书全椒 ……………………………………………… 7

　　家世谱系 ……………………………………………………… 7
　　早期学涯 ……………………………………………………… 11

第二章　求学清华 ……………………………………………… 15

　　同学少年 ……………………………………………………… 15

　　　　　　　社团活动 …………………………………………………… 21
　　　　　　　借读东南大学 ………………………………………………… 27

| 第三章 | 留学斯坦福 ……………………………………………………… 31
　　　　　　　择业"心理"，学承名师 ……………………………………… 31
　　　　　　　汉字心理学研究及仪器创制 ………………………………… 37
　　　　　　　社会活动　游学欧洲 ………………………………………… 42

| 第四章 | 回国逐梦：任教清华 …………………………………………… 49
　　　　　　　清华大学心理学系 …………………………………………… 49
　　　　　　　清华心理学实验室 …………………………………………… 55
　　　　　　　科学研究与社会活动 ………………………………………… 59
　　　　　　　教育与工业领域的心理学实践 ……………………………… 62

| 第五章 | 颠沛中的执守：任教西南联大 ………………………………… 67
　　　　　　　主持西南联大心理学组工作 ………………………………… 67
　　　　　　　军事心理学实践 ……………………………………………… 74
　　　　　　　心理学服务于社会 …………………………………………… 90

| 第六章 | 复员北平：重振清华心理学 …………………………………… 94
　　　　　　　重振心理学系 ………………………………………………… 94
　　　　　　　访学美国 ……………………………………………………… 98
　　　　　　　参与筹备中国科学院心理研究所和中国心理学会 ………… 104
　　　　　　　巴甫洛夫学说的引介 ………………………………………… 112
　　　　　　　新中国成立初期的教学活动与科研规划 …………………… 114

| 第七章 | 任教北大 ………………………………………………………… 120
　　　　　　　院系调整，转入北京大学哲学系 …………………………… 120

  积极思想改造，心理学的改造与批判 …………………… 123
  为"有益于世"做科学研究，孜孜不倦 ………………… 130
  忠实教育事业，认真教书育人 …………………………… 137

第八章 | 十年遭难　学科灭顶 ………………………………… 141

  被抄家监改和批斗 ………………………………………… 141
  鲤鱼洲农场劳动 …………………………………………… 147
  继续接受批判改造 ………………………………………… 149

第九章 | 老骥伏枥　志在心理 ………………………………… 156

  重返心理学 ………………………………………………… 156
  翻译心理学教材 …………………………………………… 160
  热情帮助青年教师 ………………………………………… 166
  努力开展心理学工作 ……………………………………… 168

第十章 | 桃李芬芳　蜡炬燃尽 ………………………………… 175

  桃李芬芳 …………………………………………………… 175
  蜡炬燃尽 …………………………………………………… 191

第十一章 | 夫人郑芳 …………………………………………… 197

  书香家族　求学燕京 ……………………………………… 197
  喜结连理　相夫教子 ……………………………………… 198
  登台讲授外语　与病魔抗争 ……………………………… 206
  勤勉笔耕　墨香长存 ……………………………………… 211

结　语　融心理学于生命之中 ………………………………… 214

附录一　周先庚年表 …………………………………………… 224

附录二　周先庚主要论著目录 ………………………………… 255

参考文献	262
后记一	266
后记二	271

图片目录

图 1-1　周先庚所画金城港老家放大图 ················· 7
图 1-2　周先庚手书爱莲堂周氏家谱排行 ·············· 8
图 1-3　周先庚手绘爱莲堂庄园示意图 ················· 9
图 2-1　20 世纪 20 年代初清华学校甲子级同学合影 ·········· 20
图 2-2　清华学生乐队合影 ······························ 24
图 2-3　1924 年清华学校甲子级学生在大礼堂前草坪的毕业照（部分）······ 26
图 2-4　周先庚清华学校毕业证书 ······················· 26
图 2-5　1925 年周先庚等由上海乘船赴美留学前合影 ·········· 30
图 3-1　1925—1929 年在斯坦福大学留学时的导师迈尔斯及其女儿 ······ 32
图 3-2　周先庚在斯坦福大学完成的硕士论文与博士论文 ············ 35
图 3-3　周先庚发明的"四门速示器"背面 ·················· 39
图 3-4　"四门速示器"正面 ····························· 39
图 3-5　周先庚发明的通用型手指迷津 ····················· 41
图 3-6　周先庚手持进取型迷津 ························· 41
图 3-7　周先庚 1925 年购买的打字机 ······················ 42
图 3-8　艾米及其父母 ·································· 44
图 3-9　艾米写给周先庚的第一封信 ······················ 45
图 4-1　1930 年 11 月清华大学为周先庚签发的第一张聘书 ··········· 51
图 4-2　1932 年周先庚与其学生牟乃祚编著的中国第一本心理学实验手册 ··· 54
图 4-3　清华大学心理学系及心理学实验室外景 ··················· 55
图 4-4　周先庚参加心理学名词审查会 ······················· 61
图 4-5　中华平民教育促进会定县实验区各种测验分数年龄分配 ········· 63
图 5-1　1937 年冬周先庚在长沙 ···························· 67

图 5-2　1938 年 6 月周先庚在蒙自设计的西南联大心理实验室图 …………… 69
图 5-3　1943 年 5 月 31 日，周先庚致函吴有训院长、潘光旦教务长请求恢复清华研究院心理学部 …………………………………………………… 73
图 5-4　军官心理测验所筹备试办草案手稿首页 …………………………… 76
图 5-5　1943 年 12 月 31 日周先庚致梅贻琦（月涵）的信 ………………… 77
图 5-6　1945 年 8 月 OSS 昆明测评站部分成员合影 ………………………… 85
图 5-7　默里主题统觉测验英文使用手册及测试图片示例 ………………… 85
图 5-8　曹日昌从中国杂志上选择用于中国军人版主题统觉测验的部分图片 ……………………………………………………………………… 86
图 5-9　西南联大初期三校长联合署名致函周先庚诚邀戴秉衡、丁瓒来校工作 ………………………………………………………………… 89
图 6-1　傅斯年签发的乘机凭证 ……………………………………………… 95
图 6-2　1947 年的清华大学生物学馆心理学实验室 ………………………… 96
图 6-3　周先庚与汪彬、曾性初在做实验 …………………………………… 96
图 6-4　1947 年 5 月周先庚在欢迎辅仁大学心理学系师生参观时致辞 …… 97
图 6-5　辅仁大学心理学系师生参观结束后合影留念 ……………………… 97
图 6-6　1948 年周先庚在耶鲁大学 …………………………………………… 100
图 6-7　周先庚在耶鲁大学研究院中国学生会欢迎会上致辞 ……………… 101
图 6-8　《心理学座谈会记录》首页 ………………………………………… 107
图 6-9　中国科学院专门委员聘书 …………………………………………… 108
图 6-10　心理所筹备委员聘书 ………………………………………………… 109
图 6-11　周先庚草拟的中国科学院心理研究所筹备意见书首页 …………… 110
图 7-1　1954 年周先庚与唐钺、沈履、陈舒永、吴天敏、桑灿南及学生们合影 ……………………………………………………………… 122
图 7-2　1955 年秋北京大学哲学系心理学专业教师与 53、54、55 级学生在哲学楼前合影 …………………………………………………… 122
图 7-3　1954 年中译本《条件反射演讲集》封面 ………………………… 125
图 7-4　《条件反射——动物高级神经活动》 ……………………………… 126
图 7-5　1964 年周先庚翻译《情绪与人格》（第二卷）的手稿 …………… 131
图 7-6　周先庚在北大心理实验室以自己为被试做皮肤电反射实验 ……… 132
图 7-7　1958 年操作活动合理化研究班结业合影 ………………………… 133

图 7-8 《谈天才》封面 …………………………………………………… 136
图 7-9 1955 年 8 月 1 日中国心理学会第一次会员代表大会合影 ………… 137
图 7-10 《情绪测量》讲稿 ……………………………………………… 138
图 7-11 1957 年周先庚在北京体育学院主持生理研究生毕业论文讨论会 …… 139
图 8-1 潘光旦题字的两本剪报本《心理学与生活》…………………… 142
图 8-2 周先庚领取眷粮申请单 …………………………………………… 143
图 8-3 1971 年春北大哲学系教工在江西鲤鱼洲干校欢送军宣队指导员
时合影 ……………………………………………………………… 148
图 8-4 1974 年 8 月大女儿周立业带二子一女首次来京时照的全家福 …… 153
图 8-5 1975 年 4 月周先庚与次子周文业、儿媳安云锦及安云凤、罗晋
（摄于燕东园 42 号甲）…………………………………………… 154
图 9-1 1978 年中国心理学会第二届年会合影 …………………………… 162
图 9-2 周先庚在家审稿 …………………………………………………… 166
图 9-3 周先庚在家油印手稿 ……………………………………………… 166
图 9-4 1981 年 12 月 12 日周先庚参加《中国大百科全书·心理学》
编委会后集体合影 ………………………………………………… 170
图 9-5 1981 年 7 月 15 日在北京心理学会"社会心理座谈会"后，
周先庚与费孝通、林传鼎合影 …………………………………… 171
图 9-6 1980 年周先庚在北大临湖轩会见 J.A.Keats …………………… 173
图 9-7 1984 年秋周先庚与晏振东、晏昇东、胡绍芳等在中山公园聚餐并
合影 ………………………………………………………………… 174
图 10-1 桃李满天下：1982 年 7 月北京大学心理学系教工与首届毕业
生合影 ……………………………………………………………… 176
图 10-2 曹日昌 …………………………………………………………… 177
图 10-3 1983 年张民觉回国参加校庆，与周先庚等人在工字厅前合影 …… 178
图 10-4 王树茂 …………………………………………………………… 179
图 10-5 1988 年 5 月，周先庚参加民革支部活动 ……………………… 192
图 10-6 1988 年北京市社会心理学会第二届学术年会上周先庚与孙昌龄
谈话 ………………………………………………………………… 192
图 10-7 周先庚与郑丕留在家中合影 …………………………………… 193
图 10-8 1989 年 3 月周先庚于柳无非家留影 …………………………… 196

图 11-1	20 世纪 40 年代的郑芳	197
图 11-2	1930 年郑芳入学燕京大学	198
图 11-3	1932 年周先庚与郑芳于清华工字厅合影	199
图 11-4	周先庚与郑芳的结婚证书	199
图 11-5	1938 年 4 月郑芳与孩子们于香港九龙	200
图 11-6	1945 年郑芳、周先庚与孩子们在昆明胜因寺院内合影	203
图 11-7	柳亚子致郑芳手书	205
图 11-8	郑芳在北京体育学院任教时与师生合影	207
图 11-9	周先庚编订的《郑芳文集》剪报本	211

导 言

传主简介

周先庚（1903—1996），现代心理学家，中国实验心理学奠基人。1903年8月10日出生于安徽省全椒县，1916—1924年就读于清华学校。1925年赴美留学，1930年在斯坦福大学生物学院心理学系获博士学位后回国。1931—1952年任教于清华大学，1936—1947年任清华大学理学院心理学系代主任和主任[①]，其中在昆明西南联合大学的八年期间，周先庚一直坚守在心理学教学和科研的第一线，支撑着当时的心理学事业。1952年院系调整，清华大学心理学系并入北京大学哲学系，周先庚也随即调入北京大学工作。1996年2月4日在北京去世。

周先庚自1926年开始学习心理学之后，矢志不渝地追逐着他在心理学事业中的梦想。在美国留学期间，周先庚在汉字心理学方面取得重要成就，并在国际权威期刊上发表了一系列研究报告。周先庚在汉字心理方面

---

① 1936年9月–1937年6月（孙国华系主任赴美国休假讲学）和1940年7月–1946年6月（孙国华因病到四川白沙休养并任国立编译馆编辑兼总务主任），周先庚任清华心理学系代主任，孙国华仍为心理学系主任。1946年6月–1947年10月，周先庚任系主任。西南联大时期，周先庚任西南联大哲学心理学系心理组行政负责人。清华大学在西南联大期间仍保持本校教职员编制和职务的任命不变。

的研究兴趣后来影响到多位学生，并使得他们在汉字心理研究方面做出了贡献。1931年周先庚回国之前，在海外研习心理学专业的留学博士仅有20余位，心理学科学事业在中国刚刚进入专业化发展阶段。周先庚回国后积极投身到这一事业之中：一方面，他在清华大学心理学系从事教学与科研工作。在讲授实验心理学课程过程中，他编写了国内第一部心理学实验手册《初级心理实验》，还在工业心理学、教育心理学、心理卫生与职业指导、军事心理学等多个领域进行开创性的研究和实践工作。另一方面，他与全国心理学者一道开展心理学团体制度建设。例如，周先庚是1937年成立的中国心理学会的主要发起人之一，还参加了专业期刊《中国心理学报》的编辑出版、心理学名词审查等工作。

新中国成立之后，周先庚相继在中国心理学会全国总会上当选为四位常务理事之一，被聘为中国科学院专门委员和中国科学院心理所筹备委员。1950年之后，在心理学界全面学习巴甫洛夫学说的大背景下，周先庚积极参加巴甫洛夫相关著作的翻译工作。"文化大革命"期间，心理学学科被撤销，周先庚的学术生涯随之陷入低谷。改革开放之后，在心理学学科重建过程中，周先庚老骥伏枥，积极参加多部西方心理学著作的翻译、校对工作，为心理学学科恢复过程中专业人才的培养做出了重要贡献。1982年，周先庚任《中国大百科全书·心理学》编委，1984年任中国社会心理学会顾问，1985年任中国心理卫生协会顾问，1986年受聘为北京心理学会顾问。周先庚在其心理学生涯中，一直对心理学事业充满着热情，无论是在战火纷飞的年代，还是"文化大革命"期间心理学学科被撤销的年代，从来没有对它失去信心。

采集过程和成果

2006年，在周先庚去世的第10年，按学校规定，北京大学收回他在燕东园34号小楼里居住过的房子。屋子里还存放着他生前收集、保存的大量书籍资料。2007年年初，周先庚的五位子女决定把大部分资料无偿捐赠给清华大学档案馆和北京大学档案馆，少量较珍贵的材料由其长子周广业教授保管。2009年年初，河北师范大学心理学史研究者阎书昌从网络上购买到了周先庚与美国心理学家默里（Henry A. Murray）之间的来往信件，并引起他的重视，开始搜集相关资料，着手研究周先庚的心理学贡献。2011年11月，阎书昌与周广业取得联系，得知周先庚家人有编写周先庚文集的意向，当即提出愿意提供专业上的支持。随着阎书昌的加盟，《周先庚文集》的编纂工作很快正式运行起来，也正是因这个机缘，周先庚身后保留下来的大量档案资料始为学界所知晓并关注，相关研究得以发表。2012年，周先庚的家人了解到老科学家学术成长资料采集工程（简称采集工程），于是联系清华大学心理学系主任彭凯平教授组建了采集小组，向采集工程项目主管部门提出申请。2012年年底，该项目获得批准正式立项，这也是采集工程中为数不多的以已逝科学家学术成长资料为采集对象的项目。由于清华大学和北京大学档案馆已经各自将周先庚部分档案资料整理、入档，原始档案资料无法再转入采集工程数据库，但是经过各方面的协调工作，两个档案馆都克服各种困难提供了全部档案资料的电子版，以备采集工程编目、入档。另外，周广业保存的珍贵信件、照片、证书、日记等资料都无偿捐献给了国家（本书中的照片，如无特殊说明，均为周光业提供）。

周先庚所保留下来的学术档案资料数量之大、时间跨度之长、内容之丰富，可谓惊人。这些资料中除了一部分是周先庚自己抄录的底稿之外，其他都是原始文献和资料，对研究当时的历史不可多得。周先庚曾自称保存个人生涯资料是他的"信仰怪癖"，他给别人写信，都会保留一份底稿。尽管随着岁月的流逝丢失了一部分信件，但保留下来的信件数量也相当可观。正是这些档案资料为我们提供了大量的关键信息，使我们对周先庚学术生涯的研究得以展开。

从整体上来讲，可以反映周先庚学术成长经历的资料主要有以下几大类。

（1）学术论著。从有关的学术期刊和电子资料中查到的论文，出版社正式出版的著作，以及发表在报纸杂志上的非学术论文。

（2）档案资料。清华大学、北京大学档案中有关学术成长经历的历史资料，如调查表、课程开设记录、各类手稿、会议记录等。

（3）书信日记。周先庚留存的几百封书信。我们选取有价值的拍照、扫描、摘录提要、编号整理。通过仔细阅读周先庚的88本日记和笔记，做了相应的记录、拍照留底，作为第一手材料用于撰写研究报告。

（4）照片证书。周先庚保留的1931年以来的所有聘书，包括清华大学、西南联大、昆华师范、中科院、大百科全书出版社等。新老照片十分丰富，都是宝贵的写作材料。

（5）学生和同行的回忆访谈。2012年和2013年两次全国心理学学术大会分别由清华大学心理学系主任彭凯平和中国心理学会前理事长、第三世界科学院院士张侃主持，举办了"纪念心理学家周先庚诞辰一百一十周年座谈会"和"纪念周先庚诞辰一百一十周年及《周先庚文集》出版座谈会"。采集小组组长周广业和成员高云鹏、陈晶等先后采访了周先庚的学生多人，把口述资料进行了文字整理，这些都是写作研究报告的可靠依据。

（6）亲人的回忆。在采集过程中，写作小组与周先庚的子女们不断联系，利用他们回忆的有关周先庚夫妇工作、生活的各种细节，使报告有血有肉，生动起来。

研究思路与写作框架

周先庚学术档案资料无疑是相当丰富的，以此为基础撰写一部传记的条件是具备的。面临的困难是周先庚生前所教过的学生们多已年迈体弱，子女中没有人继承父业从事心理学工作。值得庆幸的是，传记的撰写得到了河北师范大学教育学院阎书昌教授的鼎力相助，周先庚在20世纪60年代的助教高云鹏教授也随即加盟。我们组建了一个优秀的传记写作小组。作为一位心理学史研究者，阎书昌近些年来一直参与周先庚学术档案资料的采集工作，并致力于周先庚研究，在国内外权威期刊上发表了多篇学术论文。高云鹏教授在担任周先庚助教期间，亲历了当时心理学领域中的很多活动和事件，为这一时期周先庚传记内容的撰写提供了重要保障。

心理学学科在中国现代历史上有过辉煌发展的黄金时代，也有过令人心痛的被撤销的十年。周先庚的学术生涯是中国心理学曲折变化的缩影，透过他的一生，不仅可以看到心理学事业坎坷发展的过程，也可看到历次社会动荡对一代知识分子的深刻影响。周先庚保留下来的大量心理学档案资料，几乎都是心理学在中国发展历程的原始资料，它们将大大丰富和深化对中国现代心理学史的认识。本传记不仅使读者了解周先庚的个人学术生涯，更力图使读者认识到在中国社会政治历史大背景下心理学学科的发展演进过程。

在全书的结构安排上，我们按照时间线索，以周先庚学术成长的重要时间和阶段为依据进行章节划分，依次介绍周先庚一生的求学、工作和生活经历，着重展现其学术成就较大的中青年时期以及改革开放后的第二次学术生命。

纵观周先庚的学术生涯，他是心理学事业虔诚的逐梦者，致力于心理学学科在中国的发展，开创中国人自己的心理学。现代心理学虽然是一门由西方引入的学科，但是周先庚始终立足于发展我国的心理学技术、心理学概念，努力探索新的发现，并解决中国人实际生活中的问题。他在1947年给主题统觉测验创始人默里的信中提到，希望将来有一天能够到美国去讲"中国牌"的心理学（Chinese brand of psychology）。这个梦想不仅属于他们那一代的中国心理学家群体，也应该属于当代中国心理学家群体。同样，"中国牌"的科学梦想，不仅属于心理学学科，也属于中国各个学科。

在采集和研究过程中，清华大学档案馆、北京大学档案馆、清华大学心理学系、北京大学心理学系、中国科学院心理研究所等单位提供了诸多帮助。周先庚之子周广业、周文业等多位子女参加了档案资料的捐赠、梳理和编目等工作。北京师范大学张厚粲教授，中科院心理研究所张侃研究员、傅小兰研究员，清华大学彭凯平教授、樊富珉教授，北京大学吴艳红教授等为相关座谈和访谈提供了大量帮助，没有这些帮助和工作，采集工作是难以进行和完成的，在此一并谨致谢忱！

第一章
读书全椒

家 世 谱 系

周先庚于1903年8月10日出生在安徽省全椒县武家岗镇金城港村（图1-1）。全椒县位于安徽省东部及江淮丘陵区东部、滁州市南谯区南部，西与肥东县相邻，南部及东南部自西向东分别与巢湖市、河口山县、和县及江苏省江浦县（今浦口区）隔滁河相望。历史上全椒县最著名

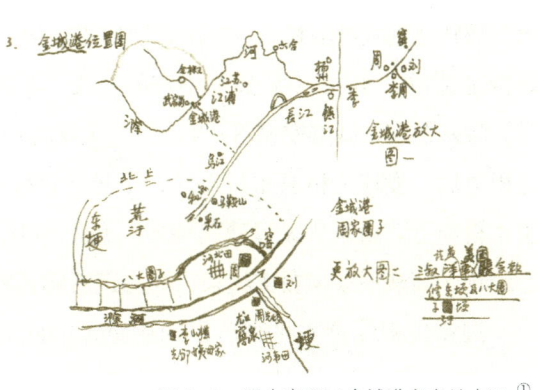

图1-1 周先庚所画金城港老家放大图[①]

---

① 本书图片如无特殊说明，均为周广业提供。

的人物当属《儒林外史》的作者吴敬梓。

金城港村在历史上最有名的是距其南边不远处长江边上的乌江渡口。楚汉相争时，刘邦将项羽围于垓下，项羽在乌江自刎。金城港古渡口，因其与楚霸王自刎的乌江相通而著名。周先庚慈母坟地坐落在金城港村（现为金城庙）西边一处高垄上，四面环山、重峦叠嶂。西北面有一孔夫山，高低起伏、连绵不断，相传孔子周游至此，留下圣迹；东南边有泉水塘，是块风水宝地。这坟地当地人说越长越大，坟地上满是纯一色的柔长茅草，无其他杂草。据说周先庚的大伯是地理先生，相中了那块地。这地以前是邵家的，周家和邵家关系很好，后来周家用几担米和他们家换的。

图1-2 周先庚手书爱莲堂周氏家谱排行

金城港村周氏家族算是大户人家，家族辈分和家谱用字为一首五言诗："学作联先业，鸿名克远扬，清芬传万世，兰桂有奇香"（图1-2）。在口耳相传的家族记忆中，周家"学"字辈先祖曾做过知县，太平天国时期为躲避战火，辗转迁到金城港村。周先庚自己曾推测道："从四句排行诗，商业气派看，好像是那位'知县'（县长）小官的一支，从滁河水路，由江苏镇江扬州一带，经六合到金城港安家落户的。"① 金城港是滁河上的一个渡口。周家迁到这里之后，发现全椒县木材奇缺，于是弃官经商，用水道运输的便利开了一家木材商行。后来周家又建窑烧砖、开荒种地，经过十几年的辛勤劳作和苦心经营，渐渐地家境殷实起来，成为远近闻名的富户。

周家先祖经营木材和砖窑的生意，因此利用这些便利条件自家先修建了一套四合院瓦房，被称作"爱莲堂庄园"（图1-3）。这套四合院瓦房是南北方向的，前后两进各五间，东西方向左右两排各三间，靠西墙还有南北方向一排五间草房（北二间，南三间）。这座庄园坐落在全椒县、和县

---

① 周先庚：周家爱莲堂庄园地图的现状和由来。1968年，未刊稿。资料存于采集工程数据库。

和江浦县滁河交界处全椒县这一侧的一个高岗上。往东还有一个高岗，上面有一座庙，称作义渡庵。据周先庚推测，这个"义渡庵"可能是从和县乌江到全椒县"吴楚通衢"的一个小渡口。

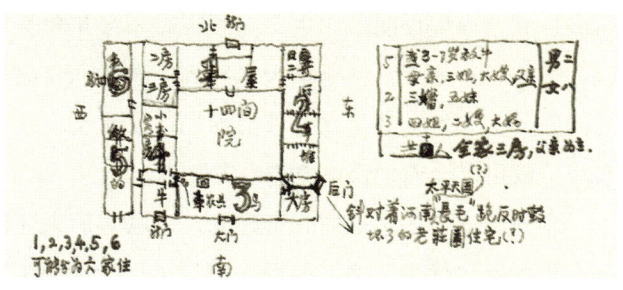

图1-3　周先庚手绘爱莲堂庄园示意图

周氏家族传至"先"字辈为第四代。周先庚的祖父有三个儿子，长子周联壁（跃庭）、次子周联珠、三子周联奎（星北），周先庚为周联珠之子，母亲是周刘氏，上面还有哥哥周先孚和姐姐程周氏。1903年周先庚出生的时候，祖父已经辞世，周联壁作为祖父的长子，自然成为一家之长。此时，周氏家族正日趋衰败，砖窑由各族分烧，而木材生意已经没有了，只能算是一个没落的地主家庭。1906年父亲周联珠过世，周先庚年仅3岁，此后由叔父周联奎、母亲周刘氏、姐姐程周氏抚养成人。母亲周刘氏早早地开始守寡，在周先庚幼小的心灵中，母亲是一位贤惠、吃苦耐劳、节食俭用的贤妻良母。

伯父周联壁曾跟别人学过阴阳地理，在当地是位风水地理先生。作为一位封建家长，他秉承祖先"耕读传家"的遗训，一面操持家业，一面督促后辈用心读书。他常对周联珠、周联奎两个兄弟说，"咱们这样的一个大家庭，田地家业都很有限。如果没有几个孩子能把书读好出去做事的话，以后的生活会越来越不好过"。在这种思想指导下，他常鼓励子侄们用心读书，将来要有大出息，并经常对刻苦好学的子侄称赞褒奖。叔父周联奎是清末的一位秀才，被聘为全椒县第二高等小学校长。周联奎当时在全椒县城也算是一位名流，结交甚广。1910年前后，周联奎从省里领取了华洋义赈会[①]的救济款，交由周联壁。周联壁利用这笔救济款，发动、领导当地民众在滁河北岸修筑河堤以防水患。此前，滁河两岸的圩田都比河床低

[①]　全称是中国华洋义赈救灾总会（China International Famine Relief Commission，CIFRC），是民国时期最大的民间慈善组织。

得多，完全靠堤埂防范水灾，而水灾差不多年年会有，只不过大小不同而已。每年总有大人、孩子被大水冲到下游的六合县。周先庚自小就有一个志向——将来把和县与江浦县交界的一条水沟往东南开辟，挖条运河直通长江，就可以让当地百姓免遭水灾之患了。

周先庚这个名字是周联奎起的，周联奎后来还借秦汉时期寿命很长的著名史学家"伏生"之名给周先庚起了一个"伏生"的名号。周先庚也曾使用过"周政"这个名字。

周先庚的姐姐没有进过学校接受教育，后来嫁给程姓人家。1906年夏天的一个中午，赤日炎炎，炙烤着大地，而金城港的荷塘中却散发着诱人的莲香。亭亭的莲杆撑出一个个硕大的莲蓬，那时的莲子是水乡儿童难得的美食。刚三岁的周先庚和姐姐一同坐着大木盆去采莲子，不慎跌入荷塘中，幼小的他吓得大哭，幸亏姐姐眼疾手快，将他拉了上来。周先庚后来对姐姐一直保持着很亲密的情感。打那时起，小小的周先庚变得胆小，性格也慢慢内向起来，每当夜幕降临之时，总是揪着母亲周刘氏的衣角，跟在母亲身边。

大哥周先孚（允休）中学毕业后先在家教授私塾，后出外做小差事。抗战爆发后，1937年冬，他曾因逃难经过长沙最后见过周先庚一面。返乡后，1941年5月和10月周先孚的两个儿子周业清和周业建先后病逝，他极度悲伤，又多年病弱，经不起打击，于年末病故。周先庚在全椒县上小学都是由大哥周先孚资助的，他们兄弟手足情深，长兄如父。

周先庚曾写过一份"周家爱莲堂庄园地图的现状和由来"的资料，也抄录过一份"爱莲堂周先庚家谱排行"，在他的许多笔记本上都有他手写的"爱莲堂家谱"。宋代理学家周敦颐著有传世之作《爱莲说》，其后裔便取堂号为"爱莲堂"，以此纪念这位先人。从较为广泛的认识上来看，"爱莲堂"为周敦颐后裔族人独创和独有的堂号。那么周先庚家族记忆中的"爱莲堂"是否同属于周敦颐后人的"爱莲堂"呢？目前来看，答案是肯定的。从周家"学"字辈先祖曾做过知县，联字辈的周联奎是一位秀才，是民国九年编制《全椒县志》的校阅人之一，在当时都算得上是相当有知识的人了，且县志中将周敦颐尊为"东庑先贤"，因而全椒县周学氏先祖的后代用"爱莲堂"来称呼自己的家族必有其根据。可惜当年的祠堂已毁，周氏家族每年三月初十和十月初十祭拜祖先的一张家谱人名挂图也早已遗失，今后将进一步查找和完善。

早 期 学 涯

周先庚三岁时父亲因病去世，父亲没有给他留下任何记忆。童年缺失了父亲的佑护，生活的艰辛对他也是个比较大的打击。周先庚三岁时曾落水被姐姐救起，还得过天花病，此后愈发变得胆小、内向，常常默默地一个人做自己的事情。他很小的时候就喜欢自己制作农具方面的机械类玩具，还喜欢观察木匠做工，这似乎预示着他后来动手能力很强。大伯周联壁作为一家之长，对教育很看重，这种家庭氛围也深深影响了周先庚，这就是"学而优则仕"。在家道衰落的情况下，他自己也逐渐认识到只有读书才可能找到一条光明的前途，从而更加发奋努力地学习。

童年时代的周先庚在同族的十三个兄弟姐妹中渐渐崭露出了头角。1910年，他七岁开蒙，在私塾里读《三字经》《百家姓》。私塾就设在周家爱莲堂庄园之内。由于聪颖好学，周先庚深得私塾里老先生的赞赏。有一次，这位私塾先生对周联壁说："你家的这只兔子，将来我敢肯定是不会在本地吃草了。"因为周先庚生于1903年，属相是兔，所以私塾先生爱称他为"兔子"。老先生看出他是个钻研学问的人才，所以平时常教诲他要不畏艰难困苦、学习要有恒心、要有毅力。自小聪颖的周先庚在家族的厚望和私塾老师的培养下，开始走上了求学的道路。

周先庚从1903年出生到1910年开蒙读私塾，这一时期正是中国传统教育向现代教育变革的重要时期。1901年，清政府在内外形势的压迫下开始实行"新政"，进行一系列的改革，学制改革是其中的一项重要内容。1902年，在管学大臣张百熙的支持下拟定了一系列学制系统文件，统称为《钦定学堂章程》。因该年为壬寅年，又称"壬寅学制"。1903年，张百熙、张之洞和容庆依据日本学制重新拟订了一系列学制系统文件，统称为《奏定学堂章程》，又称"癸卯学制"。这是中国近现代史上由中央政府颁布并首次得到施行的全国性法定学制系统，较"壬寅学制"更为系统。1911年辛亥革命后，建立了以孙中山为首的中华民国临时政府。1912年1月成立教育部，教育部以日本学制为基础，通过颁布一系列法规，最终形成了一个完整的学校系统，称为"壬子癸丑学制"。

随着新式教育在古老的东方大地广泛普及，全椒县城出现了两所高等小学和一所中学。周先庚叔父周联奎被聘为全椒县第二高等小学校长。由于金城港周氏族人对周先庚抱有很大希望，在大伯周联壁的安排下，1913年周联奎将侄子周先庚带到县城读第二高等小学。离开了金城港，来到风气更为开化的县城，他更是如鱼得水，尽情遨游于知识的海洋，孜孜不倦地学习。"淡泊以明志，宁静以致远"。也正是在这所小学，周先庚开始学习英文。他在学校里总是找个教室角落的地方静静地看书学习，在同学嬉戏打闹的地方总是找不到他的影子。他无疑是班级里的佼佼者，各门功课的成绩都是优秀。周联奎是看在眼里、喜在心中，一方面他一如既往地严格要求周先庚，另一方面积极寻找机会使周先庚得以在求学的道路上更进一步，希望他能够进入当时中国最好的学校。

周联奎在县城任二小校长时，在富安巷租了两间草屋作为全家的住所，周先庚也住在这里。全椒县第二高等小学就位于宝林寺的西边。风来雨去的求学之路记下了这位学子的刻苦与勤奋，也记下了他学业的优异。学校里的先生们见他聪颖好学，又不在学校里惹事，是个品学兼优的好学生，都盛赞他将来肯定会有一番大作为。1916年，周先庚在县城进入一所中学学习，在入学考试中，他获得了第一名的优异成绩。

机遇只留给有准备的头脑。1900年，八国联军侵华镇压反帝爱国的义和团运动。1901年9月，腐败的清政府与各侵略国签订了丧权辱国的《辛丑条约》，向各侵略国赔款白银四亿五千万两，连同利息共达九亿八千多万两，这就是历史上的"庚子赔款"。美国从中分赃得到三千二百万两，折合美元两千四百万。1906年，时任美国伊利诺伊大学校长詹姆士在给美国总统罗斯福的一份备忘录中说："中国正临近一次革命……哪一个国家能够做到教育这一代青年中国人，哪一个国家就能由于这方面所支付的努力，而在精神和商业影响上取回最大的收获……如果美国在30年前已经做到把中国学生的潮流引向这一个国家来，并能使这个潮流继续扩大，那么，我们现在就一定能够用最圆满和最巧妙的方式控制中国的发展——这就是说，使用那从知识和精神上支配中国的领袖的方式……为了扩展精神上的影响而花一些钱，即使从物质意义上说，也能够比用别的方法获得更多。商业追随精神上的支配，比追随军旗更为可靠。"[①] 罗斯福总统对他的见解表示赞赏，并支持了他的建议。很明显，美国退还庚款是出于文化渗透的战略目的，但是对于清末的中国来说，此举却在客观上大大推动了当时留学生教育的发展。

1909年1月，美国政府开始退还"庚子赔款"。同时，清政府外务部开始筹备派遣留学生事宜。5月，外务部会同学部拟定《遣派留学生办法大纲》，拟设立游美学务处。6月，游美学务处在北京设立。自1909年8月至1911年6月，学务处考选了三批直接留美学生。游美学务处除直接选派学生留美外，又筹设了游美肄业馆，以便经过短期训练后，每年甄别一次，"择其学行优美、资性纯笃者，随时送往美国肄业"。1909年8月，经外务部、学部"奏准"，内务部将皇室赐园——清华园拨给游美学务处，作为游美肄业馆的馆址。1910年11月，游美学务处呈请将游美肄业馆改名为清华学堂。1911年2月，游美学务处和肄业馆迁入清华园，肄业馆正式改名为清华学堂。3月，清华学堂招收了第一批学生共468名。4月29日（宣统三年四月初一），清华学堂正式开学。10月，辛亥革命爆发。自11月9日起，清华学堂宣布停课。1912年5月1日，清华学堂重新开学。10月，清华学堂改称清华学校，并开始遣送毕业生赴美留学。

1916年，安徽省按照清华学校摊派到本省的名额，要在安徽全省严格挑选七名学生，保送到北平参加清华学校的入学复试。选拔考试是在离全椒县一百多里外的安庆举行，安庆当时是安徽的省会。周先庚晚年回忆起这段经历时说："当时叔父带着我和胡竟铭一起到安庆去参加考试，考国文、历史、地理。后来胡竟铭取第一、我取第三，第二名是程海峰。"周

---

① 斯密士：今日的美国与中国。见：孙敦恒编著，《清华国学研究院史话》。北京：清华大学出版社，2002年，第2-3页。

先庚顺利地通过了在北京清华学校举行的复试,被录取到中等科。尽管全椒县历来文风鼎盛,素享"一桐城、二全椒"的美誉,但能考取清华学校、将来可以出国留学的,仍属凤毛麟角之辈。这对与他相依为命的母亲来说,自然非常欣慰。母亲将自己作为嫁妆的一对金镯子卖掉给他当学费,嘱咐他在外面要好好读书,争取将来出人头地。1916年,年仅13岁的周先庚带着母亲的厚望,在叔父的陪同下登上了北行的列车,来到离家数千里的京城,开始了长达八年的清华生活。就读清华学校一年后,周先庚回到家乡过暑假,堂兄周先恭到县城接他回家时,先是在车站买了一双白色的孝鞋给他穿,他当时并不知是怎么回事,一到家中才知道母亲在他去北平数月后(1917年)就病逝了,家人怕影响其学业一直瞒着他。尚属年幼的周先庚此时才感受到失去母亲的痛苦。

晚年,周先庚在回忆起童年的生活经历时,常常感慨不已。他说,那时家里的活计特别多,无论是自己上私塾时放学后,还是在县城上高等小学放假回家,都是经常帮着母亲做一些事。父亲在自己很小的时候就去世了,这对他的打击很大,本来自己就有很强的依赖性,学习、生活上又没有了父亲的帮助和呵护,一切都得靠自己。幸亏家族对读书十分重视,都寄厚望于他,再加上叔父的指引和良好的机遇,他才走上了读书治学的人生之路。

从七岁开蒙到十三岁考入清华学校,这是周先庚人生的起步阶段。周先庚在这期间的经历,比起同龄人可谓坎坷艰辛。巴尔扎克说:"苦难是人生的老师。"正是在如此困顿的境遇下,他选择了读书,选择了求知,靠着自强不息的精神,进入了许多人梦寐以求的"帝国清华学校",走上了一条自己努力开拓的人生道路。① 当然,不容忽视的是,当时中国的大门被打开,巨大的社会转型正在发生,机遇与挑战并存,为当时渴望求知的一代青年学子们提供了写就自己人生新篇章的舞台。

---

① 孙仕柱:《寻梦者的足迹》。未刊稿,存于北京大学档案馆。1994年北大法律系学生孙仕柱是周先庚的全椒小同乡,他采访了周先庚、堂弟周先邻和学生林宗基等,写成《寻梦者的足迹》一文,后部分登载于《安徽全椒县志》,本节部分内容参考了《寻梦者的足迹》的底稿。

第二章
求学清华

同 学 少 年

1916 年 9 月,周先庚进入清华学校就读。报到的那一天,叔父周联奎带领怯生生的他走进学校,还拜见了校长周诒春①。周诒春对周先庚进行了一番勉励,希望他能刻苦学习,早日成为对国家有用的人才。清华校训"自强不息,厚德载物"就是周诒春于 1914 年确定的。周诒春着眼于民族教育独立,于 1916 年提出把清华由留美预备学校改办成完全大学的计划,获得批准之后,清华学校开始逐渐向完全大学转型。

当时,清华学校的学制是为学生们留学美国做准备而设置,虽时有变动,但基本形式是分为中等科和高等科,各四年,在校共学习八年。周先庚入学后就学于中等科,后升入高等科,至 1924 年毕业,该年为中国历

---

① 周诒春(1883-1958),字寄梅,安徽休宁人,生于湖北汉口。1907 年毕业于上海圣约翰大学,1912 年任南京临时政府外交部秘书,10 月任清华学校副校长,1913 年任清华学校校长至 1918 年元月离职。

法的甲子年，故称"清华学校甲子级毕业生"。

1917年，甲子级完成中等一年级的学业并在册的同学共有94人[①]，他们分别是：杨兆焘、李树翘、刘中藩、王保罗、刘遵宪、唐凤图、黄自、吴学仁、沈干、沈鸿来、闵孙侨、钱昌淦、冀朝鼎、常得仁、熊正沦、凌孟彦、盛竞存、严志文、王纾、李鹤龄、骆启荣、谭葆真、何永吉、苏裴年、梁思永、贾观鑫、邓健飞、汪準、王天羽、吴鲁强、夏屏方、黄人杰、王乃慰、丁济详、孟宪高、王乃述、吕连第、徐永焕、熊正琏、李绍悳[②]、饶孟侃、林斯陶、段继达、段续川、谭遂准、黄元照、郭汉烈、万燦、杨道荣、邱航、胡竟铭、程瀛元、周先庚、李直民、鲁崇俭、黄竞武、萧津、王毓泰、罗孝章、袁伯焘、王士璇、胡敦元、吴祥骏、胡毅、罗家选、罗宗震、梁朝威、高志、赵恩犨[③]、何锡瑞、庞世兴、李宗沆、田培孝、梅汝璈、黄育贤、黄懋义、吴英华、黄懋礼、林炳修、金华隆、金宗岱、石佐、杨颖伯、张洪沅、刘伯萱、赖彦于、裴鉴、刘安仁、戴昭然、翟念浦、区嘉炜、余良、陈仕庆、余绍光。[④]

周先庚这一级的同学入学中等科时基本上刚十二三周岁，少小离家，来到清华学校接受严格的学业训练。清华学校的课程分为西学部和国学部课程。其中，西学部课程由于学生为"留洋"的目标所吸引，再加上学校的严格要求，一般很受重视。在中等科，主要是英语训练，一些课程诸如世界地理、数学、化学等都用英文课本，以英语授课。四年之后，每个人基本上都掌握了英语的听说读写能力。高等科的西学部课程以学习美国大学的基础课程为主，即自然科学、社会科学和人文科学的基础课程。国学部课程在当时清华学校的师生心目中并不被重视，特别是在中等科，学生们对国学部的课程漫不经心，因为国学课程不及格对他们的学业几乎没有负面影响。升至高等科之后，学生们年龄大些了，懂事些了，开始认真

---

① 1916年清华学校中等科共入学112人。见：饶孟侃，招生问题。《清华周刊十周年纪念增刊》，1924年，第113-118页。

② 后用"李绍德"。

③ 后用"赵恩钜"。

④ 清华学校同学录·中一级九十四名。《清华周刊》，1917年第三次临时增刊，第116-124页。

对待中国文化方面的国学课程。但是，除少数学生在国学课程方面有根底外，多数清华学校的学生国学课水平并不高。甲子级入学之后，根据学生自身水平分作甲、乙、丙、丁四班，每班二十多人。丁班是准备留级一年的，一年后丁班有一小部分人可以升入上一级，大部分则留到下一级[①]。1919年，当时三年级甲班的周先庚在一次国文考试中写下一篇《论礼让与竞争之得失》的文章，提出凡事都有得当与不得当之分，得当则有利，不得当则有害。欧洲大战中德国恃强而不得当的竞争导致了失败，盟军恃理而得当地拒绝礼让，终于获得了胜利。该文反映出青年时代的周先庚在国文方面很好的功底以及对国际局势的认识和深入思考。这篇文章被教员列为范文，刊载于第165期的《清华周刊》。同时，文末还附有清华学校教员汪巩庵的评语："以当字为一篇主义，颇能扼要，行文亦一往奔放，笔锋锐利无前。"

1920年，周先庚从图书馆借得美国女作家安娜·塞维尔（Anna Sewell）的著作《黑骏马》（*Black Beauty*）一书，将其翻译成中文，定名为《骊骥自传》，共两小册。随后，他将其译稿连同英文原著寄送给胡适，请他审阅。1921年1月1日，周先庚曾致信商务印书馆问询出版《骊骥自传》的事宜。后来，周先庚从他译稿中选取一部分内容以《我的训练》为题发表在1921年第207期的《清华周刊》上。胡适始终未就译稿给周先庚反馈意见，也没有回音，害得周先庚当年接连发出三封信件向胡适催讨译稿和原著。但是他哪里知道，胡适当时已经不慎将资料遗失了，既无东西可归还，也无法答复周先庚[②]。1923年，周先庚曾将《骊骥自传》投稿到商务印书馆的《小说月刊》杂志社，并写明请勿删改，最后也未见发表。周先庚曾经说，在高等科的后两年（1923—1924），他几乎完全埋头于书库中搞翻译了。

另外，周先庚在上学期间还曾翻译过泰勒（Frederick W. Taylor）著的

---

① 徐永煐同志访问记录。见：徐庆东等编，《百年永煐》。2002年，第199页，内部资料。
② 耿云志：《胡适遗稿及秘藏书信》。合肥：黄山书社，1994年，第512-516页。直到30年代周先庚留学回国任教清华大学之后，在一次教授会议上见到胡适问起十年前的这件事情，胡适才承认当时是把相关材料遗失了。

《科学管理的原则》(Principles of Scientific Management)一书寄给商务印书馆，但未被采用。

清华学校在教学方面有着严格的教学管理制度，尤其是在西学部的课业方面。几乎天天有口试，还有不定期的十分钟笔试，每月有月考，学期末有期考。学校如此管理，目的在于使学生出洋后具有与美国同年级学生相当的水平。也正是这种管理造成了很高的淘汰率。从1911年到1921年十年间，学校招收了1500多名学生，除在校肄业的383人外，历年被开除的有301人、退学135人、死亡45人，毕业的只有636人[①]。

反映在清华甲子级这个班级中，其学生名单也是变动较大，当然其中原因是多种多样的且难以考证，故每年度的同学录同上一年度相比，未被收录者成为"不在册"者，其中包括退学、留级者，也包括未注册者。新进入该班级的为"新入册"者，其中包括插班生、往届留级生和重新注册者[②]。

1924年，清华甲子级毕业生共67人，他们分别是高进基、赵士寿、胡敦元、涂治、黄自、金龙章、施滉、张洪沅、余良、严开元、贾观鑫、周培源、杨兆焘、区嘉炜、骆启荣、徐永煐、周先庚、李树翘、梁朝威、王守竞、梅汝璈、黄翼、黄元照、李方桂、黄竟武、汪䍩、胡竟铭、黄家骅、程瀛元、黄育贤、曹昌、蔡可选、张乔啬、尚仲衣、苏益信、冀朝鼎、张光、萧庆云、赵恩钜、余相林、贺圜、王恩藩、余泽棠、潘大逵、吴鲁强、金开永、吴祥骏、高瀚、罗孝章、沈鸿来、梁思永、罗家选、汤爵芝、萧津、胡毅、黄培坤、陈叔扉、张明昕、余绍光、何永吉、谭遂准、黄人杰、陈仕庆、章裕昌、高荫棠、夏屏方、李绍嘉[③]。

以1917年在册的同学录为基准（包括后来的插班生），在甲子级完整经历了八年学业后顺利毕业的学生共35人，周先庚为其一。由此可以看出当年清华学校在学业上的淘汰情况，同时也反映出周先庚以坚强的意志

---

① 曹云祥：改良清华学校之办法.《清华周刊十周年纪念增刊》，1924年，第72页。

② 《清华周刊》上的名单有一些印刷错误，此处所录用资料已经订正。

③ 在校同学暑假通讯处一览·大一级.《清华周刊》，1924年第十次增刊，第74-77页。该名单中有两人名字各重复一次，实际67名毕业生。

力和刻苦精神顺利完成了长达八年的学业。

在生活方面,清华学生也受到了严格管理的训练,以达到"培养完全人格"的训育目的。尤其在中等科阶段,学生生活的方方面面都有严格的规章制度,例如,学生的零花钱要存在学生储蓄银行里,用时须说明理由,经学校斋务处允许才可以支取,而且要记账,月终要呈送斋务处查阅。学生每两个星期必须写家信一封,送斋务处注册后再寄送,不遵行者一旦查出,由斋务处督其当面书写,以示惩罚。这种严格的约束虽然带有封建家长管理的遗风,但是对于当时年幼的学生来讲,对其生活习惯的养成具有重要意义。① 据同为甲子级同学的徐永烺回忆,"清华学生对学校校内生活和用钱方面也管得很严。吃早饭要是起不来,三次不到就记小过,然后大过,最后开除。在用钱方面,要记账,自己要有计划。我在这方面是受到过些好处的"。② 周先庚几乎一生保持着记录自己所经历事件的良好习惯,同他人来往信件的情况都记录在册,在给别人回复信件时,会在对方来信的空白处抄录下复信的内容,专门给别人写信时会留一份底稿。

周先庚自1916年9月19日至1921年6月24日共给叔父周联奎写了197封信件,自1916年8月15日至1924年10月21日共给大哥周先孚写了162封信,1916年9月27日至1924年3月9日给堂兄周先恭写了21封信件。另外,还曾给大伯周联壁写过两封信件,给堂弟周先邰写了11封信件,给一位"仙哥"写过7封信件,给鲁光弟写过两封信。③ 由此可见,周先庚在清华学校学习期间始终与家乡亲人保持着密切的联系,其主要通信的家庭成员是叔父周联奎和大哥周先孚。其大部分信件内容涉及学业情况汇报、请家里寄送钱款和衣物以及参加社团情况,同时也向家中寄送《周刊》(即后来的《清华周刊》)等书籍。当然也有为应对学校对书信要求而写的信件,如1918年10月30日寄给叔父的信件就被周先庚称为"交信日期不得不书"。

---

① 清华校史稿编写组:《清华大学校史稿》。北京:中华书局,1981年,第35页。
② 徐永烺同志访问记录。见:徐庆东等编,《百年永烺》。2002年,第199页,内部资料。
③ 1RW0192002-0028,周先庚档案。存于北京大学档案馆。

1923年，周先庚对搞发明创造产生兴趣。从美国或订购或索赠了很多杂志，如《流行机械杂志》（Popular Mechanics Magazine）、《创造科学》（The Science of Invention）、《如何发明》（How to Invent）、《发明者指导》（Inventor's Guide）、《商标的发明》（Inventions of Trade Mark）等书籍或刊物。但是后来他慢慢发现，机器工程并没有教会他如何去发明创造。在清华学校读书时，周先庚购买了大量的中英文课外书，他将这些书籍的名字、发行者、价钱、购书地点等信息整理成一份《书籍录》，数量达到625册[①]，所涉及的学科或内容相当广泛，由此可以看到周先庚当时是如何如饥似渴地进行学习和求知的。

正如清华大学"培养完全人格"的训育目的所期望的，甲子级作为一个班集体，他们中的很多学子后来都取得了非凡的成就，如革命烈士施滉、经济学家冀朝鼎、革命家徐永煐（这三人是清华大学的第一批共产党员）、物理学家周培源、农业科学家涂治、考古学家梁思永、法学家梅汝璈、语言学家李方桂等（图2-1）。周先庚则走上了心理学的道路，成为一名心理学家。

图2-1　20世纪20年代初清华学校甲子级同学合影（坐排：左一梅汝璈、左二李方桂、左四黄自、右一章裕昌；站排：一排左一冀朝鼎、左四施滉，四排左五周先庚，最后排右四周培源）

① 1RW0192002-0027，周先庚档案。存于北京大学档案馆。

社 团 活 动

  1918年年初，中等科二年级的冀朝鼎、施滉、徐永煐等人为了互助互励而组织了一个"益智丛录社"，利用寒假编了一本手抄的《益智丛录》小册子，供大家传阅。暑假期间，他们将益智丛录社定名为"暑假修业团"，冀朝鼎为社长，其重要成员有施滉、徐永煐、章友江[①]、周先庚等。暑假之后改称"修业团"，其宗旨是"振奋我们的精神，尽我们所能尽的力量，来肩负文化运动的责任，以为社会改造之导火线"，并制定了《章程》，还创办了一个《修业》杂志，提倡白话文和文字改革，宣传新文化运动，这个杂志共出版了三期[②]。

  1919年5月4日，北京爆发学生爱国运动，掀起反帝反封建斗争热潮。当天晚上，北京城内的消息传到清华校园，学生们迅速积极响应，全校沸腾，修业团的成员们和全校学生一起积极投入到反帝爱国运动之中。随后的一天，正值中等科三年级的甲子级同学徐永煐、黄育贤和梅汝璈三人开始张贴字报、设法参与游行。6月3日，参加爱国行动的冀朝鼎和施滉相继被捕。其他成员或在清华园附近，或在北京街头，为了国家和民族的命运而奔走呼号。

  随着当时新文化运动的兴起，周先庚相继以"伏生"之名发表了《五四运动真正目的》《新文学与旧文字》等文章，为新文化摇旗呐喊。周先庚指出，五四运动的真正目的并非是"挽回青岛，除灭国贼"，而是要"立刻振作想法子教我们中国富强起来"，如果认识不到这个真正目的，即使今天挽回了青岛，也不能保证将来第二次被别人侵夺走；即使今天除灭了国贼，也不能保证将来不会有更多的国贼出现[③]。对于新文学与旧文学

---

  ① 即章裕昌。
  ② 孙敦恒：唯救国真理是从的唯真学会。《北京党史》，1990年第6期，第51-54页。另有资料称出版了两期。
  ③ 伏生：五四运动真正目的。《清华周刊》，1919年第178期，第5-6页。

的关系，周先庚认为，新文学是从旧文学产生出来的，没有旧文学就不会有新文学，因此，即使喜欢、推崇新文学也不能看不起旧文学。另外，今天的新文学是新的、好的，在将来就不见得不是旧的、不好的文学了。文学的新旧、好与不好都由时代变迁所致。旧的文学属于从前的文学，不是现在的文学，就不能用现在的眼光去看待它，而是应该用从前的眼光看待它。旧文学讲的是以前时代的事情，本身不错，不能因为它里面有不符合现代的事情，就不去阅读、研究它里面那些亘古不变的道理。另外，出于改良旧文学的目的，仍需要看它，要做到取其精华、去其糟粕。①

五四运动之后，施滉、冀朝鼎、徐永煐、周先庚等修业团的成员们抱着寻救国真理的赤诚愿望，于1920年将修业团改组为唯真学会，公推施滉为会长，其成员大都是清华甲子级和以下各年级的学生，共计20余人。《修业》杂志也改名为《唯真》，1920年5月出版了创刊号。他们制定了新的《章程》，申明唯真学会的宗旨是"本互助和奋斗的精神，研究学术，改良社会，以求人类的真幸福"。

据周先庚回忆：

这两个组织，我都参加了。唯真学会的宗旨"真理所在即趋附之"……记得唯真学会会员们在劳工神圣口号的影响下，我们在清华园内西院荒岛上挖井、种菜、参加劳动。在室内方面，我参加刻蜡版，印刷稿纸、信封、信纸和宣传品。我们活动的地方是在现在清华大学大礼堂后二院，当时有四排平房，第一排是教室，尚在。第二排是寝室。第三排也是寝室，分为南北二行，我们特借了一间空房作为活动场所。②

在《修业》和《唯真》杂志上，周先庚写过提倡白话文、汉字横排横读的文章，发表过反对孔家店"己所不欲勿施于人"等"随感录"之类的文章。③

唯真学会的会务有会议记录、图书管理、庶务等，并设立工作部和

---

① 伏生：新文学与旧文学。《清华周刊》，1919年第182期，第2—4页。
② 施滉烈士的革命事迹：访问周先庚同志记录。见：《中共云南党史资料》（第三辑：施滉专辑）。昆明：云南民族出版社，1987年，第239页。
③ 北京大学教职工登记表（周先庚）。1976年10月11日，内部资料。

研究讨论部。唯真学会强调会员的道德修养，实行"八不主义"，每个人发一个铜牌，上面刻有不抽烟、不喝酒、不嫖、不赌、不讲假话等信条。1920年的五一劳动节前夕，唯真学会编印了一期《劳动声》刊物，在校内外工农劳苦大众中散发，介绍五一劳动节的由来和意义以及"劳工神圣"等新思想。他们还曾去山东德州灾区做社会调查，以了解灾民之苦难、中华民族的苦难。截至1920年10月，唯真学会在册者有徐永煐、周先庚、梅汝璈、何永吉、冀朝鼎和施滉[①]。1921年五一劳动节纪念日，冀朝鼎、徐永煐等人参加编辑出版了一本《清华通俗周刊》，载文九篇，其中七篇文章出自冀朝鼎、徐永煐等唯真学会会员之手。这些文章深入浅出地阐述了人生的意义及"怎样做人"的道理。

　　1922年暑假，周先庚没有回家，而是参加暑期学校和童子军组织的活动。暑期学校的主要目的是服务于大众。唯真学会的成员还积极参与清华改良的运动之中，施滉、冀朝鼎、徐永煐、章友江、周先庚、梅汝璈等人都曾在学生会各机构中担任过工作。当时改良清华的舆论阵地是《清华周刊》。唯真学会的主要成员大都担任过该刊的主编、编辑、专栏负责人或集稿员。在高等科的头两年，周先庚的主要工作集中在《清华周刊》的集稿、编排、统计以及整理《清华周刊》和《清华学报》的目录索引。周先庚曾任1921年上学期的集稿员，他先后在该刊上发表了《读一九四期"实行集稿制期中之清华周刊"所生之意见》(第196期)、《"贱卖劣货！"与焚烧劣货》(第197期)、《电影加价的钱究竟作什么用了》(第197期)、《改良清华电影的发端》(第198期)、《事后该说的话》(第202期)、《学校里禁止换菜是否全无根据？》(第207期)等文章，积极发表改良清华的言论。1924年，《清华周刊》出版了"十周年增刊"，多位甲子级的同学参与了该期对过去十年内容的分析、总结与撰稿工作。周先庚参与了对《清华周刊》的"特载栏"的分析与总结，称恰恰这个栏目是"特载"，所以其内容"五花八门，无奇不有，他人不要，唯我独收"。

　　1923年，在唯真学会的内部，一些骨干成员还成立了"超桃"组织，

---

① 唯真学会。《清华周刊》，1920年第194期，第42-43页。

取义为超越旧时的"桃园三结义",其成员有施滉、冀朝鼎、徐永煐、胡敦元、章友江、梅汝璈、罗宗棠和罗素抒(女,即罗静宜)。后来,大部分"超桃"成员都较早地加入了中国共产党,参加了很多革命斗争。

在清华学校期间,周先庚参加了学校的学生管弦乐队,任第三黑管(图2-2)。这个乐队是在学校的倡导、组织和财力支持下由爱好音乐的同学组成的,在一个学生社团的基础上发展起来的。这个乐队也曾为清华学校夺得了不少荣誉,可以说是"光大了清华门楣"。作为一支乐队,队员们经常在一起练习曲目、交流技艺,这给平静的读书生活注入了不少新鲜的气息。乐队的活动调节了紧张的学习节奏,也是学生们业余生活的一个好去处。

图2-2 清华学生乐队合影(前排左二为周先庚,后排左一为梁思成)

周先庚在当时曾对学生时代的自己有过如此描述:

在某些方面是最沉默的,而在另外一些方面又是最啰唆的。没有什么东西会引起他说话,也没有什么东西能够阻止他说下去。虽然他很少发表意见,但是他喜欢人家发表意见。他相信,阅读比听人讲话好一些。如果能要知道他,不要希望他预先告诉你,而是事后观察他。他对每一件事情都是不可救药地发生兴趣,并且努力要知道那件事情的一切;他对某些东西是热烈地发生兴趣的,而且坚持要吞食消化它们。因此,他将成为一部百科全书。①

由此可见,周先庚对自己有着比较深入的分析,只要对某件事情产生了兴趣,就会全力以赴,因此注定会朝着百科全书式的人物发展。从周先庚后来的心理学道路来看,他做到了这一点,当他选择了心理学为专业,就再也没有离开它,做到了"全力以赴",最后成为一名心理学家,也是在践行他那"百科全书"的愿景。

甲子级同学毕业前编辑了一本数十万字的《国情概要》,全书分政治、社会、文化、实业等部分,其内容是"调查国内真相,以备在美国与外人应对之需,以解释外人对我之误解,且足宣传华夏之文化"。② 因临近毕业时间紧迫,书稿呈交给了学校,1925 年又因经费问题而未能刊印。

1924 年 5 月 23 日晚,清华学校举行了甲子级师生话别会,很多老师携夫人前来参会座谈。甲子级毕业生们向老师感谢八年的提携教育,表示在未来的人生道路上将努力进取,不仅仅是要报效国家,还要"以慰诸师长之惨淡苦心"。话别会上,教务长张彭春、同学会干事蔡竞平、教授谭唐夫人③、校长曹云祥、讲师梁启超相继致辞。其中,谭唐夫人鼓励学生们要以沟通东西文化与促进中美双方了解为己任,同时还特别赞扬了同学们编辑的《国情概要》,对于帮助美国人了解中国情况会很有帮助。梁启超发表了长篇致辞,称身为清华的学生,受益于国家的供给,肩负的责任自然更重一些;同时他还指出,学生要立志做第一流的学问;在美国所学的学问不能囫囵吞枣地用到中国来;在人格修养上也不能被发达的美国的人格所同化,应培养自己苦行奋斗的人格修养。梁启超这一番训辞深深地

---

① 原文为英文,载于《清华年刊 1923-1924》,转录自周先庚个人日记,中文稿为周先庚自译。
② 各级。《清华周刊》,1924 年第 302 期,第 22 页。
③ 即谭安丽(Annina Periam Danton,1878-1953),其丈夫是纽约大学德文系访问教授谭唐(George H. Danton,1880-1962),1920 年夏天赴清华大学任德文教授。

影响着甲子级同学们的心灵。①

1924年6月24日,甲子级的67名同学参加毕业仪式(图2-3,图2-4),从清华大学高等科顺利毕业,毕业仪式由曹云祥校长主持,王儒堂博士、教务长张彭春,各国公使馆、各大学的代表参加。但包括周先庚等在内的几个同学却遇到了另外一个问题,即校方要求部分同学延期赴美留学,要在学校里多读一年书。其起因之一是三年前校方因学生罢考,曾宣布各级不参加考试的学生都要推迟一年出国留学。1924年3月,校方出台《津贴毕业生留国研究试办章程》,鼓励"大一"(即高等科四年级)毕业生毕业后在清华或国内大学读一年大学课程。另外,甲

图2-3 1924年清华学校甲子级学生在大礼堂前草坪的毕业照(部分)(左十为周先庚)

图2-4 周先庚清华学校毕业证书

子级部分学生深感在清华苦读了八年书,对中国社会缺乏足够的了解,因此打算留在国内多读一年书。虽然校方后来称曾罢考的学生如果有"悔意",是可以取消"留国"的处分,如期出国留学,但是甲子级同学中徐永焜、周先庚、黄翼、胡敦元等多人最终还是选择"留

---

① 甲子级师生话别会记略。《清华周刊》,1924年第317期,第13—14页。

国"一年，徐永煐赴山西太原法政专门学校工作一年，周先庚、黄翼等七名同学则赴东南大学借读。

借读东南大学

在清华学校八年时间里，周先庚兴趣广泛，涉猎很广，可谓广博有余而专攻不足。对于将来自己到底从事什么职业，确实需要好好地斟酌一番。当时清华学校的美国教员负有帮助学生选择专业的责任。周先庚向一位美国教员详细地介绍了自己的情况以后，美国教员建议他选择图书馆学。鉴于清华学校里没有多少课程与图书馆学相关，就建议他在国内大学先修一年再出国。早在1923年5月30日，周先庚在写给哥哥周先孚的信件中就提到了有意攻读图书馆学，图书馆学与他希望成为"百科全书"式人物有一定的内在联系。1923年8月28日，周先庚也曾就打算学习图书馆学的事情写信向戴志骞求教。1923年12月9日，他就选校、择业的问题给庄泽宣写信请教。1924年1—5月，周先庚相继决定留国与否、留校或转学的问题，同时向校方提交了留国的研究计划。

转学东南大学还是北京大学的这一选择也曾让周先庚有过一段时间的摇摆不定。1924年6月底前后，冀朝鼎、徐永煐曾邀请周先庚到山西一游。1924年7月8日，他在给哥哥的信中表达了最终决定转学东南。他转学东南的主要缘由是想"多读书""根本改造生活"。周先庚将拟入东南大学的消息告知亲朋好友，并写信给施滉，请他转告章裕昌到学校来。至于"留国"的理由，周先庚更注重的是个人实效，而非虚荣，称"虚荣如浮云"。后来他发表了《留国不留》的文章，文中称：

设若你没有特种原因或特别情形，不要留。设若今年留国还用去年的留国办法，不要留国转学。设若你不能暂且忘却清华的一切，来住着睡木板床，用黄泥水的旅馆式宿舍，成天只有读英文课本或中文讲义，听中文演讲或中英合璧——不要留国转学东南。要知端的，请等着看我的留国转学东南的一年。①

1924年10月5日，周先庚抵达南京，转学于东南大学文法科，为攻读图书馆学做准备。东南大学是国内较早开展图书馆学教育和研究的大学，可以视为周先庚转学东南的一个外因。1925年3月14日，周先庚曾再次致信戴志骞请教学习图书馆教育如何的问题。据周先庚回忆，他曾在东南大学选修过温德（Winter）的一门"西洋文学"课。

唯真学会的几位成员均转学到了东南大学，而且唯真学会仍有正式活动开展，周先庚曾接收到唯真学会的公函，并将公函寄送给远在美国的施滉。

1923年，东南大学曾经开办暑期"图书馆学"讲习班。1925年7—8月，东南大学又开设"目录学"讲习班。在目录学讲习班举办的同时，东南大学图书馆和中华图书馆协会、中华职业教育社、江苏省教育会等联合在东大举办图书馆学暑期学校。东南大学图书馆学研究的开展正值周先庚转学东南大学之际，肯定会对他后来的学术道路有所影响，尽管他最后并没有成为一名图书馆学家。周先庚在东南大学期间曾写过《留国转学东南的一年》一文，想必是打算总结自己一年的生活和感悟，但此文后来并未写完存世。

周先庚最终没有成为图书馆学家，却成为一名心理学家，其个中原因还是与清华学校的学习经历有关系，一方面是心理学在当时清华学校的传播情况，另一方面是他有一个对心理学十分热衷的好朋友——黄翼②。

在清华学校很早就有心理学的传播和课程设置。1918年，美国教授瓦尔科特（G. D. Walcott）到北京清华学校任教，于1917—1918学年曾在高等科四年级开设心理学课程。他使用推孟的修正量表测验清华学校学生智力，这是西方学者应用西方成熟规范的量表在中国最早的尝试。后来成为

---

① 周先庚：留国不留。《清华周刊》，1925年第342期，第10—11页。
② 黄翼（1903—1944），字羽仪，现代心理学家。1925年赴斯坦福大学研习心理学，1930年在耶鲁大学获得博士学位后回国任教于浙江大学。

人类学家的李济当时被瓦尔科特测得智商为128[①]，也曾被他告知要学心理学就要到美国克拉克大学，李济后来果真赴克拉克大学追随心理学家霍尔（G. S. Hall, 1844—1924）研习心理学。另外一位心理学课程开设者是庄泽宣[②]。1922年，海外留学归国的庄泽宣在清华学校开始讲授普通心理学课程。具有心理学背景的庄泽宣在当时对周先庚来说肯定不会陌生，例如，庄泽宣经常为《清华周刊》撰稿发文，该刊也曾刊载过他翻译的《应用心理学》介绍。虽然周先庚没有选修过庄泽宣的心理学课程，但是他的好朋友黄翼当时选修过基础心理学课程。周先庚阅读兴趣广泛，中英文心理学著作也在他购买和阅读范围之内，如陈大齐的《迷信与心理》、刘伯明的《思维术》、安德烈·特里东（Andre Tridon）的《精神分析与爱》（*Psychoanalysis & Love*）。陈大齐是中国现代心理学的先驱，1917年在北京大学建立心理学实验室，1918年出版中国人自己撰写的大学心理学教科书《心理学大纲》，标志着中国现代心理学的开端。陈大齐对于中国心理学来说是一个标志性人物，他的这本《迷信与心理》则是以心理学知识为武器向封建的神灵迷信思想挑战。从周先庚购买过《精神分析与爱》这本英文书来看，他在读书时代就涉猎了精神分析心理学的相关知识。

黄翼同周先庚一起转学到东南大学，并居住于同一个宿舍。黄翼在当时就有志于从事心理学研究工作。在东南大学期间，黄翼又到南京高等师范选修了陆志韦的"实验心理学"课程。周先庚受到黄翼的影响，也打算选修陆志韦的课程，但是因为陆志韦认为他没有读过普通心理学课程，缺乏基础性知识，未允许周先庚修读他的实验心理学。这次选课经历可以说是周先庚第一次主动打算学习心理学课程，但是未能如愿。清华大学心理学课程的设置以及有志于从事心理学研究工作的黄翼对周先庚的影响是潜移默化的，一旦出现诱因和时机，将极大地影响周先庚对学术道路的选择。

---

① 李光谟：李济先生学行纪略（未定稿）。见：北京大学考古系编，《考古学研究（二）》。北京：北京大学出版社，1994年，第394-397页。

② 庄泽宣（1895-1976）。1916年毕业于清华学校。1917年公费留学美国，先后获纽约哥伦比亚大学硕士、普林斯顿大学教育与心理学博士学位，其导师是华伦（Howard C. Warren），系现代心理学创立者冯特的学生。

1925年5月初，甲子级的同学潘大逵到东南大学见到了周先庚，二人经过商讨准备同赴科罗拉多大学留学。后来，周先庚在赴科罗拉多大学还是斯坦福大学留学的问题上产生了犹豫，并最终接受同班同学高瀚的建议选择了斯坦福大学。6月8日，周先庚写信给徐永煐称不选择科罗拉多大学，自己并非是"甘于怯懦、自卑"。14日周先庚得到了确切消息，将进入斯坦福大学深造。

1925年8月16日下午，清华学校应届毕业生与周先庚、徐永煐、罗静宜等留国一年的学生共计80人和3名教师纷纷登上约克逊号轮船，17日上午正式出发赴美留学。此次搭乘约克逊号轮船赴美留学的各学校师生共计155人。临行前，《申报》报馆、四川路青年会、沪江大学同学会等组织或团体纷纷为赴美学生们举行欢送活动。周先庚、徐永煐、罗静宜等人在临行前特意留影纪念（图2-5）。

图2-5 1925年周先庚等由上海乘船赴美留学前合影［前排：左二黄自、左五罗静宜、右二徐永煐；后排：左一周先庚、右三章裕昌（友江）］（徐永煐之子徐庆来提供）

第三章
留学斯坦福

择业"心理",学承名师

1925年8月19日,周先庚一行人乘船途经日本神户市做短暂停留,31日抵达美国,9月22日入斯坦福大学报到。

入读于斯坦福大学时,周先庚先是注册于社会科学学院(School of Social Sciences)。第一学期他选修了保罗·范恩斯沃思(Paul R. Farnsworth)的心理学概论性课程,所用教材是华仑(Howard C. Warren)所著,而华仑正是周先庚清华学校时期的老师庄泽宣留学期间的导师。9月24日,周先庚在写给徐永煐的信中称有意改学心理或教育。由此来看,周先庚是在听了范恩斯沃思的第一堂课之后就产生改学心理学的想法了。尽管周先庚此前在清华学校读书时对心理学并不陌生,甚至在东南大学还曾打算选修陆志韦的实验心理学课程,但他似乎还没有想到此生会致力于心理学研究,而范恩斯沃思的这门课程却一下子把周先庚完全吸引住了。周先庚心里很清楚自己的性格特点:不善于和别人打交道,也不愿意参加交际活动，而且生性喜欢安静，喜欢一个人思考问题，悟性很强。再加上自己经过清华八年的学习，有着良好的理工科基础。对于心理学的学习和研究，不仅仅是适合，甚至可以说有一定的优势和天赋。于是他决定改学心理学。

11月7日，第二学期伊始，周先庚就转到生物学院心理学系学习。也正是从这个时候起，他开始步入心理学的殿堂。在钻研学问的道路上，有什么是比兴趣更好的老师呢？周先庚称心理学是面向每个人的，每个天才都可以在心理学领域崭露头角，他希望更多的人能够向心理学进军。[①] 凭着天赋和兴趣，1926年10月周先庚顺利从生物学院心理学系毕业，获得学士学位。

1926年11月，周先庚在斯坦福大学继续深造心理学，攻读硕士学位。当时斯坦福大学心理学系的系主任为刘易斯·推孟（Lewis M. Terman），心理学系的教授还有美国生理心理学家拉什利（K. S. Lashley，1890—1958）的学生、比较心理学家斯通（Calvin P. Stone），统计学家凯利（Truman Kelley），实验心理学家沃特·迈尔斯（Walter R. Miles）（图3-1），职业心理学家、职业兴趣量表编制者爱德华·斯特朗（Edward K. Strong）以及范恩斯沃思等人。推孟1910年任教于斯坦福大学，自1922年开始执掌心理学系长达20年，1923年当选美国心理学会主席。至推孟离开斯坦福大学赴耶鲁大学任教职之

图3-1 1925—1929年在斯坦福大学留学时的导师迈尔斯及其女儿（资料来源：周先庚老相册）

---

① 周先庚给艾米（Aime Ah Fong）的信，1927年1月22日。存于清华大学档案馆。

前，斯坦福大学心理学系又相继有三位教授当选过美国心理学会主席，由此可见斯坦福大学心理学在当时美国心理学界的影响力。

周先庚在导师迈尔斯指导下开始了心理学的研究生涯。迈尔斯是一名具有广泛兴趣的实验心理学家。在第一次世界大战期间，迈尔斯以心理学家的身份参加过军事心理学研究工作，将心理学应用于军事之中。例如，他参与研究过防毒面具的舒适性和安全性问题，其研究结果影响了后来防毒面具的模式；参与研究过空军飞行员的能力倾向，研究过士兵处于长期营养不良状态下身心机能的变化与恢复问题[1]。1926 年，迈尔斯指导中国留学生沈有乾（Eugene Y. C. Shen）[2] 获得博士学位；1927 年，迈尔斯和推孟合作指导了周先庚的好友黄翼获得心理学硕士学位。

1927 年，沃什伯恩（Ruth Wendell Washburn）邀请周先庚把中国心理学界的情况介绍给西方心理学界，沃什伯恩认为中国心理学研究的信息由中国心理学学者来介绍比较适宜。周先庚给国内的张耀翔写信购买了他主编的中国第一本心理学专业期刊《心理》，以《自 1922 年以来中国心理学旨趣的趋势》(*Trends in Chinese psychological interests since 1922*) 为题向西方心理学界介绍了刊发在《心理》杂志上共分为 21 类的 110 篇论文。此后，周先庚又写文章向美国心理学界介绍中国心理学界的情况，将中国对西方心理学的引介情况集中在普通心理学、儿童心理学、教育心理学、社会心理学这四个领域。同时，他还专门介绍了中国原创性著述，如陈大齐的《心理学大纲》、郭任远的《人类行为》、陆志韦的《心理学》(当时唯一的高级中学教材)、廖志承的《教育心理学》[3]。另外，周先庚在 1927—1928 年度《心理学摘要》(*Psychological Abstract*) 杂志上发表了刊于中国心理学刊物上的 28 篇论文的摘要。周先庚这次对中国心理学界情况的介

---

[1] 迈尔斯的工作。见：E. G. Boring & G. Lindzey (Eds.), *A history of psychology in autobiography*, 221-252. New York: Appleton-Century-Crofts.

[2] 沈有乾 (1900-1996)，字公健，江苏吴县人。1913 年就读于清华学校，1922 年赴美国斯坦福大学学习心理学，1926 年获得博士学位。1929 年回国，先后在光华大学、浙江大学、暨南大学、复旦大学任教。1948-1961 年任联合国秘书处任职。退休后又到纽约市立大学皇后学院任职至 1975 年。

[3] Siegen K: Chou: The present status of psychology in China. *The American Journal of Psychology*, 1927, 38 (4): 664-666.

绍是当时中国心理学界第一次以较为完整的面貌呈现于国际心理学界，既展示了中国心理学取得的成绩，也体现了中国心理学发展的基础。

1927年6月下旬至8月上旬，周先庚到加州大学伯克利分校参加了由麦独孤和考夫卡主讲的暑期课程班（Summer Session）。此前周先庚曾表示要同好友黄翼和Kao先生两人一同前往参加该课程班。周先庚在伯克利分校期间，每天上午9点至10点听课，先后听了麦独孤的"变态心理学"和考夫卡的"格式塔心理学"两门课[1]。到达加州大学伯克利分校之后，周先庚联系上了好友周培源，二人是清华学校甲子级同学，周培源于1927年春进入伯克利分校攻读博士学位。

1928年上半年这一学期，周先庚选修了"智力测验"这门课程，每周4小时课程，其他时间都用于从事研究工作，并打算这一学期完成论文的数据采集工作。智力测验这门课程由推孟开设，由梅丽尔（M. A. Merrill）博士任助理教授[2]。在课上，梅丽尔打算让周先庚做一篇"智力测验的理论"的报告，但周先庚认为做一篇关于"心理测验在中国"的报告可能会更有意义。他注意到心理学在当时中国的发展差不多主要是在教育心理学领域，而在教育心理学中又主要体现在测验工作上。事实上，教育与心理测验工作在中国的开展标志着心理学研究技术和方法的运用达到了一个巅峰。可是，当时美国心理学界中的心理测验、智力测验课程或相关课程没有涵盖中国在这些方面所取得的成就。另外，运用心理测验的方法测量个体或群体的能力在中国的历史相当悠久。例如，比奈智力测验中的一些方法在公元前260多年之前就曾被中国人使用，甚至有的方法至今还被一些父母用来测量刚满周岁的孩子的智力，有一些成就测验则至少可以追溯到13世纪。在征得老师的同意之后，周先庚就1923年哥伦比亚大学的麦柯尔博士到中国指导测验工作的情况在课堂上作了报告。班上的同学们都

---

[1] 周先庚给艾米的信，1927年6月15日。存于清华大学档案馆。
[2] 梅丽尔（1888-1978），女，1911年在欧柏林学院（Oberlin College）获得心理学学士学位。后在Minnesota Bureau of Research 做费雷德·库尔曼（Fred Kuhlmann）的助理。1919年到斯坦福大学推孟门下攻读学位，1920年获硕士学位，1923年获博士学位。1924-1931年任斯坦福大学的教授助理。自1919年到斯坦福大学之后，梅丽尔一直跟推孟学习、合作开展斯坦福—比奈智力量表的修订工作。

为麦柯尔取得的成绩所触动,因为当时麦柯尔的工作计划十分庞大,甚至有些到了"吹牛"的程度,故此被梅丽尔评论为"听起来有点乌托邦的感觉"[①]。但周先庚认为,麦柯尔作为心理学家桑代克的高才生,年仅37岁左右,其事业应该是前途无量的。这次经历反映出周先庚内心对心理测验在中国发展前途的美好憧憬,热切期望着心理学在中国得到更好的发展和应用。

1928年6月底至8月中旬,周先庚再次到伯克利分校参加暑期课程班,选修了两门课程,这一期由本特利(Bentley)主持。本特利曾在内布拉斯加大学跟随冯特的学生沃尔夫(H. K. Wolfe)学习心理学,1895年开始在康奈尔大学铁钦纳(Edward B. Titchener)门下攻读博士学位,1899年博士毕业。1917—1918年第一次世界大战期间,本特利参加过军事服务工作,开展了航空兵听觉感受器方面的研究。1928年,本特利回到康奈尔大学任教,此时铁钦纳已经过世了,本特利出任心理学教授和心理学系主任。

在硕士研究生学习阶段,周先庚不仅努力钻研必修课程,还利用课余时间补习了电学、生理学、生物神经学等多门课程。1928年6月,周先庚获硕士学位,其论文研究的主题是中国汉字的易读性问题。沿着汉字心理这个研究方向,他选择了继续攻读博士学位,导师仍然是迈尔斯(图3-2)。进入博士研究生学习阶段,周先庚在斯坦福大学心理学系曾任动物实验室助理。1930年2月,他顺利通过论文答辩,获得博士学位,其博士学位论文题目是《汉字阅读心理学》(*The Psychology of Reading Chinese Characters*)。

图3-2 周先庚在斯坦福大学完成的硕士论文(左)与博士论文(右)(资料来源:北京大学档案馆)

---

① 周先庚给艾米的信,1928年3月15日。存于清华大学档案馆。

周先庚虽然选择了心理学为自己的学术发展方向，但并没有对图书馆学完全放弃，一直念念不忘自己对图书馆学的兴趣，并称一旦他完成了心理学研究工作，定会在美国大学里重拾图书馆学。① 周先庚对图书馆学的向往，对其图书馆式保存自己资料的习惯有着潜在的影响。

　　1928年3月，艾米曾在一封信件中问周先庚是否急于结婚，周先庚称自己不会有这个想法，直到获得博士学位，直到至少卖出一份专利，直到把儿童心理学领域的所有文献读完，直到在美国待满此后的五年并到欧洲去一趟。② 可见，当时周先庚雄心勃勃地致力于学业。周先庚称拿破仑、牛顿、林肯等伟人都在和他同龄时取得了非凡的成就，自己也应该向这些伟人学习。③ 他最大的愿望就是将来回到母校清华大学创建心理学系和心理学实验室。④ 1929年初，周先庚收到了清华大学的非正式邀请，希望在他留学结束之后可以回母校清华大学从事心理学的教学和科研工作。

　　1929年2月，周先庚参加了博士学位口试答辩。在向迈尔斯提交的简历资料的计划一栏中，周先庚提到将来回到中国后要努力解决实践性的心理学问题，如阅读、印刷、索引，运用测验改善军队、选拔飞行员⑤。从这些内容来看，周先庚一方面准备继续开展汉字心理方面的研究及其在实践中的应用，另一方面准备在军事方面应用心理学。这是因为，他的多位老师在第一次世界大战期间都开展过心理学知识服务于军事的研究工作。

　　在晚年回忆留学美国的生活时，周先庚曾告诉子女，他刚到美国的头半年里，人生地疏，借住在一位美国老太太家，后来才搬到中国留学生集体居住的地方，二三十个人轮流做饭，不会就照着食谱书学着做，既经济可口又热闹快活。1926年他在斯坦福大学里骑自行车，被迎头驶来的汽车撞上，压碎踝骨晕倒过去，回到宿舍才醒过来，后来受伤处绑了石膏，他

---

① 周先庚给艾米的信，1927年6月15日。存于清华大学档案馆。
② 周先庚给艾米的信，1928年4月3日。存地同①。
③ 周先庚给艾米的信，1928年5月7日。存地同①。
④ 周先庚给艾米的信，1928年4月16日。存地同①。
⑤ Siegen K. Chou: A short autobiographical sketch (unpublished manuscript), 1929。存于北京大学档案馆。

拄着拐杖行走了一个多月才好。周先庚在给艾米的信中还描写过自己学开汽车的历险记。总之，在斯坦福留学的几年生活既辛苦又丰富，令他终生难忘。

汉字心理学研究及仪器创制

汉字是中国独特的文化产物，中国人在接触西方心理学的过程中很容易唤起本土研究的意识，采用科学的方法对汉字开展心理学研究。尤其是20世纪20年代前后，国内兴起了轰轰烈烈的新文化运动，文字改革的呼声高涨。最早开展汉字心理研究的留学生是刘廷芳，他于1916—1919年在美国哥伦比亚大学开展了博士学位论文研究。1918年，张耀翔在美国哥伦比亚大学进行过"横行排列与直行排列之研究"（英文稿，未发表）[1]。1919年，高仁山与查良钊在芝加哥大学开展了汉语和英文阅读中眼动的实验观察。1922—1924年杜佐周在爱荷华州立大学、1923—1925年艾伟在华盛顿大学、1925—1927年沈有乾在斯坦福大学都曾开展过汉字心理研究。1926年，陈礼江和卡尔在美国实验心理学杂志上发表过关于横直读的比较研究。同一年里，章益在华盛顿州立大学完成了《横直排列及新旧标点对于阅读效率之影响》的研究，蔡乐生在芝加哥大学设计并开展了一系列的汉字心理研究，并于1928年他和亚伯奈蒂（E. Abernethy）合作发表了《汉字的心理学Ⅰ：字的繁简与学习的难易》（*The psychology of Chinese character I: Complexity of character and difficulty of learning*）一文。由此可以看到，当时中国心理学留学生开展了大量汉字心理的研究。这和当时新文化运动中革新旧文化和旧习惯的思潮有着紧密联系，同时也受到东西方文字碰撞的影响，因为中国旧文字竖写，而西方文字横写，两种文字的混排会造成阅读上的困扰。这些心理学者在当时开展汉字心理学研究的方法

---

[1] 艾伟：中国学科心理学之发展。《教育心理研究》，1940年第1卷第3期，第6-11页。

涉及速度记录法、眼动记录、速示法、消字法等多种方法,周先庚研究汉字还专门研制了实验仪器,利用的中国语言文字材料涉及文言文散文、白话散文、七言诗句等,从而在国际心理学舞台上逐渐开创出一个崭新的研究领域,对于改变汉字此前在西方心理学研究之中仅仅被用作西方人不认识的实验材料的局面具有重要的意义。同时,也为国内文字改革提供了科学的实验依据,正如后来蔡乐生所说:"我向来研究汉字心理学的动机是在应用心理学实验的技术,求得客观可靠的事实,来解决中国字效率的问题。"① "……我和亚伯奈蒂合作的《汉字心理学》,这时正待整理。我病中不敢提笔,连家书都懒得写,但这是我对于祖国文字头一篇的实验研究,与汉字改革和简体字运动的问题都有密切关系,我怎肯安心养病,不把实验报告整理发表,以供文字革命家做个参考呢?"② 这是当时留学生在海外心系祖国而从事汉字心理研究时心态的体现。

周先庚开展汉字心理研究,与其早在五四运动期间参加新文化运动有着密切联系。1918 年,冀朝鼎为社长,施滉、徐永煐、章友江、周先庚等人为成员的"暑期修业团"创办了《修业》杂志,大力提倡白话文和文字改革,宣传新文化运动。在《修业》杂志上周先庚发表了一篇文章《为什么要横写》,其中列举了要横写的十大理由。1924 年 3 月 9 日,在他写给哥哥的信件中还提到过打算开展汉字排列法的研究。当周先庚开启了心理学生涯之后,尤其是跟随实验心理学家迈尔斯的学习,接受了严格的实验心理学训练之后,为他研究自己关注已久的汉字问题提供了方法和技术上的保障。

导师迈尔斯一直希望有雄心壮志的学生能够与他一起在问题探索、研究方法、仪器设计方面携手工作。周先庚勤于动手动脑设计研究仪器,能够不断发现新的问题,因此他在当时绝对属于能达到导师要求的学生之一。周先庚分析了当时心理学研究中所用速示器的两种类型:慢示器(Bradyscope)和速示器(Tachistoscope),以及两大类型中的各种仪器。周先庚针对自己的研究课题,即汉字心理研究的各种特定需求而专门设计了

---

① 蔡乐生:为《汉字的心理研究》答周先庚先生。《测验》,1935 年第 2 卷第 2 期。
② 蔡乐生:一个学心理学者的自叙。《心理季刊》,1937 年第 1 期,第 135–145 页。

"四门速示器"（图3-3，图3-4），用于研究汉字横竖排对阅读的影响，以及汉字阅读和理解的特点。该仪器因由四块挡板的开闭来覆盖或显露阅读材料而得名。周先庚就"四门速示器"撰写的论文曾在1929年第九届国际心理学年会上宣读，同年发表于美国《实验心理学杂志》上。这套仪器有以下创新：①设计了一种新的反应键，即被试压住按键可以打开速示器的其中一个窗口进行文字阅读，读毕把手抬起则窗口闭合，阅读材料消失，这样可以达到精确地控制时间以及阅读材料的呈现，而且被试可以自行操作，避免了受其他因素的影响；②设计了阅读材料的自动供给和抓取的装置；③改进了阅读材料呈现装置；④改进了计时装置。这套仪器具有自助性、方便性、呈现时间精确性、阅读材料量大、可依次迅速呈现等特点，这是当时用于研究阅读的其他仪器所不具备的。"四门速示器"的研制充分反映了周先庚以问题为中心的研究策略，在缺乏适宜技术手段的情况下创制仪器设备的自主创新精神。这台机器总共花费了大概700美金，这在当时是很大一笔费用，周先庚有时候自己也感觉它在实际应用方面几乎没

图3-3 周先庚发明的"四门速示器"背面

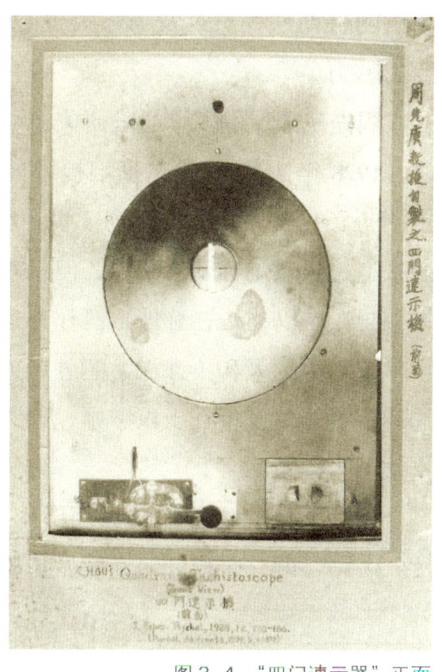

图3-4 "四门速示器"正面

有什么价值，只得用同学们的话来自我解嘲："它是为了科学的兴趣！" ①这也反映出周先庚强调应用的观念。30 年代，周先庚在国内开展平民教育时终于使用上了他研制的这台仪器，实现了他实践应用的心愿。

周先庚关于汉字横竖排对阅读影响的实验结果，发现了决定汉字横竖排利弊的具体因素。他的研究目标并没有拘泥于汉字横读直读比较问题上，而是进一步探索汉字位置和阅读方向的关系，这是一个典型的汉字阅读心理问题。周先庚依据格式塔心理学理论，从汉字的组织性的视角来审视，一个汉字与其他汉字在横排上的格式塔能否迁移到竖排汉字的格式塔上，以及这种迁移对阅读速度影响大小的问题。最后，他提出影响汉字阅读的三个要素，即位置、方向及持续时间，其中位置是最为重要的要素。周先庚总共发表四篇实验报告和一篇理论概括性文章，分别发表于美国《实验心理学杂志》和《心理学评论》上，其中一篇后来译成中文发表于国内《测验》杂志上。周先庚在《汉字阅读中的格式塔》(*Gestalt in reading Chinese Character*)一文致谢中还提到格式塔心理学家考夫卡以及好友黄翼对该文提出评论和建议，由此可以看出，周先庚参加考夫卡主讲的暑期课程班以及与考夫卡的交往对他开展汉字心理研究产生了重要的影响。

周先庚开展的汉字心理研究还引起了当时斯坦福大学学生们的很大关注。1928 年 2 月 10 日，《斯坦福日刊》(*Stanford Daily*)就周先庚的汉字位置测验研究发表了一篇题为《设计中国的新智力测验以难倒心理学学生》的报道，虽然是称赞其研究，但是对其本意有所歪曲。周先庚向该刊物投书一封，予以纠正，称他自己作为这项测验的设计者，其目的在于研究汉字呈现给中国人和不懂汉字的外国人时在易读性上的差异问题，并称这样的问题可能仅仅存在于汉字中，因为汉字除了具有意义之外，其本身还具有象形的特征。

周先庚还在迷津仪器方面做出很多贡献。他设计了通用型手指迷津（图 3-5），即一个模式箱，稍做调整就可以分别用于推孟、麦独孤、卡夫

---

① 周先庚给艾米的信，1928 年 1 月 27 日。存于清华大学档案馆。

卡、迈尔斯各自不同的实验之中，还可以用于运动测验，供艺术师、设计师、眼盲的阅读者使用。甚至在心理学家麦独孤建议之下，斯多汀（Stoelting）公司已经同周先庚进行接触，准备将这种通用型迷津投放市场。有一次周先庚看到白鼠在墙壁镶嵌的书架上爬来爬去，就产生了竖式迷津的思路，后来被他的同学汀克（Tinker）知道了，就根据这种思路发明了竖式迷津（Elevated Maze）。

图3-5 周先庚发明的通用型手指迷津

周先庚在利用多槽板做迷津实验时，想到如果在迷津沟槽里不是一个跑动的实验老鼠，而是一个滚动的球，让被试调整槽板以使球按照要求避免掉入沟槽中的陷阱，从出发点到终点，此时测量的当然不是小球的智力，而是测量被试的技能熟练与否，而且这是一种真正的进取型（pursuit）迷津（图3-6），这种实验过程不仅生动、自然、具有挑战性，而且新颖、易学、有趣，适合以学前儿童为被试的实验研究。

周先庚动手能力很强。在美国留学期间，他自己购买了印制类小器械，印制实验资料、信纸、信封。他设计用于测验工作技能的多槽板，即进取型迷津，他还想利用它开发成供孩子们玩的用具。他还打算研制自动清理的梳子，设计新型的信封。周先庚也发现自己以前曾经有的想法，市面上已经有人出售相关产品了，例如，回墨印章（Self-inking stamp）、

图3-6 周先庚手持进取型迷津（资料来源：周先庚老相册）

第三章 留学斯坦福 *41*

全景相机（panoramic camera）、自动钢琴（player piano）、能够预先设定时间的钟表、全自动相机等。

周先庚曾向斯坦福大学专利办公室提交一项专利申请，其内容是用于图书馆或办公室的文件盒（pamphlet case），但是1928年2月他获知申请失败了，接着又开始着手另外一项发明创造："改进型编号手戳"（improved numbering hand-stamp），用于对物件的计数。周先庚认为这两个小发明很简单，制作成本很低，希望能够予以制造并销售。① 周先庚自己称，在发明创造方面的追求展示着他内心珍藏着的童年时代的梦想。②

社会活动　游学欧洲

图3-7　周先庚1925年购买的打字机

1925年8月，周先庚抵达美国。9月23日，他给邱良骥写信索要同乡会名单，希望尽快和同乡会建立联系。当月他还花了5美金购买了一部打字机（图3-7），以备工作使用，他深知自己在以后的学习生活中是离不开它的，这部打字机后来被带回国内，在他一生的工作中发挥了重要的作用，并保留至今。周先庚也深感在美国交友的机会甚多，自己应该多和朋友们交往，以开阔眼界。

与周先庚同行的徐永煐、章友江、罗静宜抵达美国之后，与上一年到达美国的施滉、冀朝鼎、胡敦元、梅汝璈会合，"超桃"的八名成员除罗宗

---

① 周先庚给艾米的信，1928年3月15日。存于清华大学档案馆。
② 周先庚给艾米的信，1928年5月7日。存地同上。

棠[①]仍留在国内外，全部到齐，并积极开展革命工作。周先庚此时只参加施滉、徐永煐等组织的公开政治活动，不参加秘密活动。"超桃"成员们开展革命宣传工作需要印制大量资料。当时这些留美学生每月有80美元的生活费，他们节衣缩食，竭力节省，以支付大量的宣传费用，在当时铅印品还是比较贵的。后来施滉和徐永煐主编了一份报纸，参加工作的有章友江、石佐等人，他们都是自掏腰包干这份革命工作，生活费花光了就向同学们借。周先庚虽然没有参加他们的具体工作，但是在经济上还是提供了支持，提供经济帮助的还有程海峰、周培源等许多人[②]。

1926年6、7月间，施滉、徐永煐、罗静宜等人筹得一笔可观的经费，从上海商务印书馆购买了一套中文印刷机器，创办了《国民日报》，徐永煐任主编，报馆在旧金山唐人街上。周先庚在开展汉字心理研究期间，需要准备横排或竖排的实验材料，他就到报馆地下室的排字间自己印制汉字阅读材料。

1926年，周先庚参加了"留美中国学生联合会"（Chinese Students' Alliance of American），任秘书（当时称书记）。联合会的机关刊物为英文杂志《中国留美学生月刊》（The Chinese Students' Monthly）。留学生中的一些共产党员们通过斗争，取得了留美中国学生联合会的领导权，并取得了《中国留美学生月刊》的领导权，由甲子级同学胡敦元任编辑，周先庚曾任助理编辑。1927年至1928年间，周先庚将《中国人眼中的美国》（America through Chinese Eyes）、《中国大学生活Ⅰ：母校》（A Chinese college life Ⅰ. Alma Mater）、《中国大学生活Ⅱ：一个科学教师的暑期研究所》（A Chinese college life Ⅱ. A summer institute for science teachers）、《你能竖着读吗？》（Can you read upside upon?）等文章发表在该杂志上。第一篇文章也曾发表在《斯坦福大学图书馆杂志》（Stanford Literary Magazine）1927年11月号上。周先庚在第一篇文章中表达出自己眼中的美国以及对美国的观感，并为从中国来的新留学生提供了很多建议。第二、三篇文章

---

① 即罗宗震。
② 罗静宜：《华侨日报》的前身——《国民日报》与《先锋日报》.《文史通讯》，1984年第4期，第37-39页。

是他介绍自己母校清华大学的情况，第四篇文章是他对自己横竖排阅读问题研究成果的介绍。

1927年，一批中国新留美学生来到美国，于9月8日在旧金山上岸，由六个团体组成的代表们负责招待这些留学生。这些团体分别是留美中国学生会、北美基督教学生青年会、美洲华侨教育会、华人女界青年会、中华青年会及旧金山中华总商会，其中中华青年会负责主要领导工作。留学生们于当天早上8点上岸，下午2点游览了旧金山中国城。6点钟，各团体在中国新上海楼召开盛大的欢迎大会，而清华同学会西部分会则在旧上海楼举行团聚会。这场团聚会为聚餐性质，首先由会长石佐致开会辞，其后由施滉报告留美学生工作，接下来由1927级学生代表报告母校清华大学的情况，随后由专科生代表致辞。9日上午专为学生办理车票事宜，中午时分铁路公司设宴款待。下午3点，旧金山商会邀请全体学生游览全城，6点钟，轮船公司设宴款待，晚上9点电影公司请观看电影。10日下午4时各位学生启程东去。① 当时周先庚任留学清华同学会西部分会书记兼会计，将此过程记录下来发回国内，发表在《清华周刊》上，向国内传递了留美学生们初到美国时的活动情况。

周先庚在中国留学生联合会服务期间，结识了一位名叫艾米（Aimee Ah Fong，1909—1944，图3-8）的华裔女孩。当时她正在艾奥瓦州首府博伊西（Boise）的一所高中读书，他的父亲C. H. Ah Fong是一名移民到美国的中国医生。1911年，2岁的艾米曾经和父母回到过香港，并和母亲Lee Yuk Sim在香港居住多年，1916年跟随母亲返回博伊西。艾米在美国期间因为身边没有同龄的中国人，感到特别孤单，因此想通过加入中国留学生联合会以便多结识一些中国朋友。当她把会费寄出之

图3-8 艾米及其父母

---

① 周先庚：记一九二七年学生团及留美清华同学会西部团聚会.《清华周刊》，1927年第13期，第638-639页。

后，一直未收到反馈信息，她于1926年12月12日给任秘书的周先庚写信以了解情况（图3-9）。自此两个人开始了长达两年的交往，通信多达100多封[①]。在通信过程中，周先庚建议艾米学习心理学，并鼓励她将来考斯坦福大学。1928年8月16—19日，美国西部中国留学生会议在斯坦福大学召开，此前艾米一直向往着去参加这次盛会，但是最终没有赴会。周先庚信中称此次大会虽然还不够理想，但是已经比上一年度的大会好多了。

图3-9 艾米写给周先庚的第一封信
（资料来源：清华大学档案馆）

清华留美学生每10个月有一笔30美元的经费可以用于考察旅行，周先庚去了美国之后两年中一直没有动用这笔资金。1928年6月中旬的一周，他终于有了一段较为轻松的时间，于是动用这笔经费前往洛杉矶，参观加州大学南部分部（U. C. Southern Branch）和南加利福尼亚大学（U. S. C.）的心理学实验室设备，此次游历考察为他增长了很多专业知识。

1928年8月3、4日，周先庚参加了在斯坦福大学举行的美国西部心理学会第八次年会。在这次年会上，西部心理学会会长谢泼德·弗朗兹（Shepherd Ivory Franz）卸任，沃纳·布朗（Warner Brown）出任会长，克罗斯兰（H. R. Crosland）任副会长，斯坦福大学心理学教授、周先庚的老师范恩斯沃斯任财务部长（Secretary-Treasurer）。周先庚在大会上宣读了由迈尔斯指导的论文，报告了使用新研制的"四门速示器"研究汉字阅读速度受汉字方向和位置影响的情况，这篇论文的摘要收录于大会秩序册[②]。这是周先庚第一次参加大型心理学学术会议，展示了中国留学生在

[①] 存于清华大学档案馆周先庚档案第1037盒。

[②] Proceedings of the meeting of the Western Psychological Association, Stanford University, August 3 and 4, 1928. *Psychological Bulletin*, 1929, 26（1）：6-7.

心理学研究上的才智和贡献。当时共有 120 多名心理学者参加这次年会，中国的留学生朱希亮也列席参加了这一届的年会。

1929 年 9 月，周先庚参加了在美国耶鲁大学举办的第九届国际心理学年会并宣读论文介绍其发明的"四门速示器"。该年会会长为纽约大学的詹姆斯·卡特尔（James McKeen Cattell），副会长为耶鲁大学的詹姆斯·安吉尔（James A. Angell）。在这次学术年会上，周先庚听到了苏联生理学家巴甫洛夫的学术报告。经由导师迈尔斯的引荐，周先庚结识了耶克斯（Yerks）、道奇（Dodge）、桑代克（Thorndike）等一批美国著名的心理学家。这一年国际心理学大会至少有七名中国人参加，除周先庚之外，此次大会名录中还有郭任远、沈有乾、蔡乐生、艾伟、汪敬熙、孙贵定[①]，他们当时有的还在美国求学，以美国学校的名义参加，沈有乾来自北京、艾伟来自南京中央大学、汪敬熙来自中山大学，以中国代表的名义与会。其中蔡乐生提交的论文，连同沃什博恩等共五人的论文被组委会列为正式会议里宣读的论文。据蔡乐生回忆可以看到当时大会的盛况：

> 我乘暑假之便，赴美国东部参与国际心理学大会。先到纽约，受哥伦比亚大学招待，在 faculty Club 的宴会上结识了许多欧美的心理学家。我适和国际大会的会长 James McKeen Cattell 同一桌，席间讨论到汉字改革的问题。他对英文字母的构造表示不大满意，因为他曾从事实验，发现 o、c 和 e，h 和 b，a 和 u 等字母彼此十分容易混淆，所以他并不太赞成我们盲目地采用英文字母来代替汉字。我倒没有成见，唯主张一切关于文字的效率问题应当根据实验心理学的结果来解决。翌日我和欧洲各国的心理学家被 Princeton 大学邀往参观心理学系的新建筑，Warren 教授亲自到纽约的车站相迎。参观后，Langfeld 教授替我们摄取活动影片，并到 Warren 教授的花园式住宅午餐……我们旋即赴耶鲁大学开会，这里群贤毕至，济济一堂。开幕后每天上午

[①] 国内心理学界存在着一种说法，即朱希亮也曾参加这次大会并聆听过巴甫洛夫的演讲，并在演讲后与巴甫洛夫交流过，但这次大会会议记录的参会名单中未能查到朱希亮的名字，朱希亮可能是以其他身份参加的这次会议。

正式宣读论文，下午分组报告，晚上又有巴甫洛夫等几位老前辈公开演讲。经过一个多星期的聚首，平日慕名的人，几乎无一不相识……大会闭幕后，我和欧洲各国的心理学家又应 Clark 大学之邀，前往参观 G. Stanley Hall 首创的心理实验室，由 Hunter 和 Murchison 及其夫人等竭诚招待，并蒙惠赠该校刊行的《心理学杂志》及新书多种。我们又应哈佛大学邀往参观 William James 的遗迹，由 Boring 等招待。Wellesly 大学亦邀我们去参观自我心理学派 Calkins 女士所创办的实验室。①

周先庚参加完了第九届国际心理学大会之后，顺道赴霍布金斯大学参加了中国留学生联合会东部分会的年会。

1929 年 5 月，周先庚因自己设计并制造了研究汉字横直阅读的"四门速示器"而被美国自然科学联合会（Society of Sigma-Xi）选为会员，并获金钥匙奖。该学会是一个非营利性荣誉学会，在 1886 年由康奈尔大学的一些师生创建。其成员是根据一个人所获得或潜在的研究成就而被选入的。

1929 年，周先庚打算延长一年留学时间，称他"必须去一趟欧洲"，而且此前他在很多信件中都会提到自己一定要赴欧洲游学一段时间，可见他对游学欧洲的重视。

1930 年 1 月，周先庚顺利通过博士学位论文的答辩，获得博士学位。2 月，他被美国心理学会选为准会员（associate member）。周先庚自 1925 年入学斯坦福大学，至 1930 年 1 月毕业。仅用四年半的时间，相继拿到了学士、硕士和博士学位，实属不易。他在这几年中无论是在专业学习方面，还是在业余的创造发明方面都努力钻研，都展示出很强的创新精神。

周先庚毕业后如愿以偿地踏上了赴欧之旅，此行的目的不是观光，而是考察学习，他要感受一下欧洲的学术氛围。

1930 年 2 月，他来到英国伦敦，接下来的几个月里，周先庚经常到大不列颠博物馆图书馆圆形阅览室读书学习。这个圆形阅览室是 1850 年之后 25 年中马克思经常前往读书的地方。周先庚在这里一边感受马克思刻

---

① 蔡乐生：一个学心理学者的自叙。《心理季刊》，1937 年第 1 期，第 135-145 页。

苦读书的氛围，一边研读马克思主义和辩证法。5月，周先庚离开伦敦到达比利时布鲁塞尔，正是受到了马克思主义和辩证法的影响，他开始就心理学界中各个理论流派的纷争进行思考，撰写出理论性文章《心理学的电影观》，这是一篇充满辩证性思维的文章，后来发表在美国《心理学评论》杂志上。他用拍摄电影做了一个比喻，提出每个心理学的理论流派都是按照自己的框架或视角而展示出对人类心理和行为的某个侧面的理解，无法做到全方位地理解心理和行为。

1930年8月，周先庚抵达德国柏林并停留了三个月。德国是格式塔心理学的发源地，他此前就向考夫卡学习过格式塔心理学，并在汉字心理研究中运用过格式塔心理学的理论。他在这里结识了从美国来到德国研习格式塔心理学的萧孝嵘，回国工作后两个人一直有着学术交往和联系。周先庚在欧洲游历的八个月的时间里旁听了许多理论、历史等方面的课程。此前他在美国旅居了四年半，接受过美国文化的熏陶，这次欧洲之行又增加了对欧洲文化的认识。接下来他就准备好回到国内干一番心理学的事业了。1931年11月至翌年2月他途经波兰、莫斯科、西伯利亚和哈尔滨返回到了北平，终于回到了阔别多年的祖国。

第四章
回国逐梦：任教清华

清华大学心理学系

周先庚自学习心理学之日起，就立志回国后投身于建设中国心理学事业。1928年4月16日，他在写给艾米的信中称，他最大的心愿就是回到母校清华大学创建心理学系和实验室。1929年1、2月间，他收到了回母校任教的非正式邀请。按照此前他自己的个人规划，周先庚在获得博士学位之后，自1930年2月抵达欧洲后开始游学，最后于1931年2月回到北平，任教于清华大学心理学系，自此开启了他在国内长达六十余年的心理学教学与科研生涯。

心理学在中国的发展与近代师范教育改革有着较为密切的关系。1902年的《钦定学堂章程》，是我国近代教育史上法定学校系统和师范教育的起始建制。1903年重新颁布并推行的《奏定学堂章程》中规定，在"教育原理"课程中要讲明"心理学之大要"。《奏定学堂章程·优级师范学堂章程》规定，优级师范学堂的公共科和分类科都要将心理学设为必修课程。

因此，清末时期的师范类学校基本上都开设有心理学课程，例如，北京大学前身京师大学堂在 1902 年由日本教习服部宇之吉首次开设心理学课程。从中国近代学制设定心理学科目开始之后十多年时间中，主要是当时知识分子自欧美、日本引介和传播西方心理学的阶段。现代心理学在中国立定根基是以心理学实验室和心理学系的创建、心理学专业期刊的出现、心理学专业群体的出现等事件为标志的。自 1917 年陈大齐在北京大学创建中国第一个心理学实验室之后，1920 年南京高师创建了中国第一个心理学系。1920 年张耀翔在北京高师创建了第二个心理学实验室，1921 年创办中华心理学会，翌年创办第一个心理学专业期刊《心理》杂志；1921 年燕京大学成立心理学系；1923 年郭任远受聘于复旦大学，创建心理学系，1925 年扩建为心理学院；1924 年大夏大学成立哲学心理学系；1926 年北京大学创建心理学系；1927 年中山大学创建心理学系；1928 年清华大学成立心理学系；1929 年辅仁大学创建心理学系。可以说，在 1917—1929 年这十多年间，中国心理学有了自己的系科建制、学术团体和专业期刊，标志着心理学这门学科在中国的正式确立，并进入了一个快速发展的历史时期。

清华大学开设心理学课程最早的记录可以追溯到美国人瓦尔科特（G. D. Walcott）于 1918 年在清华学校时期讲授心理学。1922 年，庄泽宣回国后在清华学校开始讲心理学课程。1926 年秋，清华大学准备将教育学和心理学并重而成立了教育心理学系，学生们依照自己的志向选择教育学或心理学为主系，以便修习课程有所侧重。1926 年秋，唐钺[①] 在清华大学任心理学教授。1928 年秋，学校当局认为教育学属师范教育范围，与清华文理科大学性质不符，故改教育心理学系为心理学系，隶属理学院，唐钺任心理学系第一届主任，另有一名助教臧玉淦。至此，清华大学心理学系正式成立，而且带有明显的自然科学倾向。1928 年年底，孙国华[②] 由芝加哥

[①] 唐钺（1891-1987），字擘黄，福建侯官人。1914 年赴美就读于康奈尔大学学习心理学和哲学，1920 年在哈佛大学获博士学位。1921 年回国曾在北京大学、清华大学、商务印书馆任职，曾任中央研究院心理研究所第一任所长。1950 年后历任清华大学、北京大学教授。

[②] 孙国华（1902-1958），字晓孟，山东潍县人。1923 年赴美留学研习心理学，1928 年获博士学位。1928 年年底回国，历任清华大学、西南联合大学、东北大学、北京大学、北京师范大学心理学教授，兼任清华大学心理学系主任。1941-1946 年任国立编译馆编辑兼总务主任。1950 年后历任清华大学、北京大学教授。

大学获得心理学博士学位之后回国任教于清华大学。1929 年，唐钺出任中央研究院心理研究所所长。1930 年春由叶麐代理心理学系主任，此时唐钺在清华大学只兼职讲师。自 1930 年秋起，孙国华开始担任心理学系主任。

1931 年 2 月，周先庚回国后到清华大学任职，他的心理学教授聘书是 1930 年 11 月下达的（图 4-1），当时他还在自欧洲返国途中。周先庚最初住在南池子骑河楼清华同学会，后住在清华园工字厅。

图 4-1　1930 年 11 月清华大学为周先庚签发的第一张聘书

初执教鞭的周先庚很快在心理学系给四年级学生开设了"理论心理学"这门课程，其内容涉及心理学史和心理学理论问题。另外，他还为三、四年级学生合开了"心理学问题"课程，其授课内容包括汉字阅读实验、心理实验设备、实验心理学问题等专题研究。前一门课程展示出周先庚深厚的心理学理论基础：一方面，他在美国求学期间正是西方心理学界各个理论流派鼎盛、争鸣不已的时期，而且他还亲聆过心理学本能论麦独孤、格式塔心理学代表人物之一考夫卡的相关课程；另一方面，他对心理学各个流派也有着自己的思考，这体现在他旅欧期间撰写的《心理学的电影观》一文之中。

第四章　回国逐梦：任教清华　51

在这篇文章中，周先庚描述了他目睹过的一个电影拍摄场景。这个电影片段所拍摄的内容是斯坦福大学校园内的一位女生等候另外一位男生到图书馆去的情形，他们在经过一个叫"法阶"（law steps）的台阶时，因当时校园里有一个惯例，即女生不得在那个法阶上走过去，于是男生把女生抱起来走过"法阶"。拍摄过程中，摄像师的位置变换了多次。周先庚以一部完整的电影是由取自不同角度的画面所组成的情形，来比拟当时众多心理学派或心理学家各自不同的观点。他称心理学各派的领袖从他们各自的观点去开辟心理学的领地，有时候像个摄像师一样，只顾从自己的观点或位置去拍摄画面，有时候又像个导演一样，心中有一个他要拍摄成电影的故事，但摄影师或导演只是拍摄以他心目中的故事为中心的影片，全然不顾其他导演在拍摄电影时所采取的观点是什么样的，各个心理学派领袖也是如此。周先庚借此批评心理学派的相对封闭性、自尊自大，持某一种观点而必把其他观点看作是错误的情况。就像前述的拍摄场景一样，每个心理学派都可以从这个场景中找到自己的一个位置，架设一台摄像机对自己的关注焦点进行拍摄。例如，内省主义学派用放大、望远的方法去研究心理学的元素，如同摄像师取近景拍摄到女生所阅读的书本上的内容一样；目的主义心理学专注于男生边哼唱边走路的行为；格式塔心理学视角下的这两位男女学生并不是一个男生和一个女生的简单相加；行为主义心理学则只注意他们两个走上长廊时简单的行为以及那些齐整的拱门；精神分析学派则关注男生抱着女生过"法阶"的场景，女生无意踏上"法阶"，是因为不敢打破传统禁忌而不得不被男生抱着经过它。周先庚认为，如果只是站在某个学派的立场上，则无法使我们看清整个故事，最好的办法就是建一个高塔，站在上面去观看整个场景。但这可能是一种折中主义或者叫作"心理学的格式塔"。同时，周先庚也不无顾虑地承认，如此一来，它仍然是众多视角中的一种，而且严格意义上讲，真正的格式塔或折中主义在事实上是不可能的。如同编剧、演员、导演、摄像师、司机以及观众构成一个整体一样，心理学与心理学家也构成了一个整体，这是一个更高层次的格式塔。即使在这个整体层面上，如果告诉别人去关注关系和整体时，人们依然会忽视某些"部分"上的一些重要事实，就会从一个极端走到另一个极端。由此看来，周先庚反对固守一隅来研究心理学，而是要从整体、综合的角度去研究它，同时也不能忽视那些具有重要意义的"部分"，不能从一个极端走向另一个极端。在这里周先庚展示了富有辩证性的心理学理论性思考。[①] 至1937年，周先庚先后讲授理论心理学课程多达七次。

就"心理学问题"这门课程的各个专题来说，无论是汉字阅读研究，还是心理实验仪器的研制方面，周先庚都有着丰富的研究经验。周先庚的硕士、博士论文都是关于汉字阅读的实验研究，它们在当时汉字心理学研究领域中是相对系统、完整的系列研究。在心理实验仪器的研制方面，周先庚也有相当深厚的基础，既有自己研制的专门用于汉字阅读研究的"四门速示器"的经历，也有多项心理实验仪器改进的经验。因此可以说，周先庚回国任教于清华大学心理学系之后，很快就开始利用自己深厚的研究经验为教学服务起来。至1937年，周先庚讲授这门课程达五次。

另外，周先庚还为一年级学生开设过普通心理学课程，1932—1933年度和1936—1937年度各授课一次。为三年级学生开设的初级心理实验课程自1931—1932年度开始至1936—1937年度共讲授五次。为三、四年级开设的高级实验心理学课程自1932—1933年度至1936—1937年度共讲授三次。为三、四年级开设的应用心理学课程，包括广告买卖心理学、教育心理学、法律心理学、工业心理学等多个领域的知识，自1931—1932年度至1936—1937年度，该课程共讲授五次。周先庚还为四年级学生和研究生开设了"心理学讨论会"课程，自1932年开始讲授几乎未曾中断过，此后历经西南联大，复员清华大学之后一直到了1947年。

从教学上来讲，周先庚从心理学实验技能到心理学的理论与历史，从基础心理学到应用心理学都曾多年开设相关课程，反映出周先庚扎实的心理学实验和理论，基础与应用方面的深厚基础，为清华大学心理学系的学生培养做出了重要贡献。尤其是在实验心理学方面，更是具有深远的意义。实验心理学作为心理学专业学生的核心课程，对于学生的培养具有重

[①] 周先庚：心理学之观点（陈汉标译）。《教育杂志》，1935年第25卷第3期，第147-158页。

要价值，实验兴，则心理学就会具有生命力。隶属于理学院的清华大学心理学系具有自然科学倾向，侧重学生实验素养的培养，对学生们后来的学术发展具有深远的影响。周先庚与1930级① 心理学系学生牟乃祚合作编写了《初级心理实验》作为心理学实验手册，共收录46个实验，编写过程中参考了大量国外心理学实验手册或相关著作。1932年，该实验手册由清华大学心理学系铅印出版供学生们使用，这是目前所知国内最早编著的心理学实验手册（图4-2）。1933级的学生敦福堂曾受周先庚的影响，对汉字阅读也有极大的兴趣，在清华大学上学期间曾编制"汉字检索卡片"，从事汉字心理研究，甚至还自创过表示十个数字的汉字。敦福堂晚年于20世纪80年代在美国还致力于汉字输入法的研究②。这些都体现出周先庚在教学上对学生产生的深远影响。

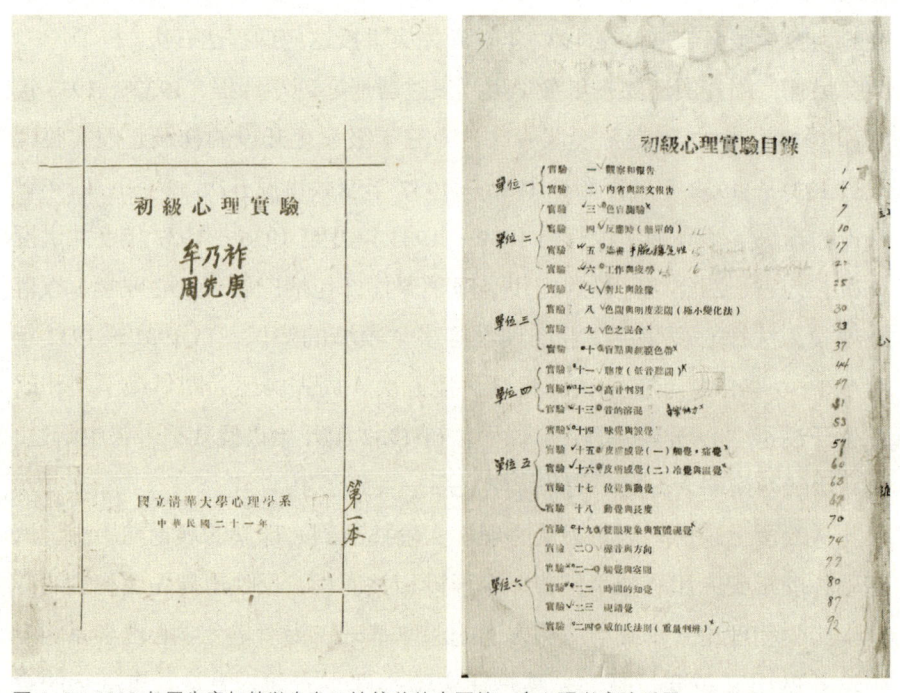

图4-2 1932年周先庚与其学生牟乃祚编著的中国第一本心理学实验手册

---

① 清华大学的惯例是以毕业之年定为某一级，本书遵从这个惯例。
② 敦福堂给周先庚的信，1984年4月5日，12月14日。资料存于采集工程数据库。

清华心理学实验室

伴随着心理学在中国的快速发展,心理学实验室的创建在当时蔚然成风。陈大齐最早于1917年在北京大学成立中国第一个心理学实验室。1920年,张耀翔在国立师范大学建立第二个实验室。中央大学、复旦大学、中山大学、中央研究院心理研究所等都建有或曾建实验室。其中尤以郭任远主持复旦大学心理学院时所建的心理学实验室规模最大,但可惜运行时间并不长。

清华大学心理学实验室在唐钺任首届系主任时就开始进行建设,并历经孙国华系主任、叶麐代系主任的后续建设和指导,颇具规模,设置在当时新落成的生物学馆的第一层,占据了整整一层的楼馆。清华大学心理学实验室不单单在当时中国心理学界首屈一指,就是在欧美心理学界,也少有这样场地充裕的实验室。(图4-3)

截至1930年,清华大学心理实验室内实验仪器经过六七年的购置,已经颇具规模,约值时币三万余元。实验仪器的最早购置,要追溯到庄泽宣,他是现代心理学创始人冯特的弟子——美国心理学家华仑的弟子。作为冯特的再传弟子,庄泽宣深知心理学实验仪器在心理学研究中的重要价值和意义。1924年前后,他从美国斯托汀(Stoelting)公司和德国齐摩尔曼(Zimmermann)公司购买过两批实验仪器,其中较贵重的有希普计时器(Hipp's Chronoscope)、宗兹记录仪(Zuntz's Registering Apparatus)和涅恰耶夫速视器(Netschajeff's Tachistoscope)。1926年成立教育心理系之后,

图4-3 清华大学心理学系及心理学实验室外景

唐钺正式开设心理实验课。1927年和1928年，他又从斯托汀、玛丽埃塔（Marietta）、哈佛仪器公司以及齐摩尔曼等各家公司购买大批仪器。1929年，孙国华自齐摩尔曼公司购置多件仪器，又向施密特（Schmidt）公司买入了大批解剖用具，用于比较心理学研究。当年下半年，臧玉淦同理学院院长叶企孙商议之后，向国内的大华仪器公司购入一批电气器械，又向齐摩尔曼、施密特两家公司购置心理仪器一批。1930年，臧玉淦经过和叶麐协商，再次向齐摩尔曼、施密特两家公司购置心理学仪器，并向卡罗迪兹（Carlowtiz）公司定制购买了一批德国仪器，这一年度的心理学仪器的添置多达五十余件，皆作高级实验或专门研究用。[①] 从以上的仪器添置过程来看，清华大学心理学系对心理学实验是相当重视的，投入了大量的人力、物力、财力。在全国心理学院系中，能在心理学实验室建设方面如此不遗余力者，几乎非清华大学心理学系莫属。

留美期间周先庚就一直准备在心理学实验室建设方面干一番事业。1931年回国任教于清华大学心理学系之后，他看到心理学实验室有如此好的基础，感到十分高兴。他认为，既然有这样完备宽敞的实验室，就应当努力利用它，除了讲授课程之外，必须要同时开展实验研究。他写道："清华心理实验室希望在最近的将来，能有切实的贡献，然后才不辜负这个完美良好的设备。"[②] 当时心理学实验室共分三组开展研究或实验，孙国华指导开展动物心理研究，当时饲养的动物有白鼠、狗、鸡、猫几种，多达数十只。叶麐指导开展儿童心理研究，普通心理实验由周先庚指导开展。这三位教授各自配备着一间研究室，用于开展实验心理学的研究工作。

周先庚很快就构想出下列多项研究计划：

（1）成人学习能力研究。这个问题是中华平民教育促进会教育心理研究部主任沈有乾计划的，周先庚与他合作进行，预计三年完毕。实验研究的经费是美国卡内基基金会（Carnegie Foundation）捐助的，实验地点在河北定县平教会实验区，主要研究方法是现场调查测验。同时还要开展一些比较精确些的个体实验，将在清华心理实验室开展，采用的实验仪器是由

---

① 周先庚：清华心理实验室。《清华周刊》，1931年，第11/12期，第108-118页。
② 同①。

周先庚研制的"四门速示器"。该仪器是周先庚在斯坦福大学留学期间设计的，归斯坦福大学所有。后来周先庚与沈有乾、晏阳初二人协商之后，写信给自己的导师迈尔斯教授，转呈该校校长威尔伯（Wilbur）一封请求使用这架仪器的函件。斯坦福大学很慷慨地将这一仪器捐赠给了平教会教育心理研究部，专门用于开展成人学习能力测验。

（2）汉字各种字体比较，各种检字法比较，印刷排列，符号标点对于诵读速率影响等方面的研究。研究仪器计划采用"四门速示器"。这些问题与平教会研究部的实验有着紧密联系。

（3）耐性测验研究。周先庚计划研究个体在性急不耐烦的情绪状态下，身体是否有所谓的心理电反射（psychogalvanic reflex）。活动任务使用他自己发明的多槽板（multiple groove board），当时心理实验室中购置的韦克斯勒心理电记录仪（Wechsler's psychogalvanograp）可以用来记录相关数据。

（4）美国商业广告心理研究。周先庚在斯坦福大学读书时，就对美国当时商业领域中销售广告方面的心理学问题非常感兴趣，于是他广为搜罗商店、公司、工厂来往的广告、信件，以及一些登载广告的杂志，经过四年多的积累，数量近千余件。

（5）耶克斯多重选择器（Yerkes' multiple-choice apparatus）的实验与改良。这是用作归纳演进式学习实验的一个仪器。周先庚发现，该仪器上的一个开关应该加以改良，避免它发出的声响对被试实验时的心理状态造成干扰。

（6）国民党"青天白日"党旗错觉研究。周先庚一次在燕京大学礼堂参加音乐会，发现自己的近视眼不戴眼镜时，会看到旗帜中的白星忽涨忽缩。这种现象与肯克尔 γ 运动（Kenkel's gamma movement）相类似。于是他准备在心理实验室里研究这一现象发生的条件与结果。另外，周先庚一次在美国乘火车时发现，从墙上镜中，间接看着窗外的树物向右飞跑，同时也直接看着窗外的树物向左向后飞跑时，感觉火车不是往前行，而是往左前方斜行。他也准备就这一错觉研究其发生的条件和结果。

（7）眼球运动与思想之间关系的研究。周先庚试图通过眼球的运动来理解人的内在心理。眼球运动与空间的位置是关联的，当某方向传来一声响的时候，眼球就会向那个位置转动。周先庚试图根据眼球运动尝试去猜测发出声响的地方，看到底能否猜出来。周先庚留美期间，眼动研究在美国已经出现，同属自己导师迈尔斯门下弟子的沈有乾就曾利用眼动技术研究过汉字的阅读。

（8）实用型相关器（practical correlation machine）的研制。当时美国研制的相关器约有三四种，应用原理大体相同。周先庚有一个新计划，即根据各家相关图表（correlation chart），制作一个新的器械予以替代。他认为清华大学心理学实验室拥有足够的基础开展这项研制工作。

（9）五指运动的比较速率（the relative speed and ease of movement in the five fingers）。这个问题与学奏钢琴时五个手指的运动协调有着关联性。左右手的各个手指连续运动的速率，可用波动曲线记录器（kymograph）与伦肖记录仪（Renshaw polygraph）记录下来并加以比较分析。

（10）白老鼠竞争心理。周先庚知道，当时美国所有类似的实验，差不多都是利用一只老鼠学习一件任务。他从社会助长的角度联想出，两只或两只以上的老鼠同时学一件任务，是否会比它们单独学习更有成效。

从周先庚所列出的这些研究计划来看，既有他延续在美国留学时期所开展的汉字心理学研究主题，也有新开展的主题，既有理论性的探讨，也有应用性的研究，其选题有的来自以往研究文献分析，也有从日常生活现象入手的深入探究。由此来看，周先庚雄心勃勃地要在心理学室实验室的基础上大干一番事业了。同时，周先庚坚信，有良好的环境与设备，又有可以实验研究的问题，只要按部就班地去做，不愁没有贡献，不愁没有结果。周先庚认为实验心理学是前途不可限量的研究方法，有许多的问题，非用实验不能解决的。这也是周先庚一直致力于实验心理学在中国发展的动力所在。

1934年，清华大学心理学系又购置了一架当时先进的溴剂感光照相记录式的皮电仪，即达劳行为研究记录仪（Darrow behavior research photopolygraph）。这套设备运抵心理实验室之后，周先庚就开始钻研起这套设备的说明书，争取早日将它钻研透之后用到实际研究工作中去。周先庚自己一直有很强的动手能力，他还希望在学生身上培养这种动手操作能力。早在 1932 年 3 月、6 月，周先庚曾分别指导心理学研究部研究生陈庸声和雷肇唐研究韦克斯勒皮电仪的结构及应用技术，并进行了拆装和操作练习。周先庚还指导雷肇唐完成一篇皮肤电的综述性文章《心理电反射及其史略》，后来此文发表在《教育杂志》上。

科学研究与社会活动

1931—1934 年，周先庚到北京大学教育系兼职讲师，讲授了 3 年高等实验心理学课程。在此期间，周先庚结识了汪敬熙[①]，并于 1933 年邀请汪敬熙到清华大学心理实验室做了一次关于皮肤电的主题演讲。当时的学生敦福堂听了演讲之后，对此产生了浓厚的兴趣。当年从清华大学毕业后，根据与德国交换学生计划他被送往德国耶拿（Jena）大学学习心理学，并跟随脑电波发现者贝格尔（H. Berger）学习脑电波研究。

1934—1937 年，周先庚任上海中华职业教育社社员。中华职业教育社成立于 1917 年 5 月。周先庚的老师之一庄泽宣是职教社最早的一批社员之一。1923 年 7 月，庄泽宣曾被特邀作为中华职业教育社职业指导委员会的通讯委员。庄泽宣作为近代职业教育重要推动者，影响了周先庚，促使其参加了中华职业教育社的相关活动。

1934—1935 年，应美国著名精神病学家莱曼[②]之邀，周先庚到北京协和医学院脑系科任名誉讲师（honorary lecture），指导临床心理学和皮肤电方

[①] 汪敬熙（1893-1968），五四运动时期新文化运动的健将，1920 年赴美国约翰斯·霍普金斯大学留学，由文学者逐渐转型走上科学研究道路。1927 年受聘中山大学，1932 年转任北京大学心理学教授。1934 年被聘为中央研究院心理研究所所长。1948 年当选中央研究院首届院士，同年经李约瑟推荐，接替其担任联合国教科文组织自然科学处国际科学合作组主任。

[②] 莱曼（1891-1959），1921 年毕业于美国霍普金斯大学医学院，获医学博士学位。从 1930-1953 年他先后到俄罗斯、中国和美国等国家多所著名大学从事精神病学的教学、研究、人才培养和医疗工作。

面的研究。1930—1931 年，莱曼在俄罗斯列宁格勒实验医学研究所生理系，曾与著名生理学家巴甫洛夫（Ivan P. Pavlov）教授一起工作；1931 年他远渡重洋来到中国，先后在国立上海医学院和北京协和医学院任精神病学教授和系主任；1937 年，莱曼返回了美国。在中国工作期间，莱曼曾自己捐助资金，在中国开展神经精神病学研究，为中国神经精神病学的奠基和发展做出了重要的贡献。他还培养或指导了像粟宗华、许英魁等中国神经精神病学的宗师，也曾积极为中国学者联系到国外进修和科研的机会。莱曼在北京协和医院脑科系任职时，与中国心理学界有着较为密切的联系，例如，1934 年他请周先庚推荐清华大学心理学毕业生，于是周先庚推荐了赵婉和与粟明舆两名女毕业生到莱曼那里工作。清华大学心理学实验室当时新购置了达劳行为研究照相多道记录仪（darrow behavior research photopolygraph），莱曼当时建议周先庚用该仪器去记录神经病人的皮电、呼吸、血压以及手口联合动作，周先庚便每个星期六到脑科系实验室与赵婉和工作一次，替莱曼用记录仪记录神经病人的各项生理和联想 – 行为变化。

随着中国心理学研究队伍的壮大、心理学研究的广泛开展，心理学专业团体的组织建设逐渐成为大势所趋。早在 1921 年，国内心理学者曾组织成立了中华心理学会，张耀翔任会长，并创办了我国第一种心理学期刊——《心理》。1927 年《心理》杂志停刊，中华心理学会也不再开展活动了。1931 年南京、上海、北平的一些心理学者曾努力恢复中华心理学会，但又因"九·一八"国难发生，中华心理学会再也没有得以恢复。从 1934 年 7 月开始，北京各大学的心理学者每月聚餐一次，一起讨论中国心理学的现状及将来出路等问题，他们一致认为提倡心理学的应用是当务之急。第一次聚餐（1934 年 7 月 24 日）由周先庚主持，参加者有北京大学的樊际昌、陈雪屏、潘企莘，北京师范大学的程克敬、朱希亮，辅仁大学的王徵葵、高文源，燕京大学的刘廷芳、陆志韦，清华大学的孙国华、叶石子等，以及包志立（美国密歇根大学心理学博士）和瞿瑢（法国里昂大学心理学硕士）两位女士。

在 1935 年 11 月的聚餐会上，陆志韦发起组织"中国心理学会"，樊际昌、孙国华、陆志韦被推为章程起草人。三人拟定的"中国心理学会章程草案"经过讨论修改后分寄给各地心理学工作者以征求意见。这一倡议获得大家的一致赞同,纷纷表示"建立中国心理学会"是当务之急。1936年11月,包括周先庚在内的34位心理学界人士向全国学界发出由陈雪屏起草的学会组织启事,正式发起组织中国心理学会。

1937年1月24日,在南京国立编译馆大礼堂举行了中国心理学会成立大会。成立大会上大家一致推举陆志韦为主席,会上投票选出陆志韦、萧孝嵘、周先庚、艾伟、汪敬熙、刘廷芳、唐钺为理事。同时大家同意将《中国心理学报》归由中国心理学会管理,正式成为学会刊物。《中国心理学报》最初由燕京大学和清华大学心理学系编印,主任编辑为陆志韦,编辑为孙国华和周先庚。1936年9月创刊的这份杂志其最初的刊行是靠这几位编辑自掏腰包来运营和维持的,1937年6月刊行了第四期之后,因抗日战争的全面爆发而不得不停刊。

1937年1月19日,国立编译馆举行了心理学名词审查会(图4-4)。这次心理学名词的统一与审定工作从1935年夏天开始进行,由商务印书馆的赵演主持,左任侠协助开展。随后成立了以陆志韦为主任委员的普通心理学审查委员会,共22名心理学者,均为教育部正式聘请的审查委员

图4-4 周先庚参加心理学名词审查会(前排左起:程迺颐、孙贵定、唐钺、陆志韦、蔡乐生、许逢熙、赵演;后排左起:沈有乾、谢循初、周先庚、郭一岑、萧孝嵘、潘菽、樊际昌)

(资料来源:《教育杂志》1937年第27卷第3号)

会成员。周先庚作为委员之一，负责心理学名词审查会的各项工作。名词审查会结束后，在讨论中国心理学会成立各项事宜的过程中，周先庚因严重失眠导致精神失常，不得不中途返回北平治疗，因此他没有完整参加心理学会成立大会的过程，这也是为什么1月24日中国心理学大会成立与会者留影照片中未见周先庚的原因。回到北平之后，周先庚找到了莱曼治病，莱曼利用巴甫洛夫的睡眠技术治疗好了周先庚严重的失眠症。

  周先庚一直希望在国际心理学舞台上发出中国心理学者的声音。1937年7月，周先庚办好相关手续准备赴巴黎参加世界高等教育会议，同时准备参加7月25—31日在巴黎召开的第11届国际心理学大会，但是七七事变爆发，北平城内的交通阻断，未能成行。周先庚呈交国际心理学大会的论文，最后是由沈迺璋在大会上代为宣读，题目是《鲁利亚研究情绪反应的联合动作方法的一个改进》，周先庚所提出的方法是鲁利亚研究情绪时所用方法的改进，这是周先庚在实验心理学领域内取得的又一个突出成果。

  1936年夏，日寇加紧对华侵略的步伐，华北危急。政局的变化进一步激起广大人民的愤慨，抗日救亡运动开始了新的高潮。10月，燕京大学中国教职员会首倡发表宣言、征集签名的运动。发起后，在燕京大学开过三次聚会，短时间内得到了北平、天津文化界的广泛支持。稍后，经过彼此交换意见，大家一致推举张荫麟起草一份宣言，并推举徐炳昶、顾颉刚、冯友兰、钱穆、崔敬伯等修改宣言，前后共修改了三次才得以定稿。这份平津文化界对时局的宣言向国民政府提出了抗日救亡的八项要求，包括周先庚在内共有104名北平各大学教授的签名，以表达抗日救亡的态度和行动。

教育与工业领域的心理学实践

  周先庚不仅积极开展心理学的基础性研究，还积极拓展心理学在实践领域的应用研究。1931年春天，周先庚经由上海圣约翰大学沈有乾的介绍，参加了由晏阳初等人主持的中华平民教育促进会的工作,并兼任教育心理研究委员会主席(1931—1937)。在该会秘书长瞿菊农的领导下,周先庚指导毕业于东南大学的诸葛龙研究员整理统计出定县实验区农民千字课识字学习成绩,并绘制了年龄差异分配曲线。该项研究的经费是由晏阳初经由美国心理学家桑代克介绍到卡耐基基金委员会予以资助的。1935年,周先庚编写出版了一本英文小册子《平教会的教育测量(1927—1934)》,并在中国测验学会会刊《测验》杂志上发表了详细报告。

周先庚整理并分析了平民教育促进会多年积累的测验资料(1927—1934年七年间约三万六千多人),并撰写出了相应的报告,相继发表了《定县历年测验统计结果略述》(1935)、《定县七年新法测验考试之实施结果》(1935)、《平民识字的先决问题》《平教会施行的智慧测验》等一系列论文。研究结果得出了7~70岁中国平民的识字能力曲线,被当时心理学界称为"周先庚曲线"(图4-5)。这些曲线表明了不同年龄阶段识字能力的变化,周先庚为这些曲线的变化做出了适当的解释说明(图4-5为众多曲线之一)。周先庚主持的这项研究成为中国现代教育心理学研究的典范,今后由于儿童都要上学识字,已无法再重复此实验。

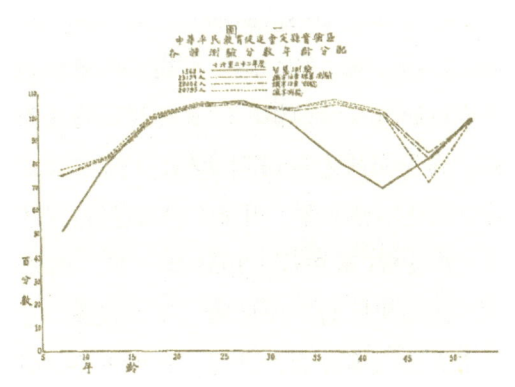

图4-5 中华平民教育促进会定县实验区各种测验分数年龄分配(资料来源:《周先庚文集·卷一》)

周先庚认为在当时的中国,尽管工业发达程度还无法和西方相比,但是对工业心理学的需要还是相当迫切的,而且远在其他各门心理学分支之上。因此他在1934年发表了《英国十年工业心理技术建设之教训》,开始引介西方工业心理学,积极倡导在国内开展工业心理学的研究。这一年还撰写出了《发展工业心理学的途径》并于1935年发表,在该文中,周先庚提出开展工业心理学要注意结合中国工业相对落后的国情,首先考虑的问题是解决工业效率和管理效率的问题,而不是劳工技能选择分配问题。他还提出，提倡工业心理学的第一步是要参观调查、批判建议，以求改善影响工作效率、管理效率和心理态度的因素。同一时期，周先庚将莫里斯·S.威特立斯（Morris S.Viteles）著《工业心理学》的部分章节进行了翻译，供教学与科研上参考使用。1935 年，他和程时学联合署名将翻译的第五章内容"工业心理学之兴起及范围"发表在《教育杂志》上。同年，周先庚还在《清华学报》上发表了对威特立斯著《工业心理学》的书评。

1935 年夏天，南京中央研究院心理研究所所长汪敬熙与清华大学理学院院长叶企孙签订合同合办工业心理学研究室，协作开展研究工业心理。陈立[①]自国外接受过工业心理学的培训和相关研究工作之后回国，在周先庚的推荐下，被清华大学和中央研究院心理研究所联合聘为工业心理学研究员。心理研究所派陈立到清华大学心理学系开设工业心理学课程。清华大学聘任助教郑丕留协助陈立教课以及研究工作的开展。汪敬熙经由社会调查所所长陶孟和介绍，征得平绥铁路局局长沈昌同意，双方在南口机车厂进行研究，南口机厂厂长纽步云直接赞助了该项研究工作。1935 年 7 月初，周先庚前去拜访陶孟和，与他接洽工业心理学研究事宜。8 月 24 日，陈立抵达清华大学，开始加入工业心理学调查研究小组。

自 1935 年 9 月—1936 年 6 月，周先庚、陈立、陈汉标、郑丕留等在北平南口机厂对工作环境、工作设备、工作时间、工资制度、工作程序以及工人生活等方面，进行了长期考察。其中一项考察就是开展工人提合理化建议的调查研究，试图从心理学的角度摸索调动职工积极性的途径，这是中国最早的工业心理实验研究。1936 年 4 月 9 日，他们向每个工人发放填写建议的表格，4 月 13 日设置"建议箱"用于收集工人们的建议，收集起来之后进行审查、整理、归类。审查各项建议的标准就是选择那些有意义且的确能增进工作效率，以及能改善工人生活的建议。对提出合理建议

[①] 陈立（1902-2004），字卓如，湖南平江人，中国工业心理学的奠基人。1930 年赴英留学，1933 年获伦敦大学博士学位。1935 年回国任中央研究院心理研究所和清华大学任工业心理研究员。1939 年起任浙江大学教授，1949 年起历任浙江大学、浙江师范学院、杭州大学教授、杭州大学校长等职。

的工人予以一定奖金进行鼓励，奖金分配时考虑到奖励数额少（同时也考虑建议的重要性而定），因此奖励的范围广泛一些。周先庚等人的建议制度实施之后，该工厂在某些方面的确采取了一些措施。后来以周先庚和陈立为核心成员的研究小组相继撰写了多篇报告，如《平绥铁路南口机厂考察后记》（周先庚、陈立、陈汉标、郑丕留合著）、《平绥铁路南口机厂建议制度之试行》（周先庚、陈立、陈汉标、郑丕留合著）、《平绥铁路南口机厂建议制度试行之结果报告》（周先庚、陈立、陈汉标、郑丕留合著）、《平绥铁路南口机厂建议制度试行之简易报告》（周先庚、陈立、陈汉标、郑丕留合著），可惜的是这些报告大部分在当时并未得以及时正式发表。抗日战争胜利之后，周先庚对这些报告进行了整理，在《民国日报》上于1947年、1948年分别发表了《工人心理考察：平绥铁路南口机厂试行建议制度初次简易报告》与《工厂建议制度》两篇文章，文中分析与探讨了建议制度在工厂实施情况以及对于工厂效率的影响。

1935年11月，陈立在商务印书馆出版了第一本中国人自己撰写的《工业心理学概观》，这是中国工业心理学里程碑性的著作。1936年下半年，陈立在《独立评论》上发表了《南口机厂参观的杂感》一文。1936年，周先庚与陈汉标合作发表了一篇长文《中国工业心理学之兴起》，指出"中国工业心理学"的诞生或兴起并不是偶然，它是教育界中职业指导运动，工商界注意科学管理、人事管理和工业安全，政府机关颁布劳动法令，提倡行政效率及调查专门人才，心理学家的宣传和实地研究等这几方面力量共同促成的。这篇文章细致梳理了这几个方面对工业心理学的推动和贡献。在心理学领域中，萧孝嵘、郑丕留、谢循初、唐钺以及中央大学心理学系多位学者都曾撰文提倡和引介工业心理学。另外，高祖武、王书林各自翻译过工业心理学方面的著作，潘菽则在其《心理学的应用》一书中对工业心理也有过论述。陈立则出版国人第一部自著的工业心理学著作。就实地调查方面，中央研究院心理研究所与清华大学心理学系合办的"工业心理研究"项目不仅开展了平绥铁路南口机厂的工人建议制度及工人考勤评判制度研究，还到上海各大工厂参考观察，到南通大生纱厂考察一般工业效率问题。这些实地考察被周先庚称作："这实在可以说是中国心理学家实际进入'工业心理研究'之途的先声。"《中国工业心理学之兴起》一文的文末还附有一份"中国工业心理学发展大事记",起止年份为 1916—1935 年。尽管周先庚所列的相关事项是属于广义的工业心理学范畴,但是其中许多资料和信息对于了解当时的情况来说十分珍贵。

  这一时期(20 世纪 30 年代初),周先庚在一次清华大学教授会议上见到了胡适,当即问起 1920 年曾寄给他翻译作品(翻译美国女作家 Anna Sewell 的"Black Beauty"的译稿《骊骥自传》)向他请教的事情,胡适不得不承认当时遗失了译稿,所以一直未能回复周先庚(周先庚的译文曾部分刊载于《清华周刊》1921 年第 207 期上)。胡适这一时期正在主编《独立评论》,该杂志是 1932 年 5 月胡适邀集丁文江、蒋廷黻、傅斯年、翁文灏等几个朋友发起成立的"独立评论"社,创办了这个周刊杂志。胡适随即邀请周先庚为《独立评论》投稿。尽管在《独立评论》上发表文章并没有稿酬,但是周先庚正在积极倡导工业心理学的研究与实践,因此他得以将一系列工业心理学的文章发表在该杂志上,同时,陈立、郑丕留也曾将工业心理学文章发表在《独立评论》上。从总体上来看,这一时期周先庚在工业心理学上用力最多,工作开展得比较系统,不仅有理论方面的思考,而且还积极开拓了工业心理学的实地调查研究。周先庚应是中国工业心理学的开创人之一。

第五章
颠沛中的执守：任教西南联大

主持西南联大心理学组工作

1937年七七事变之后，抗日战争全面爆发，中国高等教育受到极大的冲击和破坏，各大学纷纷迁往内地。北京大学、清华大学、南开大学先迁至湖南长沙，组成长沙临时大学，当年10月25日开学。周先庚跟随清华大学心理系师生也来到长沙（图5-1）。长沙临时大学时期，性质相近的学科纷纷合成一个系。由北京大学哲学系、心理学系和教育学系，清华大学哲学系和心理学系，南开大学哲教系合并成哲学心理教育学系，设哲学、心理学、教育学三个组。

图 5-1　1937年冬周先庚在长沙

1938年2月中旬，长沙临时大学开始动迁入滇。4月2日，国民政府教育部发电命令国立长沙临时大学改称国立西南联合大学。4月28日，联合大学师生抵达昆明。入滇之初，文学院被安置在蒙自分校。蒙自分校时期仍是哲学系、心理学系和教育系三系为一家。8—9月蒙自分校迁到昆明，此时院系进行了调整，其中哲学专业和心理学专业的师生合并为哲学心理学系，系主任为汤用彤，内设哲学组和心理学组。教育系扩充为师范教育系，北京大学的一些心理学师资力量如陈雪屏、樊际昌等进入该系。心理学组均为原清华大学心理学系的教师，其中系主任孙国华1937年赴美休假回国后在西南联大任教至1940年，第二年去四川白沙国立译书局工作，周先庚再次担任清华心理学系代主任（西南联大时期清华大学仍保持原编制不变）。西南联大的哲学心理学系心理学组的工作都是由心理学组行政负责人的周先庚主持，其他任课教师先后有陈汉标、敦福堂、曹日昌[①]、郑丕留，还有1945年下半年任教于此的赵婉和。因为师资力量匮乏，一些课程不得不由其他系的教授来兼任，如普通心理学、变态心理学、社会心理学由师范教育系的樊际昌兼任，儿童心理学由师范教育系的陈雪屏兼任，应用心理学、心理测验由公民训育系的倪中方来兼任，他们均属于北京大学原心理学系的师资力量。

作为心理学组行政负责人的周先庚，带领着这支教师队伍支撑着西南联大时期心理学的事业。这支教师队伍人数不多，而且几乎一直处于流动状态，这对于维持心理学在西南联大的发展来说实属不易。对周先庚来说，更可谓苦苦支撑着心理学组的工作。这支教师队伍从知识结构上来看，既有纯粹基础性研究背景的教师，如孙国华、周先庚、敦福堂，又有丰富心理学应用实践经验的教师，如赵婉和、曹日昌、陈汉标等。这些反映着当时心理学在基础性研究和应用研究方面并重的倾向性。

周先庚深知心理学实验室对于心理学研究的重要意义，它是科学研究

[①] 曹日昌（1911-1969），河北束鹿县（今辛集市）人。1929年就读于北平师范大学，1932年就读于清华大学心理学系，1941年任教于西南联合大学哲学心理学系。1945年11月赴英国剑桥大学留学，1948年毕业获博士学位。1950年任职于中国科学院，1951年任中科院心理研究所所长。1955年当选为中国心理学会副理事长。中华人民共和国成立后至"文化大革命"前，他是中国心理学界的主要领导人，中国现代心理学的奠基人之一。

和学生培养的重要基础设施。心理学组还在蒙自分校时的1938年6月，周先庚就谋划起心理学实验室的建设，并手绘出心理实验室平面设计图（图5-2）。从该图中的信息，如117、118、119这样的房间号来看，很可能是计划利用一些已有教室建设心

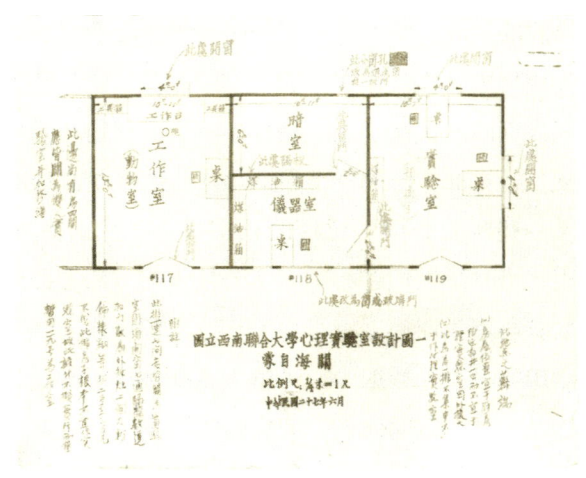

图5-2　1938年6月周先庚在蒙自设计的西南联大心理实验室图

理学实验室。不过一两个月之后，心理学组就迁往昆明了。

目前云南师范大学校园内，有唯一一间房屋作为西南联大旧址得到了保存。据张世富回忆，这座唯一留存下来的建筑，一半是一个小教室，另外一半是心理学实验室。同时这里也是哲学心理学系心理学组的办公场所。[①] 当时心理学实验室的实验仪器都是由周先庚负责编目装箱辗转千里从清华大学心理学系运来的。该心理学实验室不仅供本系学生使用，而且供其他学校心理学专业学生的参观学习，增进了学生对心理学实验研究的理解。1943年秋，周先庚为当时昆明昆华师范学生讲授教育心理学课程。11月14日，他带领该校三十七、三十八班的学生参观了该实验室，学生们被多件实验仪器吸引，深刻理解了做教师应该以科学的方法去了解学生心理的重要性[②]。1944年，他再次联系昆师学生前来参观，并事先专门通知敦福堂、曹日昌、张世富、宋宝光、蔡孔德、魏銶、洪世廉等人亲临现场，为学生们讲解和演示心理学实验仪器的操作。[③]

实验室的建立反映了当时以周先庚为代表的教师们对心理学自然科学

---

① 张世富：一间教室引起的思念。《云南日报》，2003年11月7日。

② 周先庚：联大心理实验室参观后记。1944年7月21日，未刊稿。资料存于采集工程数据库。

③ 周先庚给张世富、宋宝光、蔡孔德、魏銶、洪世廉的信，1944年10月21日。存于清华大学档案馆。

第五章　颠沛中的执守：任教西南联大

性质的认同，同时突出了当时心理学专业学生培养和训练的科学取向。周先庚与牟乃祚合作编写的《初级心理实验》作为心理学实验手册，在西南联大期间一直被学生们用作参考书。目前在周先庚档案资料中保存着刘民婉、曾本准、彭瑞祥、蔡劼等学生的多份高级心理实验课程的实验报告以及一些实验心理学课程的读书报告。从这些实验报告和读书报告可以看出，当时学生们在心理学实验技术与方法方面的训练是严格而专业的。在实验心理学课程上，学生们相互之间轮换着做主试和被试。由于当时心理学组的学生人数很少，不够主试和被试的分配，周先庚就自己做主试，学生做被试，帮助他们完成实验的流程。1941年3月7日，蔡劼在"对于颜色的美感和嗜好"的实验报告中写道："我们的实验不在乎精确结果之获得，而在方法的训练，以便将来尝试于这方面的实验及娴熟的应用方法，觅取各种色觉正确的结果。"[①] 这种实验心理学的训练和培养，一方面对西南联大期间心理学学科建设朝着科学方向的发展有积极意义，同时也对其中一些学生后来从事心理学研究道路产生了良好的影响。

在战火纷飞的年代，西南联合大学哲学心理学系的心理学组师生在周先庚的引导下，依然对心理学保持着较高的学术追求，组织成立了一个联大心理学会，用以维系着师生们对心理学的热情。1942年度心理学会由周先庚、敦福堂、曹日昌、郑丕留四位教师，李家治、倪佩兰两名毕业生以及19名各个年级的本科生组成。心理学会召开一些座谈会或演讲会，邀请一些老师进行演讲，如樊际昌曾经进行过一场以"思想与言论方面的心理问题"为主题的演讲。该心理学会还担负着迎新生送毕业生的责任。这个组织日常运行的费用由老师和学生们交纳的会费支付，如果是迎新生、送毕业生，所需费用再由老师和部分学生另行捐赠，如1944年度送毕业生时，周先庚捐赠200元、敦福堂100元、曹日昌100元、王启文100元、蔡孔德100元、魏鋠100元。有时候该心理学会还接受其他方面的捐赠，如范准在1943年度捐了200元[②]，他是西南联大教师、1940年度电机工程

---

① 蔡劼：对于颜色的美感和嗜好（实验报告）。1941年3月7日，未刊稿。存于清华大学档案馆。
② 关于国立联大心理学会会员费的一个记事本。存地同 ① 。

系毕业生，因为范准有一些个人心理困扰，经常向周先庚请教一些心理学的知识和问题。

心理学组自 1938 年秋季开始招本科生，一部分生源是因其他大学内迁（如北京师范大学）而肄业的学生，一部分是清华大学心理学系未满学业的学生。前者属于西南联大的学生，后者仍属于清华大学的学生。当时每年招录的学生很少，基本上是学生人数比教师的人数还少。表 5-1 是西南联合大学心理学组各年度毕业生及毕业论文的情况。

表 5-1　西南联大心理学组毕业生及毕业论文情况 ①

序号	年级	姓名	论文性质	毕业论文
1	1939	王洪藩	研究	《错觉之例释》
2	1939	林宗基	研究	《动物心理研究论文之统计》
3	1940	李家治	实验	《金鱼之黑暗适应》（Dark-adaptation of the gold-fish）
4	1940	田汝康	实验	《从汉文和英文笔迹评判男女性别的能力》（The ability to judge sex from Chinese and English handwriting）
5	1941	戴寅		该年度免做论文
6	1941	刘钊		同上
7	1941	舒子宽		同上
8	194	关梦非		同上
9	1942	倪佩兰	研究	《颜色嗜好的研究》
10	1942	杨嘉禾	翻译	《三百天才早年之心理特性》（C. M. Cox, Early mental traits of three hundred genius, 1926）
11	1942	毛韵笙	翻译	《评判各人性格》（C. M. Cox, Early mental traits of three hundred genius, Character Rating, 1926）
12	1943	马德华	翻译	《心理冲突的性质》（A. R. Lewin, The nature of human conflict, 1932）
13	1943	彭瑞祥	翻译	《说谎侦察测验》（W. M. Marston, The lie detector test）
14	1943	马启伟	研究	《敏感论》（Sensitivement）
15	1943	王启文	统计	《汉字俗字之心理的分析》
16	1943	曾本准	研究	《神经过敏者》

① 根据北京大学档案馆周先庚档案资料整理。

续表

序号	年级	姓名	论文性质	毕业论文
17	1943	张精一	翻译	《桑代克对于学习心理学的贡献：效应律》（R. T. Rock, Thorndike's contribution to the psychology of learning, 1940）
18	1944	张世富	研究	《工厂建议制度》
19	1944	陈世则	翻译	《如何解决个人问题》（Solving personal problem）
20	1944	敖淑秀	翻译	《儿童的社会化》（P. Blanchard, The child and society, 1928）
21	1944	刘伯英	研究	《工业心理浅说》
22	1944	刘民婉	翻译	《军人心理》（Psychology for the fighting man, 1943）
23	1944	孙际良	研究	《军官心理测验》
24	1944	李宗橐	研究	《神话与精神生活》
25	1945	蔡孔德	翻译	《人格的内在表现》（Murray, Visceral manifestations of personality）
26	1946	魏錡	实验	《想象测验》（Murray, Thematic apperception test）

另外还有一批曾在心理学组就读过，但最后因各种原因未能从心理学组毕业的学生。从整体来看，当时学生的流动性是相当大的，毕竟是战时临时组建的大学，以接收其他许多大学未能完成学业的学生为主。学生生源的流动性有些是校际的流动，当时在其他学校学习过心理学、教育学专业的学生纷纷转入联大心理学组。还有校内生源的流动，有一些其他专业，如联大外语系、电机系、航空工程系的学生在二三年级时转入哲心系心理学组。当时的学生需要修够学分才能毕业，他们在以前院系的考试科目达到及格标准可以计算学分，否则不能计入学业成绩。心理学组的学生因未能修满学分而留级或未能毕业的情况时有发生。

从心理学组学生毕业论文的类型来看，包括研究（8篇）、翻译（9篇）、实验（3篇）、统计（1篇）四类。有些年度则因为情况特殊，毕业生免做毕业论文。这些毕业论文中尤以实验类文章的科研水平为最高，这些纯学术性的基础研究，能够站在当时心理学的前沿上，探索着未知的心理学知识。

驻扎在昆明的美国空军部队中有一名毕业于威斯康星大学心理学系的

工作人员皮克（A. J. Peeke），因为视力问题不适合飞行员工作，同时又不想抛弃心理学专业，故赴西南联大研究院就读心理学研究生，经过教务长潘光旦和理学院院长吴有训的批准办理了正式入学手续。但因当时心理学研究部并未正式招生，皮克只能以特别研究生名义入读。因皮克是半工半读的性质，再加上课业较难，就读半年后就退学了。1943年5月31日，周先庚呈书吴有训院长、潘光旦教务长请求恢复清华研究院心理学部和招收研究生的工作（图5-3）。其理由包括：①各学系早就开始招收研究生，唯独心理学部未恢复招生；②几年来，工业心理学、变态心理学以及一般社会民族应用心理问题亟待研究解决，社会对心理学的需要很多，"问题上门，无人才担任"实在可惜；③美国空军的皮克就学只能以特别研究生的名义，名不正言不顺；④1941年航委会计划的心理分析研究工作因无研究生充当助手而不得不撤销；⑤心理学组的教师都致力于维持心理学专业的工作。因此，恢复心理学部并招收研究生事宜实为刻不容缓之事。同时，周先庚也希望校方能够催孙国华、臧玉洤返回西南联大主持系务工作，因为当时周先庚正为家庭负担（大儿子周伟业患病、二儿子和外甥女相继离世）所累。

虽然心理学部的恢复工作有一些波折，但最后还是获得了学校评议会的通过，并于当年

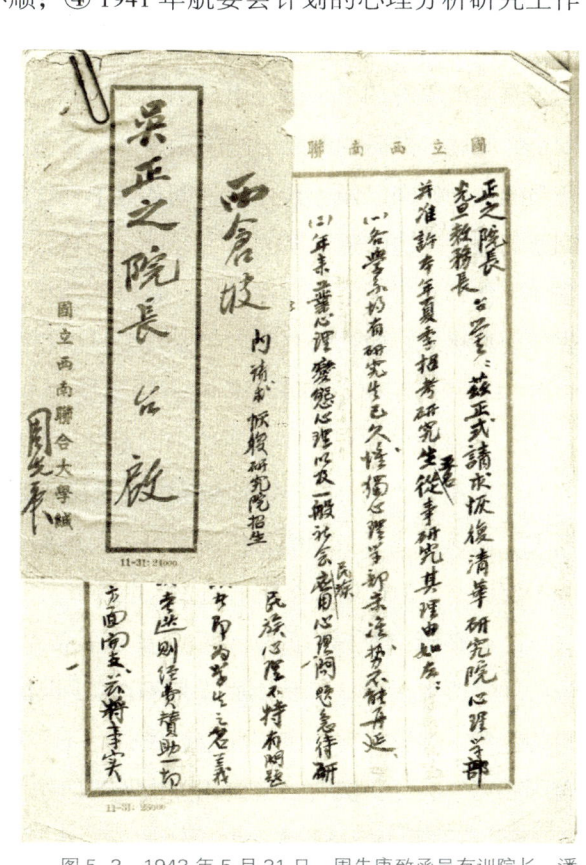

图5-3　1943年5月31日，周先庚致函吴有训院长、潘光旦教务长请求恢复清华研究院心理学部

第五章　颠沛中的执守：任教西南联大

开始招收研究生，周先庚任心理学部主任。招录的研究生有 1942 年度的美国人皮克（A. J. Peeke），1943 年度的彭瑞祥、王启文，1944 年度的张世富、朱宝光、范祖珠，1945 年度的倪连生，但是最终能完成研究生学业的学生并不多。①

军事心理学实践

日本发动侵华战争之后，中国全民抗战，周先庚利用自己的心理学知识也积极投身于这场战争之中。周先庚在美国留学期间的导师迈尔斯作为一名心理学家，曾参加过第一次世界大战期间的军事心理学研究工作，致力于将心理学应用于军事之中。例如，他参与研究过防毒面具的舒适性和安全性问题，其研究结果影响了后来防毒面具的模式；参与研究过空军飞行员的能力倾向以及士兵处于长期营养不良状态下身心机能的变化与恢复问题。周先庚追随迈尔斯的学习经历，为其后来在军事心理学领域做出开创性工作起到了两方面作用：其一是当军事上出现对心理学的需求时，周先庚会积极地响应；其二是周先庚接受过严格的实验心理学训练，为其后来参加和开展军事心理学工作在方法与技术上奠定了基础。早在 1941 年 11 月，成都航空委员会军政所徐中尚邀请周先庚前往该所研究空勤飞行员的心理问题。当月 24 日周先庚复信接受这一邀请，并附上自己导师迈尔斯关于如何搞飞行员训练工作的意见，其后周先庚又曾呈交过一份较为详细的建议书，但这项工作后来因故未能开展。

昆明美国空军第十四航空队海军组后备军上尉格里恩（Glenn）是一位心理学博士，1943 年秋因服役期满准备回国。通过清华大学教务长潘光旦的介绍，格里恩前往昆明西仓坡民强巷 1 号拜访周先庚。格里恩是通过美国心理学会会员资料，看到周先庚是当时中国唯一美国心理学会会员而

---

① 北京大学、清华大学、南开大学、云南师范大学编：《国立西南联合大学史料五（学生卷）》。昆明：云南教育出版社，1998 年，第 520–535 页。

前往拜访的[①]。此次拜访，格里恩将自己使用过的军事心理测验手册等旧书和一些生活用品留赠给周先庚，其中还包括一个军用药物包。

抗战时期，国民党第五军筹办起了军官心理测验所，当时国民党将领邱清泉[②]任该军军长。军官心理测验所的筹办应该归功于邱清泉首先提出这一想法，然后经由清华大学校长梅贻琦邀请周先庚赴军中考察并着手筹办军官心理测验所。邱清泉产生创办军官心理测验所的想法受益于他在德国的留学经历，周先庚称邱清泉曾于1936年亲自参观过柏林陆军中央心理实验所。[③] 可以说，邱清泉对德国军事心理学的了解对其萌生创办军官心理测验所的想法产生了重要影响。

周先庚在一份材料中誊抄着梅贻琦校长于1943年12月5日给他的一张便条，邀请他去与邱清泉军长见面，商议筹办军官心理测验所事宜。

> 周先庚先生：今日晤第五军邱军长（清泉）（此公曾在德国习陆军）言最近拟办军官心理测验，欲得一位专业主持其事。琦意足下，或愿担任，略为言及，渠愿约于明日（星期四）下午五时请至翠湖北路三号第五军办事处一谈，另附介绍片请持往一晤，何如？琦十二.五。[④]

由此可见，周先庚参与筹办邱清泉的军官心理测验所，是梅贻琦校长亲自决定和举荐的。

1943年冬，应邱清泉的邀请，周先庚亲自赴军中考察军事心理问题，并为之筹划创办军官心理测验所。邱清泉在昆明当地报纸上发表文章提出："我国军官学校及部队对军官之要求，仅依其学术品行能力等等，作一般

---

① 周先庚并非是中国第一个美国心理学会会员，但是此前有的中国会员因未连续交纳会费而不再收录，致使会员名录在当时只收录了周先庚。

② 邱清泉，字雨庵，1922年就读于上海大学社会学系；1924年考入黄埔军校第二期工兵科；1934年公派赴德国留学，先后在工兵专门学校和柏林大学受训；1937年回国后担任教育总队参谋长；1943年初任第五军军长。

③ 伏生：军官心理测验之商榷。《扫荡报》（昆明），1944年3月13、20日。伏生系周先庚的别名。

④ SG-005-011。资料存于采集工程数据库。

之品定，而对心理之要求缺乏科学上的测验方法，致许多军官心理上之缺憾特多，影响于治军作战者实甚大。""英美德法各国之选拔军官，必先要求心理上之健全条件，此乃要求其学术科，各军管区皆设有军官心理测验所，每当选拔干部，皆先就其测验，以为取舍之标准焉。"继提出中国军官心理测验这一想法之后，邱清泉又提出了军官心理测验的内容、方法，以及指导官应注意的事项。① 1944 年，周先庚发表文章高度评价了邱清泉的做法，认为他所提出的军官心理测验规划大纲是熔学识和经验于一炉的产物，他作为第一个倡导心理测验的实际行动家，若能推动军官心理测验大纲的实施，将会开启心理学在中国应用的新纪元。周先庚还认为邱清泉所提的对中国军官气魄、性格、同情心、生命力的测验内容，体现着中国军人所必需的品质，这样的心理测验很符合中国人的习惯。同时，邱清泉所倡导的采用行为观察法的心理测验，非"纸上谈兵"（纸笔测验）的方法，这将是中国军官心理测验的佳音。② 在那个特殊的历史时期，一个有开展军官心理测验设想的军人与一个具有开展军官心理测验专业能力的心理学家走到了一起，使军官心理测验的工作具备了可能性。

周先庚受邀开展军官心理测验之后，随即着手设计军官心理测验所的草案，现根据周先庚遗留下来的文字性材料，将军官心理测验所的筹备试办草案（图 5-4）简要呈现如下。

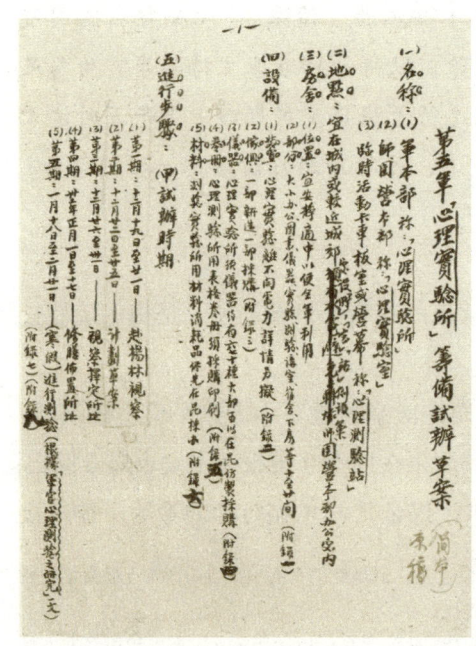

图 5-4 军官心理测验所筹备试办草案手稿首页

军官心理测验所的名称，在

---

① 雨庵：军官心理测验之商榷。《扫荡报》（昆明），1943 年 11 月 19、20、21 日。雨庵系邱清泉的字号。

② 伏生：军官心理测验之商榷。《扫荡报》（昆明），1944 年 3 月 13、20 日。

军本部称之为"心理实验所",在师、团、营本部称之为"心理实验室",而临时性的活动卡车板室称之为"心理测验站"。由此可见,心理测验所在整个第五军内部将进行系统性的设置。设置地点的要求是最好在城内或近郊处军师团营本部的办公室内。房舍大致需要18至20间,其周围环境应安静适中。在设备各方面还涉及电力、家具、仪器、卷册、实验材料消耗品等诸多方面。整个过程分为试办期和推广期。其中试办期分为七个阶段:第一阶段,1943年12月19—21日,赴杨林第五军军部视察,19日见到杜聿明;第二阶段,12月22—25日,回到昆明,计划草案;第三阶段,12月26—31日,视察选定测验所的地址;第四阶段,1944年1月1—17日,修缮布置测验所;第五阶段,1月18日—2月21日,按照邱清泉在其《军官心理测验之研究》一文中的设计方案实施军官心理测验;第六阶段,2月22日—6月19日,继续测验,整理上期结果,充实设备;第七阶段,6月20日—9月,继续测验,同时报告示范,并研究前几期实施得失拟定扩充方案。推广期为第八阶段,1944年9月起,略做宣传推广工作以引起各方的注意。①

周先庚在筹办军官心理测验所之初就做出了这样长期的规划,可见他对这项军事心理学工作的重视以及精心谋划的程度。周先庚在写给梅贻琦校长的一封感谢信中(图5-5)称:"今晚双方仍有意举办(测验所),庚自当竭尽力量筹办之,必定有始有终。"② 事实表明,周先庚在军官心理测验所这项工作上确实做到了有始有终。

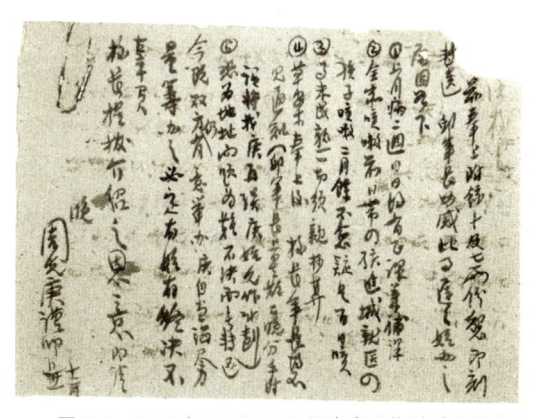

图5-5 1943年12月31日周先庚致梅贻琦(月涵)的信

---

① 第五军"心理实验所"筹备试办草案·(简本)原稿。存于清华大学档案馆。
② 周先庚给梅贻琦校长的信,1943年12月31日。存于清华大学档案馆。该档案题签为"致汪校长信函",经考证应是写给梅贻琦校长的信函。

第五章 颠沛中的执守:任教西南联大

军官心理测验所的主要任务是开展军官心理测验工作，选拔出优秀（模范）军官。周先庚认为邱清泉所拟定的军官心理品质，是其作为军事将领根据经验所提出的结果。既然是专门测验中国优秀军官所应具备的品质，那么其理论根据必然与欧美军事家所拟定的品质不同。至于东西方军队组织如何不同，为何需要不同性质的军官心理品质，这是很值得深入讨论的问题。实际上这里隐含着周先庚提出的军官心理测验应契合于不同文化的理论问题。军官心理测验工作设置为两种形式，即先施行纸笔或团体测验，然后选择每种心理品质处于两极端（好或差）的军官进一步实施个别测验。这要涉及纸笔与团体测验工具和个别测验工具的编制。从心理测量学的意义上讲，周先庚还讨论了军官心理测验内容的选取和测验信度的问题，其具体评判方法是图示估量法和评判量表。周先庚甚至还设想了在实验室内使用的自动测验机，其设计思想与今天在计算机上呈现心理测验的过程几乎没有差异。自动测验机具有易引起受测者的兴趣、快捷方便、测验结果反馈及时等优点。周先庚所拟定的工作纲要涉及编制测验问卷和量表、设计测验机器和挂图，同时提出要编印宣传册子分发给军官，以及请政治部出墙报加以宣传。①

1943年末至1945年3、4月，周先庚都在与邱清泉商讨陆军方面的军官心理测验。这一时期，军官心理测验所基本停留在纸面上，并没有开展实质性的心理测验活动。这可能与中国远征军与英美盟军一起对日军发起反攻并取得彻底胜利的滇西缅北战役有关，因为1944年8月至1945年年初邱清泉率部参加了这一场战役，此时他可能无暇顾及军官心理测验的工作。

1942年，美国成立了"战略情报局"（Office of Strategic Services，OSS），负责招募、训练从事敌后破坏工作的情报人员。抗日战争时期，OSS在中国战场上主要是和国民党部队合作，同时还曾与中国共产党部队开展过合作。1943年10月，OSS负责人多诺文（William J. Donvan）上将提出要建立一个心理学与精神病学测评部门，随后一批心理学家和精

---

① 第五军"心理实验所"筹备试办草案·工作纲要。存于清华大学档案馆。

神病学家参与到这项工作之中，测评部门主要由哈佛大学心理学教授默里（Henry A. Murray）[①]领导，他是主题统觉测验（Thematic Apperception Test，TAT）创始人。这个测评部门的目标就是选拔能够在敌后方恶劣条件下开展间谍和破坏活动的人员。1945年2月，美国华盛顿收到一封来自中国的电报，请求为中国一项士兵选拔工作派驻测评人员。该项目计划选拔出一批伞兵组成两支由中国军官领导的情报伞兵突击队（intelligence paratroop commando），由OSS负责训练，美国盟军做顾问，一旦中国海岸线受到日军入侵，将把他们投送到日本侵略者防线的后方进行战斗或情报工作，OSS随后就开展了赴中国测评人员的招募工作。

默里自1943—1948年任职于"战略服务局"，1945年4月，受命来到中国领导并主持了伞兵选拔工作。[②] 另一名美国测验人员是精神病学家莱曼，他曾于20世纪30年代任职于北平协和医院脑系科。在美国的测验职员招募工作随即展开，两名符合条件的华裔学者参加了进来，他们分别是戴秉衡（Bingham Dai）[③]和罗伯特·陈（Robert Chin，即陈郁立）[④]，另外两名美国人戴尼奥（A. P. Daignault）和赫德森（B. B. Hudson）也参加了这项工作。[⑤] 戴秉衡曾受邀加入过莱曼在协和医院所主掌的脑系科。1937年莱曼回国，1939年戴秉衡也去了美国。在协和医院与莱曼一起工作过的几位心理学者——戴秉衡、丁瓒[⑥]、赵婉和等，后来成为情报伞兵突击队

[①] 默里（1893-1988），美国心理学家，主题统觉测验创始人。

[②] 关于默里，见：E. G. Boring & G. Lindzey (Eds.), *A history of psychology in autobiography*. New York: Appleton-Century-Crofts, 1967 (5): 283-310。

[③] 戴秉衡（1899-1996），福建古田人。1923年毕业于上海圣约翰大学。1929年赴美芝加哥大学留学研习教育学，后攻读社会学并接受过了精神分析训练，1935年获博士学位。1936-1939年任职于北平协和医院脑系科，1936-1937年兼任清华大学社会学系讲师。1939-1942年任教于费斯克大学，1943起任教于杜克大学直至1969年退休。

[④] 罗伯特·陈（1918-1990），华裔美国社会心理学家，中文名字为陈郁立。1943年任职于OSS。1979之后，曾与妻子华裔社会学家艾利·沈·陈（Ai-Li Sung Chin）一起多次访问中国。

[⑤] The OSS Assessment Staff. *Assessment of Man: Selection of Personnel for the Office of Strategic Services*. New York: Rinehart & Company, 1948年，第v - vii页。

[⑥] 丁瓒（1910-1968），江苏南通人。1931年就读于中央大学心理学系。1935年在北平协和医学院读研究生，师从莱曼。1945年任职中央卫生实验院。1947年赴美留学。1953年任职于中国科学院心理研究所，1956年任副所长。中国医学心理学、病理心理学的奠基人和创始人。

第五章　颠沛中的执守：任教西南联大

员选拔测验工作的主要成员。

1945年3月，莱曼自印度给周先庚发了一封电报，邀请他与默里合作为中国国民党军队选拔伞兵。①周先庚认为借助心理学、医学和社会学等方法选拔精锐的情报伞兵入伍，这是学术应用的好机会，为抗日贡献一分力量也是很光荣的事情，就答应带领自己的学生参加这项选拔工作，并担任测验小组的中方负责人。3月26日，周先庚给田汝康、赵婉和写信举荐他们到昆明参加这项工作；4月12日，分别写信给赵婉和、曹日昌请他们通知有关方面能否欢迎美国心理学家来华，并称借此时机可以讨论一下中国心理学会以及学报的恢复工作。由此可以看到，周先庚还在寻求机会组织学界同行讨论中国心理学学术团体的重建工作。

4月的一天，默里、莱曼和戴秉衡一行三人亲自到周先庚的住所进行拜访。4月底，周先庚在他们的带领下到美军位于昆明市郊的驻地填表签订了临时合同，为期三个月。这属于当时空军方面的第五期伞兵入伍选拔测验。②

自5月份开始，周先庚同默里等人开始筹备伞兵选拔工作。周先庚带领的人员多为西南联大哲学心理学系心理学组的同事、研究生或毕业生，参加人员有曹日昌、丁瓒、田汝康、范准、马启伟与赵婉和等人。伞兵选拔测验包括个人生活史、社会关系和心理卫生方面的访谈、知觉认识能力和室外活动作业的测查。赫德森博士负责材料整理和统计工作。有时候全体测验人员进行讨论，最后对每位受测者士兵的智力、受教育程度、情绪稳定性做出鉴定。整个评估程序包括信号阅读（sign reading）、受教育水平测试（数学、写作、普通信息）、抽象智力、观察与记忆（设计、查找、知觉敏度）、群体行动测试（筑桥、传送旗杆、过沟壑）、障碍项目、访谈、整体印象。最后对受测者教育水平、有效智力、观察与记忆、动机、社会关系、情绪稳定性、领导品质、体能等方面按照高、中、低三个等级

---

① 周先庚：关于伞兵选拔测验的国际、社会关系的初步回忆和认识。1968年1月17、21日，未刊稿。资料存于采集工程数据库。

② 周先庚：参加OSS伞兵测验的经过与初步认识。1968年2月19日，未刊稿。存地同上。

进行评定。① 周先庚对参加人员仔细做了分工。他在《关于伞兵选拔测验的回忆》一文中写道：

> 我们订了合同，为期三个月，即1945年的五、六、七月。当时发有军装，七月底散伙时，都还回去了。不过每人或者是我一人留下了一件帐篷和一件雨衣背包三用的漆布衣。
>
> 选拔第五期伞兵是在郊区一个乡村。每日雷门（即莱曼——作者注）或是戴秉衡或是莫锐（即默里——作者注）坐吉普车过昆师接我一同去，助教们住在一处集体宿舍里。
>
> 后来从莫锐的一本专门报告，即他全部评估材料的书：《人的评估》（Assessment of men）中知道，当时是从八百多人中选拔录取了约五百人。②
>
> 选拔评估、测验、谈话、填问答、做室外作业、搞仪器实验（主要是幻灯知觉认识能力）等项工作，程序非常复杂，要做三天。当时分工大致如下：
>
> （1）丁瓒帮助雷门接谈问个人历史等。
>
> （2）戴秉衡是社会调查专家，负责社会关系等，田汝康也是这方面的工作。
>
> （3）曹日昌是心理测验和心理统计助教，帮助莫锐搞纸算测验、TAT等。赵婉和搞心理卫生方面的问答。
>
> （4）我带范准、马启伟搞仪器、幻灯、速示器之类的室内实验和室外行动和活动作业等。
>
> 统计、整理材料等由那位年轻博士负责，有时开全体小组会讨论问题，最后总结选拔上的学员，都有一份简单的鉴定表格，分五、六、七、八项，为智力、教育程度、情绪稳定性等，每项只给上、

---

① The OSS Assessment Staff. *Assessment of Man: Selection of Personnel for the Office of Strategic Services*. New York: Rinehart & Company，1948年，第376-382页。

② 此处回忆恐有误，因有关档案资料"文化大革命"中抄家丢失，伞兵测验人数有待查证。

中、下等级，不打百分数。[①]

周先庚又曾于1969年1月27日和31日在一份"文化大革命"材料中详细说明了这次伞兵测验的内容和方法。

根据1948年出版的《人的评估》一书中的报道，我们测验伞兵5000多人，选拔了800多人。由此"报告书"所根据的选拔标准有十类，就是说，每类至少有一种测验方式代表。

……

十项测验　　　　　　　　**报告书上的十类能力或特性**

1. 教育程度 ——————— 1. 教育程度：私　初小　初中　高中　中央军校
2. 记忆测验　　　　　　　　2. 理解智慧：1　2　3　4　5
3. 观察测验　　　　　　　　3. 观察与记忆：1　2　3　4　5
4. 情绪稳定性　　　　　　　4. 学习能力：1　2　3　4　5
5. 看图说故事（TAT）　　　5. 动机、欲望、机动能力：1　2　3　4　5
6. 越过障碍物　　　　　　　6. 情绪稳定：1　2　3　4　5
7. 搭桥过河　　　　　　　　7. 体力体格：1　2　3　4　5
8. 地图侦察　　　　　　　　8. 勇敢：1　2　3　4　5
9. 图形→数目字代替测验　　9. 人事关系、社交：1　2　3　4　5
10. 搭积木小屋　　　　　　　10. 领导力：1　2　3　4　5

我们测验评估时所实际做事，是从我所回忆的具体操作项目中，在逐日发下的受测验军官（周广业注：此处应是指的接受测验的伞兵）的名单上，（类似此报告书所列的等级分数：1, 2, 3, 4, 5 等），记下每人通过每一项测验的质量、速度、性质等，立刻记到登记名单上。晚间，青年助手们，我介绍的六位和美军方面的两位，就归类整

[①] 周先庚：关于昆明伞兵选拔测验的回忆。1968年12月，未刊稿。资料存于采集工程数据库。

理、统计这些浩繁的数目字等级：1，2，3，4，5等。

说明：

1. 伞兵测验评估是十项能力，分1，2，3，4，5；劣，低，中，高，优五等次。裁判或评估人，根据每人所做的具体测验项目，圈出"测验成绩"，然后下总评。

2. 测验有一项可以评估两种能力，如"看图说故事"，可以评估"动机，欲望，机动"，亦可评估"人事关系，社交"。

3. 反之，"勇敢"可以由"越过障碍物"和"搭桥过河"来测定。"理解智慧"可以由"地图侦察""搭积木小屋"两项测验来评估。

……

周先庚 1969.1.31 晚 7：30 [1]

这次测验工作的实施都是在美国盟军资助下完成的，同时也是主题统觉测验创始人默里本人在中国本土上唯一一次实践性应用其技术。

当时抗日战争行将结束，经由中美心理学家心理测评出的伞兵组成的第19、20队情报突击队未见参加实战的记载。据周先庚档案资料，情报伞兵突击队正式测评始于6月18日，7月中旬结束。据默里的著述称测评工作历时30天，可见测试结束时间大致是7月18日前后。而此时杜聿明的伞兵部队已经开始投入到抗日战场上了。1945年7月12日、7月18日、7月27日伞兵部队先后在广东、广西、湖南等地的日军占领区内实施了三次空降作战，袭扰了日军后方，有力配合了地面军队的行动，参战者有伞兵1、2、3、4、8、9、10队。[2] 1948年伞兵部队改编为三个团；1949年第一、二团的部分兵力去了台湾，第三团全部以及第一、二团的部分伞兵在刘农畯团长带领下起义，改编为人民解放军华东伞兵训练总队，后调至南京成为华东军区军政大学第七总队；1950年8月，其中约400名官兵调

---

[1] SG-005-011。资料存于采集工程数据库。

[2] 姚峻：《中国航空史》。郑州：大象出版社，1998年。

往开封加入中国人民解放军第一支空降兵部队之中。①

1945年7月底，随着抗日战争进入尾声，默里、莱曼等美国测验人员完成了伞兵选拔工作准备回国，在他们临行前，默里收到一名中国将领的邀请，希望他能通过对一组中国军官的测验向这名中国将领展示整个测验的方法和程序，这名将领正是邱清泉。默里称此前的伞兵选拔都是在美国资助下完成的，但这一次测验完全是在中方提供的条件下进行的，测验小组得到了军方的热情款待，测验时间是8月1—10日。测验的对象是从各部门抽调来的30名军官，只是进行心理测试，不会涉及淘汰与否的问题。此次测验的材料均由盟军以及西南联大心理学组提供，除盟军的职员以及曹日昌、田汝康出国以外，邱清泉的第五军为参加测试的中国专家和学生们提供了共计370斤军米和国币14万元津贴的酬劳。② 由以上材料可以看出，邱清泉对军官心理测验技术所表现出的浓厚兴趣以及支持态度。

邱清泉对默里等人的测验过程相当感兴趣，常常尽其所能为测验小组工作的顺利进行创造条件，而且在整个测验过程中他都在现场进行观察。③ 参加此次军官心理测验的美方成员有当时的测验小组成员，包括默里、莱曼、戴秉衡、罗伯特·陈，中方人员有周先庚、丁瓒、曹日昌、黄德才（第五军少尉）、范准、卢濬、张绍桂（外国语文学系教员）、马启伟、赵婉和、傅愫斐（1945年社会学系毕业生）、宋宝光（1944年度心理学研究生）、张世富（1944年度心理学研究生）（图5-6）。在测试过程中，默里等人因条件有限，对一些测试项目进行了调整以适应实际情况。军官心理测验项目包括个人资料、句子补充测验、主题统觉测验、系列完成测试和块计数测试、策划、即兴表现、演讲、讨论、筑桥、过障碍物、指定性领导、个人实践活动、社会关系测量、访谈。其中的一些测试项目曾

---

① 胡爱华：国民党伞兵三团起义前后. 见：政协安庆市委文史资料研究委员会，《安庆文史资料》编辑部编，《安庆文史资料·解放战争时期的安庆续辑（下）》. 合肥：安徽省新闻出版社，1989年，第62-65页.

② 周先庚：八月工作人员军长津贴. 1945年9月14日，未刊稿. 存于清华大学档案馆.

③ The OSS Assessment Staff. *Assessment of Man: Selection of Personnel for the Office of Strategic Services*. New York: Rinehart & Company, 1948年，第382、386页.

图 5-6 1945 年 8 月 OSS 昆明测评站部分成员合影（右一默里、右二莱曼、右三周先庚、右四卢濬、右五赵婉和、右八马启伟、右九傅懔斐、右十一田汝康、右十三陈郁立）（戴秉衡摄，戴秉衡的女儿戴美玲提供）

在弗吉尼亚的费尔法克斯测评站（Fairfax Station）使用过，另外一些项目则在伞兵突击队选拔测评中使用过。其中尤为重要的是主题统觉测验所使用的图片并非默里所创制的原始资料（图 5-7），而是 1945 年 5 月他让曹日昌从中国杂志上选择的具有中国文化背景的图片（图 5-8），由此可见，默里在中国开展主题统觉测验充分注意到了跨文化的效度问题。总共精心选择了 10 张，分为

图 5-7 默里主题统觉测验英文使用手册及测试图片示例

第五章 颠沛中的执守：任教西南联大　　85

甲套、乙套，各 5 张。每次测试的 10 个人分为两组，各 5 人，两组分别使用甲、乙两套图片，每组中每个人在 7 分钟之内对其中一张情景图片进行故事编写，完毕后依次轮换图片使用，直至完成 5 个故事的编写，再后两组交换使用甲、乙两套图片，每个人总共完成 10 个故事的编写任务。由此推算，10 个人完成全部任务至少需要 70 分钟。

图 5-8　曹日昌从中国杂志上选择用于中国军人版主题统觉测验的部分图片

　　关于这套图片的制作及使用情况，周先庚在 20 世纪 60 年代末的回忆资料中称："1945 年 5 月上旬[①]，穆瑞（即默里——引者注）来到昆明，才临时叫曹日昌等选了 10 张中国军官士兵适用的图片，特为伞兵测验用的。"[②] 但是默里在报告伞兵测验内容时并没有提到使用这套 TAT 的情况，而是在军官心理测验中报告了这套图片，并称这套图片是精心选择的。此次演示性军官心理测验，是默里在伞兵测验结束之后准备返美之际受邀而实施的。作为默里代表性学术成就的 TAT 技术，他不太可能此时才想起专门为军官心理测验选取图片。更可能的是他来到中国之后，很快就着手于适于中国军人使用的 TAT 图片的选取工作。根据周先庚的回忆，这 10 张适用于中国士兵和军官的图片，应是在伞兵测验

---

① 此处日期可能有误，综合各种资料来看，默里应该是 1943 年 4 月份抵达昆明的。——著者注。

② SG-005-010，周先庚："文化大革命"档案资料，1969 年 1 月 20 日。资料存于采集工程数据库。

的十项测验中的第五项，即"看图说故事"中使用过，当邱清泉邀请默里等美国专家在完成既定的伞兵测验任务后留下，于1945年8月1—10日主持进行了第一批30名的军官心理测验，因人数较少，可以更充分细致地进行TAT主题统觉测试（即"看图说故事"），因而默里在他的《人的评估》一书中主要介绍了TAT方法在军官心理测验中的使用情况。目前在周先庚个人保存下来的档案资料中只留存有大量的军官心理测验材料，而未发现伞兵心理测验材料，这是尚待继续研究和发掘的重要问题。

1945年8月10日，默里结束了在中国的工作，此时恰值美国战略情报局OSS负责人多诺文上将来到昆明，受其邀请，默里搭乘他的专机回国了。

或许是受到默里主持此次军官心理演示性测试的激发，军官心理测验所于1945年8月31日在第五军中正式成立。周先庚所撰写的工作范围包括八项：①所长负责技术，如计划测验、聘请测验官员、制作报告和公开演讲等；②副所长负责交际行政责任，如筹备测验、接洽受测军官和照应职员等；③行政事务经费直接由军部所方负担，测验卷册和纸张文具器材等由所长商派清华大学心理学家负责筹备，实报实销，或根据受测人数，每测验一次，由军部所方预交测验费若干；④团体施测满30人以上者到军师团营连等部举行，测验官员的交通、伙食等一切招待，由所方或受测部队负担；⑤个别测验到西南联大心理学组进行，每次10人，从上午十时起到下午三时，共五个小时，由受测部队或所方招待一顿简单的午饭和茶水；⑥测验结果初步分析，简单统计工作由所长及军部职员担任，进一步整理报告等工作由所方测验官担任；⑦测验所应配备吉普车一辆、三轮卡车一辆、摩托车一辆，其他车马费实报实销；⑧助理员往返城郊的车马费实报实销。①

---

① 军官心理测验所·工作大纲。存于清华大学档案馆。

表 5-2　军官心理测验所人员情况[1]

姓名	单位及职别	所方职别	兼/专
周先庚	联大教授	所长兼测验官	兼
黄德才	测验所助理	助理员	专
倪中方	联大教授	测验官	兼
胡毅	联大教授	测验官	兼
张绍桂	联大教授	测验官	兼
赵婉和（女）	联大讲师	研究员	兼
卢濬	联大教员	测验员	兼
严倚慈（女）	联大教员	研究员	兼
范准	联大教员	测验员	兼
马启伟	联大助教	测验员	兼
傅愫斐（女）	云大助教	研究生	兼
萧厚德	联大助教	测验员	兼
宋宝光（女）	联大研究生	研究生	兼
范祖珠（女）	联大研究生	研究生	兼

默里离开后，周先庚将默里的测评技术手段加以精简，带领一批联大师生（表 5-2）于 9 月 17—19 日、11 月 19—21 日、1946 年 1 月 12—13 日分三批分别对五军 45 师 54 人、96 师 38 人、18 军 118 师山炮营第 6 营 46 人共计 138 名军士进行了测评。

周先庚在主持和参加军官心理测验和情报伞兵选拔测验的过程中，不仅完成了为军队和战局服务的任务，还利用实践机会培养了学生，并指导学生完成了军事心理学方面的本科生学位论文，如孙际良的《军官心理测验之实施》。[2] 另外周先庚指导田汝康和戴寅于 1943 年、刘民婉于 1944 年翻译了波林（E. G. Boring）和瓦特（M. Water）主编的 *Psychology for the Fighting Man*（《战士心理学》），并进行了校对，后来部分内容以《战

---

[1] 军官心理测验所·人事分配。存于清华大学档案馆。该资料空白处有"作废"二字，可能是因上面勾画潦草，需另外誊清，故该资料中信息的真实性并不能因此予以否定。

[2] 孙际良：军官心理测验之实施。存于清华档案馆。昆明国立西南联合大学哲学心理学系心理学组历年毕业生论文清单。存于北京大学档案馆。

斗员所应知道的心理学》为题在《天津民国日报》的"心理与教育"周刊中，自 1947 年 4 月 12 日至 1948 年 8 月 28 日，共进行了长达 51 期的连载。这反映出周先庚虽然在那个特殊时期把大量精力放在了心理学的实践工作上，但是他依然把精力用在培养学生的工作上，尤其是利用实践的机会，在满足实践需要、社会需要的同时积极培养学生。也正是在这次中美心理学家之间军事心理学合作之后，周先庚经冯友兰向西南联大校方呈函，提出邀请戴秉衡、丁瓒前来任教，并得到了校方的同意，请周先庚"代为函约"（图 5-9）。后来戴秉衡、丁瓒未能任教于西南联大，而是赵婉和于 1945 年下半年任教于此，讲授心理卫生课程。

图 5-9　西南联大初期三校长联合署名致函周先庚诚邀戴秉衡、丁瓒来校工作

　　周先庚不仅在军事心理学领域做出了开创性的实践工作，而且结合当时的形势提出了许多颇有见地的军事心理学主张，在报纸杂志上发表了多篇与军事心理学有关的文章，如《军官心理测验之商榷》[①]、《智识青年从军运动之心理基础》《智识从军与心理建军》《军事心理与军事教育》《心理学在军事上的应用》等文章。周先庚指出，军事心理学是有文化与地域色彩的，西方军事心理学知识，不一定完全适合我国军事组织和人事需要，因此，要实地研究中国特殊的军事心理问题，要"创造中国本位的军事心理学"，要"建立'中国军事心理学'之基础，树立其特色之处"。

　　默里带着一套完整的主题统觉测验图片，来到中国昆明开展情报伞兵突击队员的选拔工作，鉴于文化差异问题，他又与周先庚、曹日昌等中国

---

① 以笔名"伏生"发表。

心理学者选定了十张中国杂志上的图片作为测验工具。1946年清华大学复员北平时，周先庚将这套图片由昆明带回。"文化大革命"中他用巧妙的方法使这组图片与大量档案资料一起躲过了红卫兵的抄家，这套图片于2015年2月在清华档案馆中周先庚长子周广业捐献但尚未入档的资料中被找到，幸存至今已有七十余载，成为中国心理学史和军事心理学史上的重要历史文献资料，现已捐献给国家"老科学家学术成长资料采集工程"。

心理学服务于社会

周先庚回国之后，一直同美国心理学界保持着联络。抗战爆发前后，周先庚曾收到美国旧金山市"心理中心社"寄送的多份宣传资料，该社是一个非营利组织，其目的是介绍科学心理学的事实与原理，特别注意这些知识在个人与社会生活中的实际应用。其服务内容包括：普通谈话服务类（家庭关系、性与婚姻问题，惧怕、烦恼、忧愁、饮酒问题，其他个人困难问题）、职业指导服务（职业与教育测验及指导）、父母子女问题（婴儿、儿童与青年行为问题，愚蠢、迟钝儿童问题）、诊断补救教学（阅读指导，写字、算术困难）等方面。受此激发，在1938—1940年的两个学年中，周先庚把这些宣传资料内容用在西南联大应用心理学班上与同学们讨论，当时计划在昆明开展类似工作，并且照中国情形，拟订了实施方案。但是后来因课业繁忙未能实行。

1939年，周先庚组织了昆明心理学界的同人，每月在大西门内文林堂举行非正式的心理学座谈会，以轮流聚餐形式进行。该座谈会是周先庚梦想中"心理服务社"的前身，陆续举办到1944年。1944年，云南省立昆华师范学校学术研究委员会心理学组、国立西南联合大学文学院哲学心理学系心理学组（即国立清华大学理学院心理学系）以及研究院理科研究所心理学部合作，正式成立了"心理服务社"。呼吁社会人士如有心理询问当尽诚解答，互相研究，并希望以此来奠定现代国家一种新事业的基础。在中国社会中，这类组织是否必要？兴办起来有何困难？服务人员需要什么资格、态度与训练？最需要这种服务的是些什么样的人？哪一类最多？周先庚还以"心理服务社之商榷"为题就上述问题向社会广泛征求意见。① 这项工作虽然经常被周先庚鼓动宣传，而且当时人人都觉得需要，但因限于财力人力，虽有其名，并未真正开展相关的心理服务工作。

1945年，在文林堂牧师张绍桂和联大师范学院倪中方的热心推动下，联合周先庚决定在文林堂成立一个机构组织，举办社会服务工作。自1945年1月8日起，周先庚先后组织了五次筹备会，才正式成立。这项工作以青年学生为主要对象，周先庚先后约定联大体育系主任马约翰、训导长查良钊、教育系主任陈雪屏、理化系主任许浈阳、教育系教授胡毅和陈友松、社会系主任潘光旦，共同讨论、交换意见，讨论筹备创办青年问题顾问处，这是周先庚心目中心理服务社具体服务实施的开端。该顾问处所涉及的领域包括心理（周先庚）、娱乐（许浈阳）、健康（马约翰）、求学（胡毅）、职业（倪中方）、交友（张绍桂）、留学（陈友松）、婚姻（陈雪屏）、信仰（查良钊）、家庭（潘光旦）等众多领域。该顾问处1945年3月5日—6月13日共开展了十周工作，曾前往顾问处请求咨询并进行登记者共57人，96人次。② 这些反映了当时的心理学者和教育学者积极开展青年指导实践工作的情况。

除了上述开展心理服务的组织机构的努力之外，周先庚还到云南省市各机关部门开展心理学讲座，传播心理学知识，推动心理学在社会上的应用。例如，1943年4月7日周先庚在昆华师范学校演讲《我为什么学心理学》。

1943年5月11日、6月6日，周先庚应邀前往云南省警务处警察训练所做了《供词心理：说谎侦查器使用法》的演讲。8月3日，又在绥靖公署及宪兵查缉队警察局侦察队圆通公园警训所做了同样内容的演讲。9月17日，周先庚经由国民政府军委会驻滇干部训练团政治部第一科科长余坚

---

① 周先庚：心理服务社缘起。《中央日报》，1944年6月24日。
② 周先庚：青年问题顾问处工作报告。《中央日报》，1946年1月5日。青年问题顾问处工作检讨。《中央日报》，1946年1月26日。

第五章 颠沛中的执守：任教西南联大

介绍与主任周泳南会面，并在该训练团上做了一次《心理学与军事》的演讲。10月，周先庚又在昆明农校美空军第一招待所、军委会战地服务团译员训练班上做了同一主题的演讲。1944年2—3月，经由樊际昌举荐，周先庚在昆明军事委员会译员训练班上开始授课，从第一期到第六期为学员讲授了日用英语、作文、笔译等内容。1945年4月10—13日，周先庚为军委会驻滇干训团党务干部训练团做了《群众心理》的主题报告。1945年12月27日起，周先庚经由西南联大教育系陈雪屏介绍，接受了云南省地方行政训练团主任教官张克定聘请任"社会心理"讲师，为该团第十七期国民党党员干部训练班做了《人事心理》的演讲（聘书中称"社会心理"），此后于1946年1月10日、17日分别做了《群众心理》《领导心理》两次演讲。1946年3—5月被第十九期训练班聘为"教育心理"和"应用心理学"讲师。另外，周先庚还为昆明广播台撰写科普性稿件，分别于5月17日、7月5日播出了《催眠术之历史与性质》和《被催眠会不会做出不道德的行为？》两篇广播稿。

1935年在清华大学心理学系任教时期，周先庚就曾与陈立、陈汉标等人一起开展过工业心理学的研究，并于1936年同陈汉标发表了《中国工业心理学之兴起》的长文，积极推动心理学在工商业中的应用。在西南联大期间，周先庚让学生张世富在平绥铁路南口机厂调查资料的基础上完成了《工厂建议制度》的毕业论文。另外，他还在当时的报刊上发表了《心理学与人事管理》《交通与工业安全问题》《工商心理漫谈》等文章，呼吁注重心理学在人事与工商管理等方面的运用。

1940年夏天，田汝康毕业后经由费孝通推荐，继续参加燕京大学和云南大学合办的社会学实地调查站，该站安置在呈贡县魁阁。丁佶、周先庚和费孝通有一次曾谈起女工研究的重要，希望能找到一个人能到女工工厂进行调查研究，可是一时找不到女研究人员去开展这项工作。此时田汝康已经准备赴边疆考察，但由于雨季未过，正好有一两个月的空闲时间，于是8月中旬田汝康就被派往昆明的一家纺织机械厂做实地调查[①]。后来田

---

① 田汝康：内地女工.《中国劳动月刊》，1942年第1期，第31-48页。

汝康用调查资料撰写出了《内地女工》的调查报告，于 1942 年问世，1944 年在美国又以英文出版。在这本人类学著作中，田汝康试图从中国家庭制度着手，去分析女工的心理，研究她们精神上的需求，呼吁工厂能够改善女工情感生活，这作为该著作的一大鲜明的特色，它是作者心理学知识运用于人类学调查研究中的反映。田汝康由此逐渐开启了他在人类学领域的学术生涯，并成为"魁阁"的重要成员。

1942 年年底，周先庚到昆明中央电工器材厂参观考察，寻求合作和开展工业心理学应用的机会，该厂总经理希望西南联大能够代为训练人事工作方面的人才。周先庚经过与校方的商议，社会学系和心理学系（属清华大学）可以开办一个训练班进行人才的培养，还可以先由一些同事、学生进行一些实习性的研究实验，具体包括：建议制度的建立；人事纠纷的调节组织机构；人与事、工与职的考察调整；精神动力的产生；研究成果的宣传和发表；人事部的行政机构试验等。周先庚提出，"一切以厂内迫切问题迅速解决为目标，绝非空洞不切实际之学校式学科所可以比拟"，同时，他还曾委派学生戴寅到该厂进行实地考察。1943 年 4 月 2 日—8 月 13 日，周先庚在此举办了工业心理学讲习班，共 20 讲，每周五下午 3—5 点进行讨论、指导研究，晚上 6—8 点进行讲授和讨论。这种身体力行的实践精神在当时战争阴霾之下尤为可贵。

第六章
复员北平：重振清华心理学

重振心理学系

抗日战争胜利之后，西南联合大学的战时使命逐渐完成，1946 年 5 月 4 日宣告解散，北京大学、清华大学、南开大学的复员工作随即相继展开。学生们自 5 月至 8 月间分成三批陆续北归，教职员工自 6 月开始分别由陆路或航运，相继返回北平或天津。

周先庚早早地就惦念起清华大学心理学系的复员工作。1946 年 4 月间，他的学生李家治在北平临时大学补习班教务处任职。李家治在北平期间曾赴清华园主持学校资产的接收工作。此行之前，周先庚交代给他一个任务，要他到臧玉诠那里打听清华心理学系留存的图书、仪器的情况，再就是到清华园查看心理学系旧址的情况。令人惋惜的是，留存的那些图书、仪器遭受战事的洗劫之后，大部分已经遗失了。[①] 心理学系的实验室、

---

① 李家治致周先庚的信，1946 年 1 月 8 日。资料存于采集工程数据库。

隔音室都被拆毁了。李家治前往清华园查看了两次，然后将当时清华园生物馆被日本侵占之后所建的房屋情况报告给周先庚，并附上一张现场的草图。心理学系原设在生物馆内，经历日寇占领之后，已经被破坏得十分严重，建上了临时建筑、锅炉、洗涤台，被改造成为日寇的洗衣房，心理学系返回之后肯定不堪使用。整个清华园内也是一片狼藉，体育馆成了日寇的仓库，洋葱、大蒜长出了一尺高的苗子，鱼、肉、鸡蛋都腐烂，黄水遍地。① 清华大学心理学系的旧址被日寇破坏得如此破烂不堪，可以想象当周先庚看到李家治的信件是一种什么样的悲痛心情。幸好清华心理学系的薪火在西南联大期间得到了一定的保存和发展，这也将成为未来发展的基础。远在昆明的周先庚频繁地和李家治信件联络，为心理学系的复员做前期准备，另外还嘱咐李家治在北平期间多逛逛旧书摊，一旦发现清华心理学系和自己以前购买的图书资料，一定要买下来。

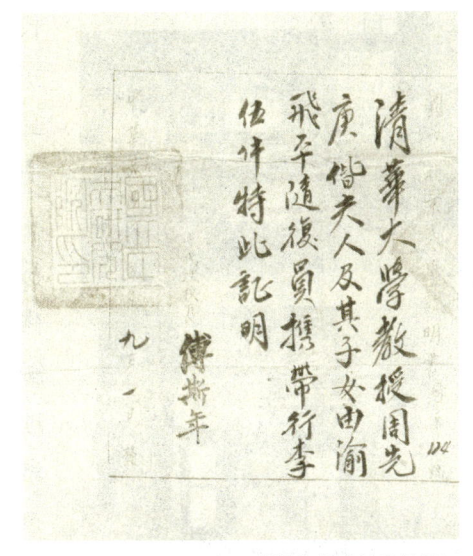

图 6-1　傅斯年签发的乘机凭证

1946 年 7 月下旬，周先庚一家乘坐军用飞机到达重庆，开始重返清华园的行程。在重庆暂时居住了一段时间，焦急地等待着飞返北平的飞机。9 月 1 日，北京大学代理校长傅斯年为周先庚签发了乘机凭证（图 6-1），允许他携夫人和四个子女从重庆乘坐飞机飞回北平。不久一家人乘坐一架美国人开的军用飞机飞抵北平西郊机场，乘车回到了阔别八年多的清华园。

清华大学复员北平之后，心理学系正式恢复独立成系，属理学院，仍由周先庚任系主任主持工作。后来，敦福堂、唐钺、孙国华等教授相继返

---

① 李家治致周先庚的信，1946 年 4 月 21 日。资料存于采集工程数据库。

第六章　复员北平：重振清华心理学

图 6-2　1947 年的清华大学生物学馆心理学实验室

图 6-3　周先庚（左）与汪彬（中）、曾性初（右）在做实验

校。清华大学心理学系图书、仪器在抗战前为全国各大学心理学系中收藏最为丰富者之一，虽经战乱有所损耗，但仍保留下了一部分，甚至抗战时期在西南联合大学期间还有所添置。复员后一些仪器设备被送到厂家进行维修，同时也向国内外书店购置心理学图书、杂志。清华大学生物学馆的心理学实验室再次得以利用，并重新装修以恢复原貌，另外还专门改造了一个大教室为普通心理学教室，讲台装修成一个小型戏台，以便表演心理戏剧，还可以放映幻灯片或电影。在周先庚的带领下，经最早返回清华大学心理学系的一批师生精心修缮与整理之后，清华大学心理学系的图书、仪器已经稍具规模（图 6-2）。1947 年 7、8 月间，周先庚就开始带着学生利用已有的实验仪器着手于实验数据的收集工作了（图 6-3）。

从 1946 年 9 月到次年 5 月，仅仅经过 9 个月，清华大学心理学系已经在各方面得到了相当程度的恢复。唐钺第二次来到清华大学心理学系出任心理学教授，沈履出任教育学教授。助教有林宗基和范祖珠（兼职），这在当时的北平，清华大学心理学系在系科恢复和建设方面首屈一指。1947 年 5 月，相继迎来了辅仁大学心理学系和师范学院教育学会师生的参观和观摩。周先庚率领师生分别迎接他们，并为他们进行讲解和介绍，临别前合影留念。辅仁大学心理学系是由系主任葛尔兹带队前来参观，周先庚、唐钺、沈履等一起参加了接待工作，周先庚亲自向前来访问参观的同仁们介绍了清华大学心理学系的现状和未来发展的前景（图6-4，图6-5）。

图6-4　1947年5月周先庚在欢迎辅仁大学心理学系师生参观时致辞（左一李美格，周先庚身后为陈汉标）

图6-5　辅仁大学心理学系师生参观结束后合影留念（前排中立者为周先庚，右为葛尔兹，二排右一沈履，四排右一唐钺，一排左四李美格，三排左二张厚粲）

1948年，清华大学心理学系的教师队伍有教授周先庚（赴美休假）、唐钺、敦福堂，兼任讲师臧玉洤、齐泮林，教员吴天敏、林宗基，助教顾吉卫，助理吴洁。孙国华教授于1948年下半年回校任教（并再任心理学系主任）。此时林宗基离校赴法留学。1948年度清华大学心理学系共有10名本科生。1947年毕业生为施泽翰，1948年毕业生为郭长燊，1949年毕业生为姜德珍，1950年毕业生为李卓宝，1951年毕业生为徐联仓等。复员后短短几年时间里，清华大学心理学系的教学基本恢复，研究工作也具备了一定条件。该系定位以训练专门学术研究人才为主，因此在招生方面一直坚持宁缺毋滥的原则，在学生培养方面注重心理学实验技能的培养。[①]

1947年国民政府颁发"久任"教职员奖金，奖励那些长期服务于教育事业的教职员工，当时包括周先庚在内的51名清华大学教师获得"久

---

① 本校各院系略述·心理学系。《清华校友通讯》，1948年复员后第4期，第5-7页。部分资料取自清华大学档案馆周先庚档案资料。

任"奖，另有 18 名职工获得此奖。此时周先庚已经在清华大学连续任教长达 16 年，没有一天脱离开自己心爱的心理学教学与科研事业。新中国成立之后的 1951 年，周先庚在清华大学曾荣获连续忠诚于教育事业二十年的奖状。

访学美国

清华大学复员之后，仍旧实行教授休假制度。由于每年有一笔 3 万美元的基金利息可拨作教授出国研究补助费，因此有些教授在休假期间可以出国进修、考察或开展研究工作。周先庚本应在 1937 年休假，但是因清华大学内迁而延期。

1947 年 4 月，周先庚向清华大学校长梅贻琦提出赴美访学休假的申请，称"感觉中国心理学之不振，在于科学的心理学之根本不固，故有赴美调查之计划"。① 他计划赴斯坦福、加利福尼亚、爱荷华、芝加哥、哥伦比亚、普林斯顿、耶鲁、哈佛等大学参观考察心理学实验室的情况，研究计划包括皮肤电反射与情绪的关系、肌肉、腺体、眼中的动作电流与心理活动的关系，心电与心理活动的关系，以及脑电与意识活动的关系。周先庚认为与其只待在一个地方进行学习和考察，不如多去几个地方，以便了解美国当时各种电理、生理的研究方法，为回国后开展研究做准备。② 1947 年 10 月至 1948 年 5 月周先庚赴美国休假并进行学术考察。在此期间由敦福堂代系主任。

1947 年 10—12 月，周先庚到母校斯坦福大学访问考察三个月，此时希尔加德（Hilgard）接替了推孟任心理学系主任，周先庚多次参加希尔加德的学术研讨会。曾与希尔加德搞了两个条件反射实验，一个是瞳孔

---

① 周先庚给梅贻琦的信，1947 年 4 月。资料存于采集工程数据库。
② 周先庚：美国援华联合会奖励正教授/研究员赴美进修申请书。1947 年 4 月 9 日，未刊稿。存地同上。

反射，另一个是瞬目反射（wink reflex）。在斯坦福大学他还看到了斯通（Stone）关于怀孕白老鼠实验性惊厥（experimental convulsion）的实验。正是在这里周先庚了解到巴甫洛夫条件反射学说在美国发展的情况，后来在耶鲁大学考察期间购买了两卷本英文版《巴甫洛夫演讲集》准备带回国。这两卷本著作是巴甫洛夫的美国学生甘特（Gantt）在1928年出版的《条件反射演讲集（第一卷）：高级动物神经活动（行为）的二十五年客观研究》和1941年出版的《条件反射演讲集（第二卷）：条件反射与精神病学》的英译本。这两册书后来成为解放初期周先庚主译巴甫洛夫《条件反射演讲集》的底本。在周先庚出国赴美休假前，叶企孙曾与周先庚有过一次非常重要的谈话，希望他加强心理学系自然科学方面的研究工作，鼓励他利用赴美休假专门考察巴甫洛夫的条件反射。[①] 因而周先庚在美国多方搜集关于巴甫洛夫的相关研究资料，也深远地影响了他后半生的学术研究方向。新中国成立后周先庚立即与夫人郑芳一起着手翻译巴甫洛夫的演讲集。

另外，在斯坦福大学周先庚再次听了自己以前老师斯特朗（E. A. Strong Er.）的工业、商业、职业心理学的课程，一方面是因为他准备回国后开展心理服务、职业指导方面的社会服务工作。另一方面，自己老师的课程内容历经多年之后已经有了很多的新进展，自己在课上能够获得最新的前沿性知识。

1947年11月17日，周先庚在斯坦福大学做了一次演讲，其标题延续了他在1927年所使用过的"中国心理学的当前状况"这一题目，其内容是在他1927年和1932年发表的三篇介绍中国心理学状况的文章基础上，对心理学自1910年至1947年在中国发展情况的介绍。周先庚介绍了当时中国心理学教学与研究的中心，即北平、南京、上海、广州，介绍了1930年至1937年间中国的心理学刊物、心理学会组织、心理学会议以及当时活跃着的心理学家，还介绍了心理测验、心理物理学、比较心理学、实验心理学以及应用心理学的情况。对1937年至1947年间的介绍集中在

---

① 周先庚"文化大革命"材料第三本。第7-8页，未刊稿。资料存于采集工程数据库。

心理学系和研究队伍的困境，当时教育部的官方活动，以及工业和军队对心理学的需求。最后，周先庚集中介绍了清华大学心理学系的历史、实验室、设备、职员、毕业生以及学位情况，同时他还介绍了自己以往发表的英文学术成果，以建议制度、访谈和参与观察方法开展的工业士气研究（industrial morale studies）、心理学的工厂培训课程以及对麦独孤本能论的理论思考等。可以说这是继周先庚1927—1928年将中国心理学首次介绍到国际心理学界之后，时隔20年又一次向西方心理学界介绍了中国心理学发展的情况，尽管这次介绍仅仅是从周先庚个人的视角，但是依然起到了向国际心理学界传递中国心理学声音的作用。

周先庚到美国之后很快与戴秉衡、赵婉和等人取得了联系，并到杜克大学拜访了戴秉衡，戴秉衡积极安排其心理学系的教师与周先庚会晤、交流。

1948年1—3月，周先庚在耶鲁大学进行考察学习（图6-6）。当年的研究生导师迈尔斯已经离开斯坦福大学来到耶鲁大学任教，但是因为精神状态并不好，当时为避寒而去南方了。周先庚在耶鲁大学期间跟随迈尔斯的夫人考克斯（Cox）进行问题儿童的指导研究和实习。周先庚还参观了格塞尔的儿童治疗中心（Child Clinic），特别是格塞尔所采用的记录婴儿活动的电影设备和技术。1948年2—3月间周先庚亲赴恩师迈尔斯家中拜访。4—5月间，周先庚因行程改变，不得不提前回国，迈尔斯为自己没有在周先庚访学期间提供学术上的帮助而深感难过。

图6-6　1948年周先庚在耶鲁大学（郑师拙摄）

1948年3月7日，周先庚参加了耶鲁大学研究院中国学生会举行的欢迎会，并同中国留学生进行了交流（图6-7）。

周先庚还同推孟进行了联络，并于1948年1月登门拜访了推孟夫妇。后来周先庚通过书信与推孟联系，介绍称吴天敏将赴美，还有意翻译推

图 6-7　周先庚在耶鲁大学研究院中国学生会欢迎会上致辞

孟的《天才儿童的成长》(The Gifted Child Grows up)一书，① 并诚邀推孟访问中国，推孟回信称很希望在退休之前能前往中国访问，但是由于随着天才儿童们的成长，后续工作缠身，而且战争也使得出行困难，因而无法实现前往中国访问的愿望。② 在美期间，周先庚还通过耶鲁大学波纳姆(P. S. Burnham)的介绍拜访了昌西(H. Chauncey)及其研究团队，以考察耶鲁大学的学生咨询与指导工作以及测验工作。波纳姆在引荐信中称周先庚会有很多挑战性问题与他们进行讨论。③ 周先庚在美期间通过师友多方收集美国最新出版的心理学著作信息，并购买心理学书籍以准备回国后开展相关研究，其中斯坦福大学出版社还在推孟的介绍下给予周先庚优惠的价格。在耶鲁大学期间，周先庚还前往哈佛大学参观了斯金纳实验室，退休了的波林(Boring)将周先庚介绍给了斯金纳（实际上1929年二人曾在第九届国际心理学大会上见过面），斯金纳亲自为周先庚演示了著名的"斯金纳箱"的操作。

1948年4月，周先庚到纽约大学格恩创办的"测验与辅导中心"考察学习，主要是向他学习心理、职业、测验、辅导等社会服务的技术与方法，并收集了一些测验样本，准备回国推广学习、能力、智力、品性、职

---

① 吴天敏赴美因故未能成行。
② 周先庚给 L.M.Terman 的信，1948年1月3日。资料存于采集工程数据库。
③ 周先庚给 L.M.Termam 的信，1948年4月5日。存地同上。

第六章　复员北平：重振清华心理学

业技能等测验工作。1948年5月，周先庚路过芝加哥大学时顺访在此进修的丁瓒之后，造访了克莱恩（G. W. Crane）。抗战期间克莱恩曾经应周先庚之请将自己的多部著作寄赠给他。此次造访，克莱恩赠送给他一个半游戏半测验性质的测验箱。当月，周先庚回到旧金山市，在鲍曼（K. M. Bowman）主持的波特治疗中心（Porter Clinic）跟随正在那里学习考察脑电波研究的伍正谊一起学习了一段时间的脑电波记录。

当然周先庚赴美访学期间不会错过与老朋友默里的会晤。1946年8月，默里结束昆明的心理测验工作之后返回了美国。1946年，周先庚为请默里推荐情报伞兵突击队选拔心理测评工作成员之一的范准，到哈佛大学研究生院学习，曾与默里有过书信联络，默里也曾让范准转告周先庚请他自己列一个心理学书目单寄到美国，以便寄一些书给他供其研究使用。周先庚到美国之后很快与默里取得联系，默里获知他赴美访学一年的消息之后，写下了热情洋溢的信件：

  亲爱的周博士：

  展信好！我非常高兴获知您已经来到美国，而且要在这里待上一年！这真是太棒了！当然你最先去了您的母校。我希望在那里他们仍然可以教给您一些东西，但是我猜想您也会有很多东西可以教给他们，待今冬您来访问我们东城之时，我们也会受教于您很多东西。

  我已经在头脑里给你写了很多封信，但我知道您不会收到其中任何一封——当然除了是在晚上的梦幻之中——因为这些信件没有一封写到纸上被寄送出去，但当我看见活生生的您的时候，我将会把这些信件从我大脑皮层上刮下来，您就会知道我是多么感激您同我们在中国一起共事，我是多么频繁地想起您和您的学生们，我是多么焦急地想知道在眼下这动荡的岁月里，您过得是否安好。

  今年冬天的三个月期间我会在纽约和波士顿度过，这样我可以很容易地调整我的计划以配合您的计划。那时，我们会有机会来讨论我们互相感兴趣的问题了。同时，我将在您的帮助之下，了解您已经构思得更为精细的计划。

周先庚在回信中写道：

亲爱的默里博士：

收到您 11 月 24 日那封友好、热情洋溢的回信，我高兴得都不知该如何再给您写信了。我的惰性，不主动，或者说僵滞，暴露的仅仅是我优柔寡断和踌躇不前的内心状态——这种状态反映的或许是外在的客观环境，在这种环境下我们的挣扎与努力更多的是为了摆脱环境的束缚——而不是我的个性。走还是不走，这是个问题，并且您也知道为什么它对我的决定来说是至关重要的问题。

然而，就算只为了您和您的热情，我也必须得在纽约和波士顿度过冬天的几个月，这样我们就有机会来讨论我们相互感兴趣的问题了。没错，相互感兴趣，因为我们已经证明了我们之间有这样一种东西。我来美国是学习而不是教学，你的希望是对的，在这里他们仍旧有东西教给我，就像主题统觉测验、罗夏墨迹测验，（我可以受教于）道奇、赫尔，当然是间接的了。① 当然，我也有许多东西来教他们，但是内容应该是"情境心理学"这样的典型地源自中国的东西，对吧？但中国的"情境心理学"，如果确实有这么一样东西的话，那么它应该在中国情境下进行讲授。请您允许我希望有朝一日我们能有机会当场讲授我们自己品牌的心理学。

我预计 12 月 28 日左右到纽约。但是你也知道我们永远不能对世事过于肯定，情况并不是简简单单地按既定的严格程序行事，明年 5 月底我就得回到北平。

非常期待我亲身接受从您大脑皮层上刮下那些未曾寄出的信件，当然，我也会以反射性的行为从我自己皮层上刮的。②

---

① 赫尔（Clark Hull, 1884–1952）当时是在耶鲁大学工作。道奇（Raymond Dodge, 1871–1942），美国著名实验心理学家，在周先庚1947赴斯坦福大学访学之际，道奇已经过世，赫尔在耶鲁大学工作，所以周先庚说是间接地受教于他们。

② 这两封信件的原文为英文。参见 S. C. Yan, J. Chen: Correspondence between Henry A. Murray and Siegen K. Chou. *History of Psychology*. 2013, 16（3）: 212–216.

从这两封充满了学术气息、又不乏幽默的信件，展示出两位心理学家在特定历史时期建立的深厚友情，默里为周先庚身处艰难岁月而时时挂念他是否过得安好，以及周先庚在美国心理学同行心目中的学术地位和所受到的尊重，更可以看到周先庚谦逊、自信的精神品质，以及尤为可贵的开创"中国牌心理学"（Chinese brand of psychology）的本土意识和品牌意识。从默里的信中可以看到，周先庚此行赴美访学带有许多研究计划和设想，默里很愿意与其进行深入讨论，助其一臂之力。1948年4、5月间，周先庚到默里家中拜访，随后默里还带周先庚到书店中购买了一些心理学书籍，其中就包括收录了昆明伞兵选拔、军官心理测验相关数据和资料的那本《人的评估》一书。

周先庚在美国进修访学的八个月时间里，一直在和学界同仁们进行交流和学习，希望自己能够从美国同行身上多学一些心理学新知识，准备回国后在自己心爱的心理学领域继续开拓。本来预定的进修访学是一年时间，但是因为北平局势的原因和夫人郑芳已怀孕将于6月下旬生产，不得不于5月提前踏上归国的旅程，乘坐轮船抵达上海后转赴北平，1949年6月18日回到了清华园，夫人两天后平安在家生下第七子周治业。

参与筹备中国科学院心理研究所和中国心理学会

1948年年底，除了梅贻琦等几人离开清华大学赴台之外，共有269位教师留在清华大学等待解放。1949年1月31日，北平和平解放。当天清华大学学生进城游行，欢迎中国人民解放军入城。1949年10月1日，中华人民共和国成立，建立了新中国。

新中国的成立牵动着海外游子们的心，1948年赴美留学的李家治，受周先庚早期开展工业心理学实践的影响，正在美国学习工业心理学。1949年12月他在给周先庚的信中写道：

一年来国内的变化,使我们在国外的人非常兴奋。记得去年初到美国的时候,许多同学(尤其是欧洲来的)多对于中国的情形不大清楚。今年就大不相同了,我们往往会遇到陌生的青年前来与我们握手,并且说"以后的世纪要看你们中国的了"。可是我们留美的同学很担心,担心我们已经落了伍,回国后恐怕跟不上潮流……我们现在最感觉苦闷的是得不到国内的书籍,我们的消息及对国内的认识都是给报纸上得来的,一份是香港的《大公报》,一份是旧金山的《华侨日报》,我们真希望能得到北京的报纸……新中国的诞生,会使心理学更增加其需要性,希望学心理的人多起来,希望清华心理学系更扩大,希望学心理的同学结结实实地打好根基,不要像我一样再到国外来消费时日。①

新中国的诞生使得每个心理学学人都在憧憬着心理学大发展的美好未来。

1949年12月,包括周先庚在内的一批心理学家开始着手推动中国心理学会的恢复工作。1937年1月24日,中国心理学会曾在南京成立,随即因抗战而工作停顿。其后有心理学家多次动议恢复心理学会,如1948年萧孝嵘在南京中央大学组织过中国心理学会筹委会,但终因时机不成熟而未正式恢复,不过中国心理学会的恢复工作一直未被当时的心理学者们遗忘。

1949年春,当全国解放胜利在望的时候,中共中央决定由宣传部部长陆定一负责筹划在新中国成立以后建立科学院,恽子强、丁瓒、钱三强和黄宗甄先后参与协助陆定一做这项工作。9月中旬,在经过调查并广泛听取了科学界人士意见的基础上,丁瓒、钱三强和黄宗甄起草《建立人民科学院草案》。草案将科学院拟名为"人民科学院",借以纠正"为科学而科学"的偏向,强调"科学为人民服务"。"人民科学院"的基本任务是有计划地利用近代科学成就为工农业和国防建设服务,并组织和指导全国的科学研究。草案提出了对科学院组织机构的构想,暂时就原中央研究院和北平研究院的机构进行调整改组,并对两院的20个研究所做了扼要分析,

---

① 李家治给周先庚的信,1949年12月24日。资料存于采集工程数据库。

提出了具体的合并调整意见。

9月27日，中国人民政治协商会议第一届全体会议一致通过《中华人民共和国中央人民政府组织法》。据此在政务院之下设"科学院"，行使管理全国科学研究事业的政府行政职能。10月19日，中央人民政府委员会第三次会议，任命郭沫若为中国科学院院长，陈伯达、李四光、陶孟和、竺可桢为中国科学院副院长。在10月25日召开的政务院第二次会议上，决定科学院的正式名称为"中国科学院"。11月1日，中国科学院正式成立并开始办公。

当时中国科学院的20个研究所中并没有心理研究所，因此设立心理研究所这件事情牵动了整个心理学界的心。

周先庚称，自打1949年12月心理学家开始聚会活动时起，一些同仁就考虑用团体名义写信给科学院请求设立心理研究所。但是因为心理学界内部活动还没有恢复起来，于是他们就先着手推动心理学会的恢复工作。在心理学会恢复工作稍稍启动之后不久，大家一致赞同写信给科学院领导要求成立心理研究所。没过多久，当这些心理学家收到科学院回信时，都特别高兴，一面将科学院的信件抄寄各地心理学工作者，征求他们的意见，一面再召集北京的同仁座谈建设心理研究所的各项具体问题，如组织的名称、要做的工作、研究的方针等。截至1950年3月，他们收到了上海复旦大学等方面的八个人、武汉方面的三个人的签名赞同信，南京方面还召开讨论会写信称一致赞成，南京中央大学潘菽此前到北京时亦表达过非常赞成设立心理研究所。①

筹备心理研究所跟时任中国科学院党组副书记、办公厅副主任的丁瓒有着密切关联。心理研究所筹备处是丁瓒主张成立的，召开心理学专家会议讨论此事也是丁瓒发动的。由于丁瓒是学习心理学的，故急欲心理研究所能成立，而且成立心理研究所的建议也获得郭沫若认可，有势在必行之势。②

---

① 心理学座谈会记录，1950年3月31日。存于清华大学档案馆。

② 薛攀皋口述，熊卫民整理：自主与干预：心理学科在中国（1949—1976）。《科学文化评论》，2006年第3卷第4期，第111—121页。

应心理学界函请科学院早日设立心理学研究所的建议，1950年3月31日下午在中国科学院会议厅召开了心理学座谈会，由竺可桢主持。出席者有韦悫、竺可桢、严济慈、黄宗甄、钱三强、汪志华、丁瓒、林传鼎、陈立、陈选善、周先庚、陆志韦、孙国华、简焯坡、唐钺，共15人。出席座谈会的各位代表踊跃发言，为设立心理研究所积极献计献策（图6–8）。

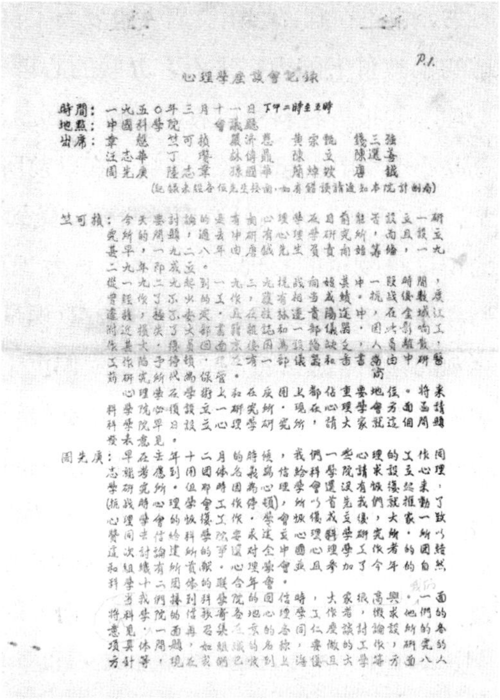
P.1.

心理學座談會記錄

時間：一九五〇年三月十一日下午二時至五時
地點：中國科學院 會議廳
出席：韋慤 竺可楨 嚴濟慈 黃宗甄 錢三強
汪志華 丁瓚 林傳鼎 陳立 陳選善
周先庚 陸志韋 孫國華 簡焯坡 唐鉞
（紀錄未經各位先生核閱，如有錯誤請通知本院計劃局）

竺可楨：今天要討論的是有關心理學在目前能否設立一研究所的問題，過去中研有心理學研究所，而且設立甚早，一九二八年由唐鉞先生負責開始籌備，一九二九年即成立。
從一九二九起到一九三九抗戰開始其中一段時間，曾經做了不少的工作，獲有相當成績。抗戰後數度遷移，極不安定。且在桂林遷貴陽途中，在金城江附近損失了大部書籍雜誌和一部儀器。因此影響工作甚大。揆員回南京後因為設備缺乏，人員離散，工作陷于停頓。現在有一部儀器和舊書尚由中研醫藥研究所代為保管。
心理學在學術上和在應用上都佔重要地位。將來科學院必須設立一研究所。現在心理學會方面函請科學院早日設立心理學研究所，請大家就這個問題發表意見。

周先庚：早在去年十二月的時候，我們一些心理的工作同志就考慮到用團體名義寫信給科學院請求設立心理學研究所。但那時因為心理學會還沒有恢復起來，（抗戰時心理學會工作停頓），所以首先我們就推動了心理學會的恢復工作。學會恢復成立後，大家一致贊同去信給科學院要求建立心理科學研究所。所以這次討論建所的事還對全中國心理學工作者的團結和組織有所貢獻。心理學會並且參加了今年的自然科學十二團體的聯合年會。
當我們接到科學院的回信時，大家很高興。一面將科學院的信抄寄各地心理學工作者，徵求他們的意見，一面再召集在京的各同仁座談討論設所的各項具體問題，如組織的名稱，要做的工作，研究的方針等，現在我們已收到上海復旦大學等方面八人

图6–8 《心理学座谈会记录》首页（资料来源：清华大学档案馆）

周先庚提出，以科学院的立场来创设心理研究所，必须要特别重视在自然科学方面的基础。研究所的设立在一方面存在着实际上的技术问题，因此不能完全忽略过去的经验和设备。神经电冲动、皮肤电反射、脑电波等在近代医学的发展上有重要地位，心理研究所过去在这方面的基础仍可接受，但是以后研究的重点必须放在应用方面，条件反射的重要性是不成问题的，但它在生理学上未受到应有的重视，把它放在心理学中就是最地道的自然科学问题。过去的工作太过偏重低级动物研究，以后可以注重高级动物研究。心理卫生也是值得重视的，心理情绪和疾病的关系、心理疾病的诊断和治疗等都可以研究，在这方面丁瓒很有经验。在当下社会制度过渡时期，知识分子常会发生一些情绪上的问题，也可以作为研究的对象。周先庚提出在心理研究所成立之后，工作可以分为四部分：基本理论的研究、工业心理、学习心理和心理卫生。关于学习苏联心理学的问题，周先庚介绍道，当时原文的书籍比较少，仅看到两本教科书，一本是大学的教科书，翻译工作已完成大半；另一本是中学的教

科书，也正在翻译之中。周先庚发表了自己当时对苏联心理学的看法，照这两本教科书的内容来看，苏联的心理学表现有复古的意味。通过美国心理学的报告材料可以看出，自从1933年列宁《哲学笔记》出版后，在苏联心理学中引起了巨大影响。在以前所流行的机械唯物论中，用"反射学""反应学"来代替心理学研究，受到强烈的批评。而当时流行的自称为辩证唯物论的心理学派，不承认意识可以改变物质，也受到有力的批判。列宁在《哲学笔记》中指出，意识是客观存在的反映，但又可以改变客观的存在。过去苏联心理学者太偏重生物方面，忽略了人类心理的社会现象，不能解决实际问题。经过重新检讨过去心理学的内容，建立了新的方向和观点，这在1948年心理学的目标和内容上已经具体表现了出来。[①]

从以上的内容来看，周先庚既强调心理学的基本理论建设，又强调心理学的应用，尤其是要从社会实践中去寻找问题，例如，当时知识分子改造中的情绪问题也可以作为心理学研究的主题。另外，周先庚对苏联心理学并不陌生，早在1929年参加第9届国际心理学大会时，就曾聆听过巴甫洛夫的主题报告，是国内见到过巴甫洛夫本人的少数几位心理学家之一。同时，周先庚在当时主要是通过美国心理学界来了解苏联心理学的。

1950年6月12日，中国科学院正式颁发给周先庚专门委员的聘书（图6-9）和心理研究所筹备委员的聘书（图6-10）。专门委员是中国科学院的学术顾问。1950年6月20日周先庚作为专门委员，参加了中科院院务扩大会议，听取了郭沫若院长的报告，要筹备地理、心理、数学等研究所。20、21、22日三天分组讨

图6-9 中国科学院专门委员聘书

---

① 心理学座谈会记录。1950年3月31日，未刊稿。存于清华大学档案馆。

论，24日上午郭院长主持各小组总结汇报会，26日召开了科学院总结大会，周先庚参加了各次会议并做了笔记。当时心理研究所筹备处的人员包括主任陆志韦；副主任为丁瓒、曹日昌、陈立；委员包括潘菽、唐钺、孙国华、周先庚、臧玉洤、卢于道、沈迺璋、林传鼎共八人。筹备处会址暂时设在中国科学院本部备用的两间房子中。

图6-10 心理所筹备委员聘书

7月9日，筹备处在京的委员进行了一次座谈会，讨论有关事项。8月22日，心理研究所筹委会在燕京大学临湖轩由陆志韦召开了第一次会议，参加者有曹日昌、陈立、孙国华、周先庚、卢于道、沈迺璋、林传鼎，赫葆源负责会议记录。这次会议讨论了如何与外地筹委会委员联络的问题、如何与各大学心理学系合作的问题、翻译苏联图书问题、筹备期限问题，暂定一年，待所长人选确定，筹备工作即告结束。另外，明确指出当下是成立一个新的研究所，而不是恢复以前旧的研究所。筹委会委员的主要任务是为心理研究所提出研究计划、推选工作人员。1950年度心理研究所编制名额当时暂定为12人。

心理研究所筹委会总共召开了六次会议，周先庚均出席参加讨论，并于第二次会议上提交了一份"心理研究所筹备意见书"（图6-11），内容包括所址，设备，与大学合作研究、合作训练，与政府、产业及其他部门合作，与大学心理学课程配合问题等。周先庚提到当时劳动部的安全卫生调查、科学院社会研究所的上海失业工人调查、东北工业效率研究、卫生实验院的心理卫生、教育部的问题儿童处、航空署方面的航空心理问题等，都是他们自己感觉到需要心理学工作者帮忙，并前来与他们当面接洽。因此作为心理学工作者应该立刻起来接手这些工作，积极推动，不能再缓了。这反映出当时社会各界都急需心理学提供支持以解决问题。

第六章 复员北平：重振清华心理学

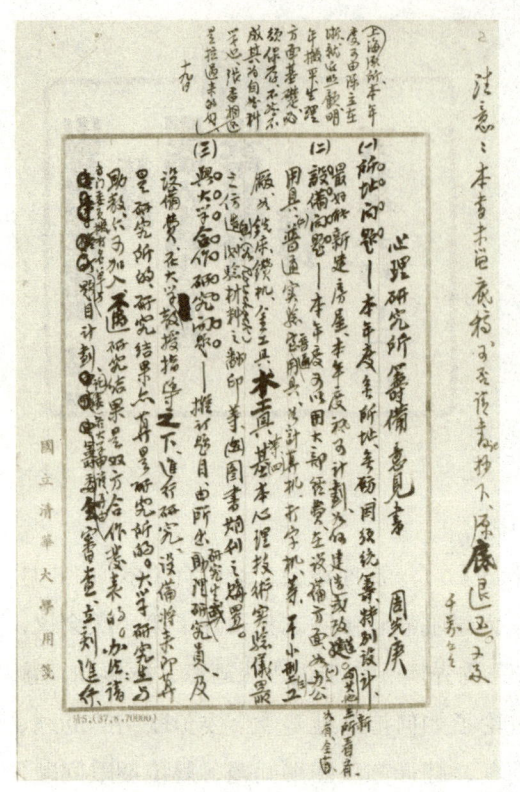

图 6-11 周先庚草拟的中国科学院心理研究所筹备意见书首页

1951年1月6日，在清华大学心理学系图书馆召开的第五次会议上讨论通过了以筹备委员会名义推荐曹日昌为心理研究所所长，待呈中国科学院院长批准。1951年3月2日，政务院批准成立中国科学院心理研究所，曹日昌任所长。1951年3月31日，在北京文津街3号心理研究所筹备处召开了第六次会议，会上通报中国科学院已经批准正式成立心理研究所以及所长任命。在这次会议上，委员们一致认为，因当前各地心理学工作者都期待着心理研究所能总结过去的心理学，开辟今后研究与教学的方向，结合国家的实际情况，建立新中国的心理学，而这样的工作非一个机构、几个研究人员所能做好的，因此赞成在当年度召开心理学专家会议，集体讨论上述问题，并发动全国心理学工作者，共同担任此项工作。

1951年12月7日，新中国的心理研究所正式成立，所址设在北京西城东观音寺10号。

自从1949年12月当时的心理学家商定恢复中国心理学会事项之后，通过书信向各地心理学工作者传递信息，随后各地心理学工作者纷纷行动起来建立分会。据分析，可能是当时北京的心理学工作者们在丁瓒的支持下首先成立了北京分会。据陈剑脩介绍武汉分会成立情况的信件中称："此间的心理学（分）会已发起，并且组成，这是丁慰慈兄来信鼓励和北京心理学会分会督促的功劳，值得我们衷心感谢！"[①] 1950 年 3 月 25 日上海分会成立，3 月 26 日杭州分会成立，4 月 12 日昆明分会成立，5 月 7 日武汉分会成立，5 月 14 日南京分会成立。由此可见，受到心理学会复会消息的激励，各地心理学工作者纷纷积极行动起来，成立了心理学学术组织，并开始会员登记工作。全国性心理学会的成立逐渐提上日程。

1950 年 8 月 25 日，在清华大学心理学系图书馆召开了中国心理学会全国总会成立会议，陆志韦任大会主席，出席者有陈立、周先庚、潘渊、孙国华、郭一岑、谢斯骏、陈选善、曾作忠、桑灿南、沈履、胡毅、卢于道、朱希亮、沈迺璋、林传鼎、刘静和、汪明瑀、吴天敏、曹日昌和赫葆源。大会上，周先庚汇报了筹备的经过。此前，6 月间，潘菽在北京时，曾举行过一次座谈会，全国总会成立大会中拟定由南京分会和北京分会发起总会筹备工作，已经成立的八个分会都派有代表参加这次成立大会，还有多名其他地区的心理学工作者参加。会上逐条讨论了学会章程，该章程草案系由北京分会于当年 3 月 4 日第四次委员大会上草拟而成。关于学会名称问题，与会人员认为因现在各门学科都需要批判旧的、创造新的，如能有新的内容，也不必在定名上加以形容，所以仍沿用"中国心理学会"的名称。会上经过协商由周先庚、郭一岑、陈立、卢于道、孙国华组成理事提名委员会，提名 30 名心理学工作者作为理事候选名单，最后选举陆志韦、周先庚、陈立、潘菽、郭一岑、丁瓒、胡毅、孙国华、曹日昌、卢于道、陈剑脩、萧孝嵘、曾作忠、陈选善、刘绍禹为理事。

1950 年 8 月 26 日下午，当时在京的 11 名心理学会理事在北京八面槽翠华楼召开了中国心理学会理事会，选举陆志韦为理事长，丁瓒、周先庚、孙国华、曹日昌当选常务理事。理事会还就心理学本身的批判工作、仪器设备仿制、心理学图书资料、大学普通心理学教科书的编著、心理学名词的制定、学术期刊等问题展开了相应的讨论。

这一届心理学会只继续了几年，到 1955 年又重新成立了新的中国心理学会。由于某些历史原因，周先庚从此就未在学会的领导层任职。

---

① 陈剑脩给周先庚的信，1950 年 8 月 6 日。资料存于采集工程数据库。

巴甫洛夫学说的引介

如前所述，周先庚于1929年曾在国际心理学大会上聆听过巴甫洛夫的报告，1937年曾接受过以巴甫洛夫学说为基础的精神治疗技术的治疗，1947年赴美访学之后又了解到了巴甫洛夫学说在美国的发展。新中国成立前后，随着中国心理学界全面学习苏联心理学运动的开展，周先庚有机会积极投身其中。

1949年9月，潘菽、冯德培、季钟朴应邀赴苏联参加了为期两周的巴甫洛夫百年诞辰纪念大会。同期，国内北京、上海举行巴甫洛夫纪念会，各界学者和人士共106人参加。潘菽等三人回国后，于10月28日参加了中华全国自然科学工作代表大会筹备会举行的座谈会，介绍苏联是如何纪念巴甫洛夫的。周先庚发表了《巴夫洛夫[①]传略》的译文，与潘菽、冯德培等参加座谈会介绍赴苏参加纪念巴甫洛夫百年诞辰活动的报道刊载于同一期的《科学通讯》上。

1950年，周先庚很快就开始着手巴甫洛夫著作的翻译工作。其中一个便利条件就是，1948年他从美国休假访学回来时带回了甘特编辑出版的两册英文版巴甫洛夫演讲集。1950年4月，出版总署编译局提出英文版巴甫洛夫演讲集值得翻译出版，便通过中国科学院编译局的黄宗甄和赫葆源征求专家进行翻译。周先庚通过与他们联系承担起了这一翻译任务，翻译工作由周先庚和夫人郑芳共同承担。1950年10月25日，周先庚通过中科院编译局向出版总署提交了两册演讲集的部分译稿和原书供审查，出版总署编译局经过初步审查认为可以出版，寄上特约翻译聘约两份供周先庚与郑芳填写，并建议先行翻译《条件反射与精神病学》这一卷，部分稿费可以暂行预支。出版总署将该书的翻译列入了当年翻译计划。[②] 出版总署为了能够及时了解翻译情况，定期会将"特约译稿进度调查表"寄给周先庚和

[①] 即巴甫洛夫。
[②] 翻译计划。《翻译通报》，1950年第1卷第5期，第43页。

郑芳进行登记。1951 年 5 月间,周先庚和郑芳在寄送进度调查表的同时提出打算将部分译稿在刊物上先行发表,并得到了出版总署的同意。当月周先庚和郑芳完成了巴甫洛夫演讲集两卷本的翻译工作,随后交由中科院审查。1951 年 9 月,出版总署的出版机构经调整后,翻译此书的组织工作移交给了中国科学院心理研究所,并由心理研究所将周先庚此前预支的稿酬归还给了出版总署编译局。当年周先庚分几次预支了部分稿酬。11 月,中科院完成审查并提出了修改意见,手稿返回周先庚手中之后继续进行修订。

12 月 31 日,周先庚致信时任心理研究所所长的曹日昌称应该编写一本巴甫洛夫学说通俗的科普书籍,并提出建立巴甫洛夫实验室,开展搜集巴甫洛夫文献的工作等建议。曹日昌嘱咐赫葆源代为回信,信中就编写通俗读本之事写道"我们认为在演讲集出版,至少在付印后,拟请您进行……所说巴甫洛夫文献的搜集,我所将来可有人从事此项工作"。[①]

1952 年 2 月 17 日,周先庚与夫人郑芳完成了这两册书稿的第一次修订。随后再次提交科学出版社进行审查,之后又进行了第二次修订。7 月 11 日周先庚致函丁瓒,为丁瓒因工作忙而无法到燕京大学就巴甫洛夫进行学术演讲而感到遗憾,并提出巴甫洛夫学说应该有计划、有步骤地进行提倡和介绍。英文版巴甫洛夫演讲集已经译完正在进行修订,《条件反射与精神病学》这一卷已经完成了第三次修订,而且安雷波(G. V. Anrap)著《条件反射》(*Conditioned reflexes*, 1927)一书也已经译出了一部分。周先庚希望丁瓒能够在出版方面提供帮助。

10 月 6 日,人民卫生出版社副总主编鲁德馨写信给周先庚称,卫生部准备发动医务工作者广泛学习巴甫洛夫学说,应该尽快翻译相关文献。听说英文版巴甫洛夫演讲集正由周先庚进行翻译,就询问翻译进度情况,何时脱稿,准备交何处出版的情况,希望周先庚能够尽快告知以便登记,以免别人重复翻译。10 月 8 日,周先庚在给鲁德馨的回信中简单介绍了该书的翻译经过,称之所以如此反复修订,"因系严格直译,要忠实代表出巴甫洛夫治学精神,故稍费时间斟酌"。他还提出请鲁德馨协助由卫生部教材

[①] 赫葆源给周先庚的信,1952 年 2 月 17 日。资料存于采集工程数据库。

编委会对译稿进行再次审查。

10月18日，赫葆源致信周先庚称，因为心理研究所亟待拟订《条件反射演讲集》的出版计划，而且社会上也亟待该著作的出版，需要使用原著做参考，准备尽快整理出版，希望周先庚能够将原著准备好，以便派人去取。① 次日，由郑芳前往曹日昌家中，将书稿和原著交到其手上。1952年12月31日，心理研究所将翻译稿费的剩余的一半支付给了周先庚。

截至1952年年底，巴甫洛夫演讲集的翻译工作在周先庚的主持下一直有条不紊地进行着。1952年10月，清华大学心理学系撤销，并入北京大学哲学系心理学专业，周先庚也任教于此。同时随着形势的变化，尤其是作为周先庚学术背景的欧美心理学在国内正逐渐成为心理学改造的对象，以英文版巴甫洛夫演讲集为基础的翻译出版工作也出现了阻碍，这段历史将在后面的章节中再行叙述。

新中国成立初期的教学活动与科研规划

新中国建立前后，周先庚在清华大学心理学系坚守着教学和科研的第一线。1949—1950年度开设有普通心理学、实验心理学、应用心理学、工业心理专题研究和情绪与情感专题研究。1950—1951年度开设有普通实验心理、高级实验心理、工业心理学和工业心理专题研究。1951—1952年度开设有普通心理学和工业心理学课程。

实验心理学课程是周先庚自从开始心理学教学生涯一直开设的课程，抗战之前这门课程中多涉及汉字阅读心理及设备、学习与记忆，后来比较侧重思想、意识、情感、意志等高级心理过程。据周先庚填写的1949—1950年"实验心理学"课程内容进度表记载，该课程上下两个学期讲授完，教科书仍为1932年周先庚和牟乃祚合编、由清华大学心理学系铅印

---

① 赫葆源给周先庚的信，1952年10月18日。资料存于采集工程数据库。

的《初级心理实验》，英文参考书包括铁钦纳的《实验心理学》（1905）、伍德沃斯的《实验心理学》（1938）、惠普尔（Whipple）的《心身测验手册》（1910）、福斯特（Foster）和廷克（Tinker）的《心理学中的实验》（1929），中文参考书为方旦明的《普通心理实验手册》（1934）和朱镇荪译《心理学上几个重大实验》（1934）。

周先庚十分重视心理学在社会实践领域的应用，不仅大力呼吁心理学的应用，还在学校中开设社会实践的心理学课程，尤其体现在工业心理学上，他多年开设工业心理学和工业心理专题研究。据其填写的1949—1950年"工业心理学专题"研究课程内容进度表中记载，其课程研究范围主要是工作效率，包括工作效率的生理的、心理的内在条件，如疲劳、单调、动机、努力等，工作效率的环境条件，如光线、温度、声音等，以及功效效率的社会、集体、群众互相影响因素，如工作情绪、观点、方法、立场等。该课程的具体目标在于辨明传统工作效率研究过于注重各因素的孤立的分析和控制，而真实的工作效率是各因素综合、全面、统一的结果。课程要求学生设计一个实验方案，能够证明这个新观点。该课程全年授课，在第一个学期侧重文献阅读，第二个学期侧重实验设计。

受到中国科学院心理研究所筹备工作开展的影响，周先庚同一时期积极倡议推动清华心理学系研究所的工作，并提出了研究计划。该研究计划包括五项内容：

第一项是建立"巴甫洛夫条件反射实验室"，该实验室设备已经就绪，可以做一些演示性实验，但要进一步研究，还需要投入经费，添置设备。当时已经有一名助教（应为邵郊——著者注）负责，研究所只要出设备费，当年度就可以把设备添置完备，将来可以称之为"巴甫洛夫实验室"。

第二项是"皮肤电反射实验室"，清华心理学系有多台实验设备，可供实验使用，有一名助教和研究生可以开展工作，但是苦于没有经费开展研究。另外，北京师范大学的一些设备也可以借来用于研究工作。

第三项是"工作与努力"问题研究，这个问题是试图把工业心理学的基本问题寻求彻底解决，周先庚并提出了相应的研究设想。

第四项是大学普通心理实验和高级心理实验的两套标准仪器的鉴定和

仿造。周先庚认为以往大学心理学的入门课大多没有实验课，即使是实验心理学课，其设备也很简陋，研究所如果能和清华大学合办标准仪器的鉴定与仿造，则于将来大学心理学学生的训练，肯定会产生很好的影响。

第五项是成立巴甫洛夫研究会。周先庚在美国访学期间对巴甫洛夫学说和实验有所了解和观察，再加上国内对巴甫洛夫学说学习的需要，因此，他计划成立一个巴甫洛夫研究会，一方面翻译他的相关著作，另一方面借助清华大学心理学系的一些设备，先把巴甫洛夫著作中的经典实验搞懂弄通，再搞人类的以及家畜动物的应用条件反射（applied conditioned reflexes）。该研究会可以请生理学家、解剖学家加入，一同合作。

1950年5月，曾经在清华大学召开过一次中国心理学会课程改革座谈会以及理事会，在这次会议之前，周先庚在一封写给陆志韦的信件中讨论了心理学专业课程设置的问题，尤其指出心理学专业课程设置要有技术课程，他认为，心理学如要开展工作，联系实际，必须要使心理学者专业化、技术化不可，否则永远总是纸上谈兵，既不能解决实验的科学理论问题，更不能解决实际社会中的行为和心理问题。[①] 由此可见，周先庚对心理学专业技能的要求相当重视，没有专业技能就很难真正解决现实问题。

新中国成立之后，一切向苏联学习的社会形势日趋明显。周先庚积极参加到各种学习之中，如1950年5月3日下午参加文化教育委员会邀请苏联专家关于"教学研究组"的报告会；5月21日听南汉宸关于"当前财政上几个问题"的报告；5月29日听周扬关于"新民主主义的文化"的报告；6月20日周先庚参加了中国科学院院务扩大会议，听郭沫若、李四光的报告，随后进行了两天半的分组讨论；24日、26日分别召开了小组总结会和全院总结大会。

1951年年底，"三反""五反"运动在全国相继开展。11月18日，周先庚到辅仁大学听彭真的相关报告，12月4日周先庚参加了清华大学召开的全体教师动员大会，14日听蒋南翔关于"苏联问题"的报告，16日听邓拓"怎样学习文件"的教师学习报告会。1952年1月5日，清华大学召

---

① 周先庚给陆志韦的信，1950年5月16日。资料存于采集工程数据库。

开了反贪污、反浪费、反官僚主义大会。1月18日，心理学系召开"三反"运动动员大会，21日上午召开"三反"检查总结报告会。25日晚7点，心理学系全体师生在孙国华家中召开了"典型问题或典型人物"讨论会，周先庚作为"典型人物"，接受来自师生们的批评，最后他总结称："大家所说，我百分之九十九诚恳接受。"至于自己"一切为个人打算"的根源在于自己的教育经历。另外，"为人民服务，即使共产党员也不可能做到百分之八十。吾人若欲做到这一步，必须忘我，然后为人服务，最后为人民服务……我的意思是说，由近及远，由具体共事的人服务起。"[①] 从这段话来看，周先庚仍不失其心理学家的本色，对一些问题的分析体现了心理学的意涵。

1951年下半年至1952年是周先庚人生的转折点。

在此之前他于1936年至1947年曾任清华大学理学院心理系代主任和主任约十年，真可谓"独木支撑"着心理系，其工资水平也位于清华名教授之列[②]。新中国成立后，中国科学院于1949—1950年进行了全国自然科学专家的调查，最后汇总为综合报告。报告对当时自然科学的14个学科的高级专家进行了同行推荐投票，心理学遴选出12位心理学家进行背对背的匿名投票，每人按顺序推荐20位心理学家。最后选出67位心理学家中，排名前11位的顺序如下：①周先庚、②陆志韦、③陈立、④郭任远、⑤唐钺、⑥潘菽、⑦孙国华、⑧汪敬熙、⑨丁瓒、⑩沈有乾、⑪曹日昌。因为投票是背对背的匿名投票，比较真实地反映了当时对中国心理学家的客观评价，周先庚排名第一，这是周先生一生中获得的最高评价！[③]。1950年被中国科学院聘为专门委员和心理所筹备委员，当选筹备成立中国心理学会的五位提名委员之一，并当选四位常务理事之一，对成立心理所和心理学会发挥了重要作用。

关于中国科学院专门委员，1950年3月至5月，中国科学院办公会议

---

① 周先庚笔记本第一本，1952年1月25日。资料存于采集工程数据库。
② 周文业：周先庚先生的历史定位。2014年4月11日，未刊稿。
③ 中国科学院1949-1950年全国科学专家调查综合报告。《中国科技史料》，2004年第25卷第3期，第228-249页。

经多次商讨，确定了专门委员的性质、职权、名额及产生办法和待遇等，确定了第一批110人名单，并分为数学、近代物理、应用物理、物理化学、有机化学、生理生化、实验生物、水生生物、植物分类、心理、地球物理、地质、古生物、地理、天文共15组，与前面自然科学专家调查分组只多了一个古生物组。在周先庚档案资料中新发现了油印的这第一批专门委员名单，心理组共9人：沈迺璋、周先庚、陆志韦、唐钺、孙国华、陈立、曹日昌、潘菽、臧玉淦。油印资料上周先庚统计的15个组合计为111人，因为周培源跨了数学和近代物理两个组，所以这1950年6月第一批专门委员实应为110人。①

《中国科学院各学科专门委员聘任暂行办法》规定：各专门委员主要由本院征请国内成绩卓著的各学科专家提名，由院长聘任。从委员名单来看，绝大多数都是由该学科调查专家推荐得票较多者。

中国科学院成立后，1950年至1953年先后选聘了院内外的知名科学家二百多人担任科学院的专门委员，在全国范围内吸收这么多科学家参与国家最高科学机构的工作，这在中国科技史上还是第一次。专门委员制度的建立和实行，对于科学院创立初期全院性重大问题的决策，促进科学院与高等院校等的合作和联系，作出了可贵的贡献。

1955年，自然科学方面的绝大多数专门委员，也被选聘为首批学部委员。就工作性质和作用而言，专门委员可视为学部建立之前的一种尝试。一定程度上可以说是学部委员的前身。②

可惜，1955年遴选首批学部委员时是分三个学部和11组学科进行的，没有了心理学科，原来心理学科的9位专门委员只有潘菽一人当选为生物学部委员。三个学部是物理数学化学部、生物学地学部、技术科学部，11个学科组是：地学、动植物学、医学和基础医学、农林、矿冶、化学及化工、土木建筑及水利、机械、电机、数学及力学、物理学。通过本学科全国副教授以上职称的专家推荐。

---

① 专门委员会人选名单及中科院计划局致周先庚函。存于清华大学档案馆。
② 宋振能：中国科学院建立专门委员制度的回顾。《中国科技史料》，1991年第12卷第4期。

1951年下半年形势转变，9月26日周恩来总理向京津地区3000多位教师做了"关于知识分子改造问题"的报告，由此开始了一年多的全国知识分子思想改造运动，个人要交代政治历史问题，忠诚老实写出材料，周先庚如实交代了"历史问题"。从此，周先庚在学界的地位明显下降，1955年再成立中国心理学会时就未担任任何职务。到2015年纪念抗战胜利七十周年时，此"历史问题"已180度转变为对抗战所做的历史性的直接贡献，可惜此时周先庚已作古19年了。

第七章
任教北大

院系调整，转入北京大学哲学系

中华人民共和国成立之后，为适应新中国革命和建设的需要，中央政府高度重视教育事业的规划重组工作。从1949年年底至1951年，高等学校的院系调整工作零星展开；1952年秋天开始大规模地集中进行院系调整；1953年原定调整计划工作进行了落实和完善，当年年底，院系调整工作告一段落。在调整过程所涉及的众多专业中，心理学也名列其中。原清华大学和燕京大学两校的心理学系并入北京大学哲学系，成立了当时国内唯一的一个心理学专业。南京大学心理学系当时虽然予以保留，但是于1956年并入中国科学院心理研究所。其他高等院校心理学系则相继并入高等师范院校及医学院校、体育院校，成立了心理学教研室或教研组。

1952年6月25日，中央教育部正式成立京津高等学校院系调整办公室，并宣布新的北大和清华筹备委员会名单。1952年7月2日，北京大学组织全体教师讨论了由京津高等学校院系调整办公室向各校下发的初步意见。在新北大的科系及专业设置初步方案中，设有中国语文系、西方语文学系、俄语文学系、东方语文学系、历史学系、哲学系、经济学系、政法学系、数理学系、化学系、生物学系、地质地理系十二个系，另外还设有四个专修科。不过心理学专业并没有纳入任何一个系或专修科之中。① 7月13日，一份以"京津高等学校院系调整北京大学筹备委员会"名义提交的书面报告中称："自7月2日京津高等学校院系调整办公室发布《对综合性大学设置专业及系科的初步意见》以来……目前理学院教师已取得一致意见，同意教育部的初步方案。文法学院教师原则上也同意教育部初步方案，但有一些不同意见，例如……心理系教师强调应独立成立系，并入任何系均不合适。请领导对大家提的意见予以考虑，在下一阶段的院系调整工作中予以解决。"② 1952年8月20日，新的北大系科设置已大致确定、各系的教学计划均已基本完成，这时"尚有哲学、历史学、心理学等专业的教学计划待中宣部审定"。8月25日，"新北大系、专业及专修科设置"得以公布，心理学专业与哲学专业合并成为哲学系。新北大哲学系心理学专业的教师和学生，全部来自原清华大学和燕京大学。

相比较而言，在1949—1952年间，心理学的地位是比较尴尬的。因为这一时期受到"一切向苏联学习"政策的影响，心理学界甚至不允许参看西方的参考书，一些学校也不再开设心理学课程，在当时的心理学领域强调用巴甫洛夫的高级神经活动学说改造心理学。院系调整过程中，当时的高教部在学习苏联的指导思想下，仿照莫斯科大学的建系模式，把心理学设置为一个专业，并入哲学系，一方面反映了心理学与哲学在理论与历史上的密切联系，另一方面也为了有利于心理学在理论上接受马克思主义哲学的指导。另外也有一些大学的心理学系撤销之后并入到师范院校或医学院校，如辅仁大学心理学系撤销，人民大学教育学教研室并入北京师范大学成立教育系，其下成立心理学教研室。

新成立的北京大学哲学系心理学专业，由原清华大学心理学系主任孙

---

① 王学珍、王效挺：《北京大学纪事（一九一八至一九九七）》（上册）。北京大学出版社，1998年，第453页。
② 同上，第454页。

国华教授任专业主任，负责专业行政与业务领导工作。当时有6名教授：唐钺、孙国华、周先庚、沈履（以上四人来自清华大学）、沈迺璋、桑灿南（以上二人来自燕京大学）；讲师两名：吴天敏（来自清华大学）、陈舒永（来自燕京大学）；助教三名：邵郊（来自清华大学）、孟昭兰、陈仲庚（来自燕京大学）。一年后从武汉大学哲学系调入了程迺颐，留下刚毕业的沈德灿，成立心理学实验教研室和普通心理学教研室，分别由唐钺与沈迺璋任主任，孟昭兰与沈德灿任秘书，徐国器任实验技术员。周先庚从此开始在北京大学从事心理学的教学和科学研究工作整整44年（图7-1，图7-2）。他鞠躬尽瘁，默默地把自己后半生贡献给了北京大学，贡献给了新中国的教育事业。

周先庚在调到北京大学时，全家也从清华大学新林院4号搬到了北京大学燕东园42号甲。在这座独门独户的四合院里，周先庚一家一直住到20世纪80年代。后来因拆迁才搬到燕东园34号小楼的一楼，二楼住的是化学系邢其毅教授。此小楼先前住的是哲学系的张东荪教授和中文系的游国恩教授。

图7-1 1954年周先庚（后排左二）与唐钺、沈履、陈舒永、吴天敏、桑灿南及学生们合影

图7-2 1955年秋北京大学哲学系心理学专业教师与53、54、55级学生在哲学楼前合影（前排左四孙国华；二排左四沈德灿、左五陈舒永、左六任仁眉、左七孟昭兰；三排左二桑灿南、左三沈迺璋、左四周先庚、左五唐钺、左六吴天敏、左七陈仲庚）

积极思想改造，心理学的改造与批判

在解放初期历次的政治运动中，特别是在知识分子的思想改造教育中，周先庚都坚决拥护中国共产党的领导，积极进行思想改造。

在1951年下半年开始的知识分子思想改造运动中，周先庚主动向党组织交代了1943—1946年在昆明西南联大任教时，曾与美国著名心理学家默里、莱曼等合作进行伞兵心理测验和受梅贻琦校长委派与国民革命军第五军合作进行军官心理测验的全部经过，后被定性为"历史问题"，工资级别本应为二级教授，也因此降级为三级教授。从此，因所谓的"历史问题"周先庚受到了不公正的对待，影响到他的学术地位和科研教学工作。"文化大革命"中周先庚更是因此受到全校大会批判，成为不戴帽的"历史反革命"。周先庚于20世纪三四十年代在心理学各领域取得的辉煌成绩被一笔抹杀。

周先庚的历史成就与中国心理学的历史一样，在新中国成立后，在"左"的思想统治下被否定了。周先庚一生的历史真实反映了中国心理学历史的沉浮！

20世纪50年代，在心理学领域里实施了以辩证唯物主义为指导思想，在巴甫洛夫学说基础上改造心理学的方针。为贯彻这一方针，在心理学界开展了两项活动，一是认真学习苏联心理学，二是开展学习巴甫洛夫学说。

在学习苏联心理学的活动中，教育部请了苏联心理学家彼得鲁舍夫斯基到北京师范大学举办讲座。北京的心理学工作者都要来听课，周先庚也是坐在课堂上的学生。尽管他的学术修养并不低于此专家，但他把专家看作是"熟悉马列主义经典著作的国际主义无产阶级的斗争能手"。因此他把这次听课当成学习马列主义、学习苏联心理学难得的机会，认真听讲，虚心学习。每当发现自己的学术观点符合专家的看法，例如，对心理学研究对象的看法，对实验心理学的评价和专家讲的一致时便非常高兴。他认为辩证唯物主义是科学的世界观，他自己以前虽然没有系统地阅读过辩证唯物主义的书籍，但他从自己科学实践中获得的认识却符合辩证唯物主义的观点，这说明科学是相通的。他把自己学习的心得体会写成文章供教员们交流。苏联心理学把谢切诺夫看作唯物主义生理学和心理学的奠基人，周先庚便根据谢切诺夫关于意志的实质及其发生机制的观点，设计了意志发生的实验，还创造性地把巴甫洛夫学说和谢切诺夫的学说相结合，设计了语言强化的意志实验，即用语言强化的方法达到意识支配平滑肌肌肉运动的目的。

在学习巴甫洛夫学说的运动中，周先庚也以极大的热情积极投入其中。如前章所述，周先庚1947年到美国访问的时候，出于对学术研究前沿的关注和对巴甫洛夫学说的兴趣，他曾购买了甘特于1928年和1941年出版的两卷英文版巴甫洛夫演讲集。此时他顺应形势的需要，开始认真从事巴甫洛夫著作的翻译工作。先后翻译了巴甫洛夫的《大脑皮层生理活动的研究》和《条件反射演讲集——动物高级神经活动（行为）的二十五年客观研究》两本书。前一本书可惜未能出版，后一本书的出版又经历了一段曲折的过程。

1954年人民卫生出版社出版了巴甫洛夫著《条件反射演讲集——动物高级神经活动（行为）的二十五年客观研究》一书，署名为"中国科学院心理研究室译"。时隔56年之后，北京大学出版社在"科学素养文库·科学元典丛书"中也出版了《条件反射——动物高级神经活动》一书，但署名是"〔俄〕巴甫洛夫著，周先庚、荆其诚、李美格译"。这本著作出版的背后有着复杂的过程。前一章已经叙述了周先庚在清华大学时期就开始着手翻译这部著作，待他转任北京大学教职之时，这部著作的出版却出现了新的问题。

1952年冬天起，科学院心理研究所组织荆其诚、李美格、吴江霖、刘范、许淑莲、李家治等六人对照巴甫洛夫演讲集的英文版校阅译稿，前三人主要承担第一卷，后三人负责第二卷的校译工作。

在心理研究所准备出版这本书的时候，周先庚曾草拟了一份详述该书翻译经过的序文，心理研究所未能接受。但在以"中国科学院心理研究所"名义写的《翻译经过》一文中也说道:"必须声明:由于我室负责人的保守思想,希望本书成为尽善尽美的译本,以致从1951年周先庚先生最初将译稿第一次送来,直到此次出版,拖延了两年多的时间,在这两年中,译稿质量虽然提高了一些,但它和读者见面的时间也推迟了很久,这是我室负责人应该检讨的。本书要陆续修改,希望它将来成为这部经典著作的比较完美的译本。"①

1953年7月20日,周先庚的译稿经卫生部教材编委会审查之后,给出了如下意见:"《条件反射》译稿业经本会阅毕,认为英文版与俄文原版内容颇有悬殊,本会不拟采用。且俄文原版现已由中国科学院心理研究所承译,故特随函寄回译稿,即请查收为荷!"② 也就是说,周先庚的译稿被卫生部编委会拒绝了,原因是出版社认为甘特的英文版和俄文版差异较大。其后,心理研究所邀请了南京大学的龙叔修和哈尔滨医科大学的朱子桥赴京,专门将俄文版与英文版进行比对,据此对译稿进行校改。

人民卫生出版社1954年在出版《巴甫洛夫演讲集》(图7-3)的"出版者声明"中说,"本书系根据W. H. Gantt氏英文译本将巴甫洛夫演讲论文五十七篇翻译而成,并经对照俄文原本做了若干修正,但俄文原本中尚有六章为英译本所缺,本书亦未列入,拟于再版时补入。"说明出版的译书仍然是以周先庚翻译的甘特英文译本为底本,并没有按俄文原书做增补。

上述记述说明,该书是周先庚受官方委托翻译的,在翻译过程中虽经历更换隶属关系等变故,翻译工作还是在顺利进行。科学出版社和人民卫生出版社都打算

图7-3 1954年中译本《条件反射演讲集》封面(资料来源:北京大学档案馆)

---

① 曹日昌给周先庚的信,1953年11月10日。此处仍保留原件中"室"的称谓,心理研究所于1951年12月成立,1953年1月改为"室",1956年8月改回"所"。存于北京大学档案馆。
② 卫生部卫生教材编审委员会给周先庚的信,1953年7月20日。存地同上。

出版这本书。后来译稿也经过了科学院心理研究所人员的校译，在他们拟定的出版经过说明中还承认书是周先庚译的，而且从1951年周先庚将译稿第一次送来，直到打算出版，拖延了两年多的时间，表示要检讨。但不知为什么，人民卫生出版社出版这本书的时候，译者的署名还是变成了"中国科学院心理研究室"，周先庚的名字不见踪影了。

好在北京大学出版社于2010年重新出版这部著作时还原了它本来的面目（图7-4）。周先庚作为一位科学家，面对这样埋没他的劳动、剥夺他的名义的事件虽发过牢骚，向心理研究所的领导写信反映过，署名不能只用一个集体的名义，应在版权页列上译者姓名[①]，但加在周先庚头上的无名枷锁，不能让他出头露面，这也是时代的烙印，周先庚和别的人也都心知肚明，无可奈何而已。

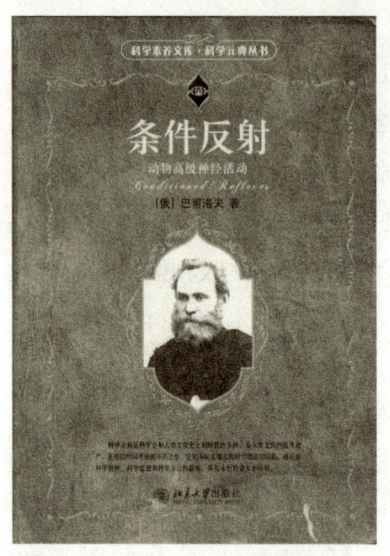

图7-4 《条件反射——动物高级神经活动》

尽管周先庚受到了委屈和不公平的待遇，这本书能出版，这对当时心理学界开展学习巴甫洛夫学说的高潮来说，无疑是场及时雨，受到学术界的热烈欢迎。也正是由于这本书的历史贡献，北京大学出版社将其列入《科学素养文库·科学元典丛书》予以再版。周先庚的这一学术活动，说明了他总是走在科学发展的前沿，对科学研究的进展保持着灵敏的嗅觉，巴甫洛夫学说对心理学的影响他早有觉察，所以他才能那么快的抓住这个时机，加上他又是一个多产的科学家，从没懈怠过，不到一年的时间，完成了这么一本巨著的翻译。可以说，没有周先庚，中国学术界不可能这么早读到巴甫洛夫的这部经典著作。

在翻译和出版条件反射演讲集的过程中，周先庚还做了许多相关的工作。

1952年10月，周先庚在写给人民卫生出版社副总编辑鲁德馨的信中

---

① 周先庚给心理研究所校订译稿同志们的信，1954年7月20日。存于北京大学档案馆。

称，已经翻译出了《大脑两半球机能讲义》部分章节。但因当时信息沟通不畅，周先庚还是做了重复性的工作。这本书的中文版最后是由戈绍龙于 1953 年 6 月翻译出版的。

周先庚的夫人郑芳曾根据条件反射演讲集第三十六和三十九章的内容，写了介绍巴甫洛夫实验神经症实验的科普性文章，发表在 1952 年 6 月号的《科学大众》杂志上。

1953 年，周先庚曾联系专门从事中外科学技术书籍销售的上海沪西书店，希望能够将甘特英文版的《巴甫洛夫演讲集》影印出版，以供国内读者学习巴甫洛夫学说之用。3 月，沪西书店推出了两卷合一的影印本发售。6 月，沪西书店接到华东新闻出版处口头传达的通知，称"该影印本内容略有问题，存本应暂停销售"。此时影印本销售得只剩下几十册，正准备再次影印出版。后来沪西书店再未接到相关通知，故于当年 10 月再次影印出版了这本书。

1953 年 8 月 21 日，卫生部举办了"巴甫洛夫学说学习会"，来自全国各地的 80 多人参加了为期五个星期的学习班。周先庚等的译稿作为讲义印发给学员，分上下两册，作为学习巴甫洛夫学说的四部著作之一来使用。"大家对此译稿，尚觉满意"。此后周先庚希望能够作为讲义非正式发行，广泛征求意见之后再正式出版。卫生部因要将这本书作为学习巴甫洛夫学说的主要学习资料，要求先行出版，所以并未作为讲义进行发行。

1955 年 5 月，周先庚向人民卫生出版社提交了《条件反射演讲集补遗》的十篇译稿。24 日，人民卫生出版社编辑部发函通知尽快按照审查意见对译稿进行修改，并"从速送还，以便准时发稿"。6 月底出版社也把按千字 4 元计算的稿费通知单寄给了周先庚。7 月 15 日致函周先庚称月底发稿，并告知中国科学院正计划从俄文版重译巴甫洛夫著作，故此前自英文版译出的著作原则上不再版了。后来《条件反射演讲集补遗》一书最终未见出版。

为响应 1956 年年初"向现代科学进军"的号召，1956 年 5 月，负责实验心理学教学的周先庚拟出一份《心理学科学研究规划草案（初稿）》，这份资料是由科学规划委员会心理学小组草拟的。其中重点列出了几个任务：①心理学的八个中心问题；②建立和加强空白学科和薄弱学科；③实验报告和专门著作的写作；④教科书的编写；⑤心理科学普及读物的编著；⑥参考书及工具书的编纂；⑦心理学名著的翻译；⑧心理学教学和科研机构的发展。①

1958年7月底，北京师范大学党委和教育系党支部发动了批判本校心理学教研室两条道路的斗争运动，教研室主任彭飞教授、副主任朱智贤教授和几名讲师遭到围攻。北师大的心理学批判运动很快越出校园波及北京、天津乃至全国。8月，北京师范大学邀请北京、天津地区的高等院校和科研机关的领导干部举行座谈会，建立领导小组研究部署批判心理学教学中的资产阶级方向。② 一个月之内北师大连续召开三次千人以上的批判大会。除了北师大的教授以外，心理研究所、北大的老教授乃至科研、教学第一线的骨干都受到了批判。

1958年12月28日，周恩来召集主管意识形态，包括宣传、教育等部门负责人到西花厅开会，研究、分析各有关部门在"大跃进"中出现的问题。周恩来批评了执行知识分子政策上"左"的做法，并指出在大学教授中"拔白旗"是错误的。1959年1月，中宣部根据周恩来总理的指示，由陆定一、胡乔木、周扬多次召开会议，检查党组在1958年工作中所犯的错误。1959年3月13日、21日，胡乔木在分别听取心理所、北大、北师大和华东师大有关人员汇报心理学工作时指出，说心理学只有阶级性是错误的，同时心理学不能解决阶级性的问题，把不是心理学的任务加在心理学上，不是发展心理学而是消灭心理学，所谓共产主义的心理学是空谈，是回避科学研究。表面上对心理学要求很高，实际上是取消心理学。胡乔木还认为心理学家在批判中应该坚持正确的意见，采取攻势。学术讨论要说服人，应该把复杂的问题提出来，大家研究、讨论。至此才结束了这场针对心理学的错误批判运动。

---

① 关于1956-1967年发展教育科学的规划草案（初稿）。存于北京大学档案馆。
② 彭飞：历史教训值得汲取——1958年心理学批判的剖析，《心理学报》，1979年第1期，第17-21页。

周先庚在这次批判运动中没有站在台上挨批判，是因为他在批判的高潮时期没有直接的对抗言论。唐钺因为说了一句心理学的研究工作只能增加不能减少的话，被立为现行对抗运动的典型，对他的"有增无减"论专门进行了批判。这也就成了其他老教授的挡箭牌，只顾批判唐钺，无暇顾及像周先庚这些北大的心理学家了。

周先庚虽然在批判运动中没有受到当场的点名批判，但在对心理学的批判中他并没有幸免。

1944年周先庚在昆明《建国导报》上发表过一篇《心理学与人事管理》的论文。本来他认为"这篇论文已是十几年前的事，早已时过境迁、抛弃已久，不愿旧事重谈了"。但是，在1959年，北京大学哲学系心理学专业的几位年轻教师，却写文章对这一论文的观点进行了批判，并追究周先庚的阶级根源和反动作用。说他在文章中所提出的人生的四个阶段、人事心理研究的十二个基本原则，以及鉴别人品的心理测验方法，是完全彻头彻尾地宣传资产阶级个人主义，是为了麻痹青年的革命斗志，为反动政府统治人民出谋划策。面对这样的批判，周先庚一方面承认自己的学术思想需要进行清算，欢迎同志们的批评帮助；另一方面，对于违背事实和科学的批判，他也提出问题和批评者进行"商榷"，写了"几点体会与商榷"的文章和批判者交流。[①]

在这一事件中可以清楚地看到，作为科学家，他的胸怀和实事求是的科学态度。一个人的政治态度和学术观点是互有联系但又是互有区别的，周先庚积极学习马克思主义，坚决拥护共产党的领导，努力改造自己的世界观，这种政治态度是非常积极可取的，他也是新中国成立初期知识分子的典型代表之一。但是在当时，常有把政治态度和学术观点混淆，粗暴对待知识分子思想改造的情况。周先庚遭到这样无理的批判，并没有影响他积极跟随共产党的政治态度，他对批判过他的年轻教师也没有表现出记恨。相反，他还是一如既往地真诚拥护共产党的领导，还积极地帮助年轻教师的工作和成长。

---

① 阎书昌、周广业：《周先庚文集》（卷二）。北京：中国科学技术出版社，2013年，第405–411页。

为"有益于世"做科学研究，孜孜不倦

从院系调整到"文化大革命"前的13年间，周先庚翻译了16本心理学专著，写了6本教材，1本科普读物，以及5篇文章。他的爱妻和得力的翻译助手郑芳又于1961年年底去世，身心受到巨大打击，孤身一人，在那样艰苦的条件下完成这么大量的工作，需要克服的困难和付出的心血是常人难以想象的，他的成果让人惊奇、他的精神令人敬佩。

周先庚在他的科研工作中始终贯穿着服务于社会实践，"有益于世"，为大众所接受的方向，他认为这是推动心理学发展的重要动力。

20世纪50年代初，他在学习和研究巴甫洛夫学说的高潮中，翻译了巴甫洛夫的重要著作，写了文章，列出了符合当时要求的心理实验的大纲，对推动中国心理学的发展起到了积极的作用。但是，周先庚认识到，尽管巴甫洛夫学说对于探索大脑活动规律有过重大贡献，但是用条件反射的方法研究大脑活动的规律毕竟不是唯一的途径。在学习和研究了巴甫洛夫学说之后，他紧接着从事的科研活动便是寻找新的心理活动指标，即皮肤电反射的研究。

1934—1935年周先庚就已经开始了皮肤电反射的研究，那时清华大学有两架记录皮肤电反射的仪器，他带研究生时使用过并在协和医院应用过。1955年北京医学院开始装备脑电仪，他主动协助伍正谊安装和调试机器，想和他们合作成立脑电波阅览室和实验室，并进行精神病与心理方面的实验研究工作。

1956年一年之内他翻译了拉克米克（Ruckmick）的《皮肤电反应》、伍德沃斯（Woodworth）的《心理电反射》，以及索利斯（Thouless）的《心理电反射现象与托肯诺夫现象的实验技术》三本书。此后几年他又翻译了4本关于皮肤电反射的著作：《皮肤电行为》（Rothman著，1959年译）、《皮肤电反射》（Wechsler D.著，1959年译）、《情绪的认识》（Lindzey主编，1962年译）、《情绪与人格》（第二卷）（Magda.B.Arnold著，1964

年译)(图7-5),这些工作为教学、为心理学服务于社会做了充分的准备。可惜这些成果,除了Wechsler 的《皮肤电反射》一书 1959 年由科学出版社出版之外,其他六本译著都没有公开发表。本来可以起到推动皮肤电反射研究的作用,却没能得到充分发挥。

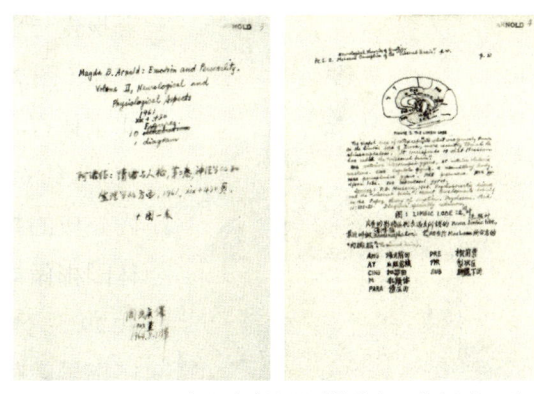

图 7-5　1964 年周先庚翻译《情绪与人格》(第二卷)的手稿

除了上边介绍的他所从事的大量皮肤电反射方面的工作之外,从 1957 年到 1961 年,他翻译的著作有 7 本之多:《应用实验心理学》(翻译六章,1957 年译),《条件反应与学习》(赫加德、马奎斯著,翻译六章,1959 年译),《心理学历史选读》(Denner 原著,翻译其中华生、苛勒等六位人物),《现代心理学历史导引》(Murphy 原著,1959 年译),《知觉理论与结构概念——评论与批判的分析,附行为的动力结构学说概论》(奥波替著,1960 年译),《新近苏维埃心理生理学中可以观察的无意识与可以推测的意识:内感受的条件联系建立,语义条件联系建立与定向反射》(拉兹润著,1960 年译),以及《颜色与形状的美术》(Fryer 和 Henry 主编,1961 年译)。1960 年周先庚还写了《心理学方法实验仪器及设备——简要说明及参考文献》,收集了 48 种仪器,都做了说明。

周先庚在对皮肤电反射的研究中始终贯彻"有益于世"的原则,只要是能服务于社会实践的工作,他都努力去做;凡是有求于他的,他都有求必应。他在《北京大学哲学系心理专业关于皮肤电反射与生理心理学研究的经过和现状》一文中,总结了他几年来的工作[1]。

周先庚 1954—1955 年用 Wechsler 皮电机,做了七个月 100 个自我语

---

[1] 阎书昌、周广业:《周先庚文集》(卷一)。北京:中国科学技术出版社,2013 年,第 81-90 页。

图7-6 周先庚在北大心理实验室以自己为被试做皮肤电反射实验

言报告与皮肤电反射—心理变化的自然实验（图7-6）；1956—1957年，他指导北京体育学院研究生佟启良记录观察了578人约62930次的皮电水平与变化；在周先庚的指导下，1960年心理专业学生林国彬做毕业论文时，测定了四个月内共29天不同时段的皮肤电水平与变化；还指导教师陈仲庚做了婴儿皮肤电阻基础水平及皮肤电反射发展年龄特征的研究，1958年陈仲庚综合了100个病人的资料，发表了"神经衰弱病人皮肤电反射的休息曲线"，1964年又发表了"神经症自我感觉症况与皮肤电现象"等文章。

为了完成国家科学规划的课题"操作活动合理化的研究"，第一机械工业部、中国科学院心理研究所、北京大学等单位，1958年在北京举办了"操作活动合理化研究班"，参加人员有各部、局、工厂、高校和研究机关的干部七十余人（图7-7），北大心理学专业方面参加的有周先庚、姜德珍、任仁眉。周先庚在该班讲"技能与训练""疲劳与休息"两章时，建议用皮电作为测量疲劳的指标之一，会上受到学员的重视，该班学员西安交通大学周金其后来来函，准备把有关技能与训练、疲劳与休息的知识，放在"工业企业中生产组织"部分中介绍，并曾先行派许国樑来校，由周先庚接待参观北大心理学实验室，并提出筹设工作与疲劳实验室的意见。另一学员北京医学院卫生系刘文桢来函，请求学习疲劳测定法。此后，到周先庚处学习皮肤电反射测定技术，在周先庚指导下从事皮肤电反射研究的单位，涉及科学院心理研究所、北京医学院、北京医学院第二附属医院、北京天坛卫生干部进修学院、北京军事医学科学研究院航空医学研究所、西安交大、长沙湖南医学院、太原山西医学院、锦州铁路局中心卫生防疫站等9个单位，30多位科研工作者。从事研究的课题包括工作与疲劳（包括机车司机和乘务员、矽肺病人的生理心理

图 7-7　1958 年操作活动合理化研究班结业合影（前排右八为周先庚）

变化，以及噪声、气温对人的影响的测定），学校卫生，成人、婴儿及神经衰弱、神经症，以及医院门诊病人的皮电变化水平，航空心理等领域。在一级学术刊物上发表论文 5 篇，在其他刊物上发表论文 8 篇。

在周先庚关于皮肤电反射总结工作一文中（参见 131 页注①）写道，到北大来学习皮肤电反射的人员有：

> 长沙湖南医学院神经精神病学教研组，于 1956 年 9 月 18 日来函要皮电说明，经过来往通信多次，最后该院特派心理学工作者龚耀先同志，于 1957 年 4 月 1 日到 29 日，来北大周先庚处集中速成学习皮电理论与技术，并在 5 月 15 日做了学习总结。龚耀先同志的兴趣在于皮电与脑电相结合，研究病人的联想、思维过程，已有报告多篇。
>
> 1959 年 1 月 19 日，锦州铁路局中心卫生防疫站杨守田同志，经科学院心理所彭瑞祥同志介绍，通过组织与行政，亦来要求学习皮电技术并借仪器，以便作为机车司机和乘务员的劳动生理调查中疲劳的客观指标。

北大心理专业1960年夏毕业生林国彬,用周先庚用过的同一匈牙利"UNIVO"万能电表（60μA）,自己测定了4月间一个月中29天,全日上、中、下午、晚上课、工间操、午睡、自习活动的皮肤电阻水平与变化。1960年3月30日北京医学院卫生系,特派郭佩芳、王黎华二同志,来校考查用皮电测定气象员受气温出汗量的可能性的技术问题,周先庚于是竭力向她们推荐这个简单方法。

北京医学院第二附属医院精神病医院,王淑馨大夫、王明德大夫和吴宝贞同志,亦曾对于皮电研究发生兴趣。王淑馨大夫曾借用北大日本万能电表Hansen, M-70, VTVM-VOM,在1959年4月13日到6月6日,测定了89人的皮电慢性水平变化。

太原山西医学院欧阳壬官、刘德华二同志,自1959年5月24日起,北京天坛卫生干部进修学院包静元、徐躬文二同志,自1959年5月26日起,两组四人,同到6月8日止,前来向周先庚学习皮电9次。这两组人都是搞学校卫生教学调查研究工作的。

北京军事医学科学研究院航空医学研究所,于1957年11月8日到12月8日,通过组织与行政,特派邹玉惠同志来校从周先庚学习皮电理论与技术,并在12月6日写了总结报告。以后历年该所生理组主任陈祖荣同志经常与北大保持联系,最近几年每年都有心理专业毕业同学分配到该所工作。起初陈祖荣同志亲自到周先庚家,表示希望有高级、中级干部和学生整批到该所工作或协作。军事医学科学院本身,于1959年1月19日,曾特派余和琫同志来校借皮电机。

中国科学院心理研究所,从1959年起,历年都有研究人员前来北大探究学习北大的皮电技术与理论,例如,赵莉如（1957.3.5—5.6）、郭长燊（1957.3.6）、张瑶、吴振元（1959.12.2）、郑祖心（1960.3.3）、宋维真（1962）、刘静和（1963）、段惠芬（1962年10月,1963年1月）、王静和、陈双双（1963夏）。最后两位同志曾用心电图机记录皮肤电反射,研究神经衰弱病人。此外,该所在1958年5月30日曾派封根泉同志来北大联系,他和林仲贤、华仲慰二同志,到周先庚处学习皮电测量情绪的方法,他们是准备搞航空心理研究的。以上心理研究所各位同志，赵莉如来校学习时间比较长；段惠芬当时任心理学报编辑，特别热心要我总结北大从1954—1963十年来的皮电教学、研究经过，所以才有此初步报告。

回顾北大1954—1964这十年来，在皮电研究方面的概况，可以做下列简单总结。

在1930年左右，清华大学购置"Wechsler Psychogalvanograph"，俟后又在1934年购置"Darrow Behavior Research Photopolygraph"，这两架机器一直妥为保管，尽量加以利用来示范、表演和实验。抗战前有研究生陈庸声、雷肇唐对Wechsler皮电机作过精密研究实验，抗战期间在昆明，彭瑞祥继续做过Darrow皮电机介绍、表演及公开实验。新中国成立后，1950年春节内，曾在北京师大教学展览会上，作过两机的公开表演展览。在1954年全国大搞科学研究期间，周先庚亲自认真在Wechsler皮电机上，搞起肉眼观察连续快速记录法，系统地一一自我观察历史上曾经证实过的许多现象；而且发现这种方法，可以获得前所未有的机会和亲身体验来证实：主观意识变化或心境，统统可以由于情境而反映在皮电机的反光线影的急性波动或慢性变化水平上，这些在实验室中半控制、半自然条件下所得到的亲身体验，后来在佟启良担任主试，周先庚担任记录，从一般受试者和等级运动员在运动场上，又间接体会到了。陈仲庚用Wechsler皮电机，在神经病人身上，亦测到四种类型的皮电慢性变化水平。过去文献上的皮电报告，大多数是急性变化，即所谓的"皮肤电反射"，对于慢性变化水平只作为预备期的对照看待。我们把长期慢性水平当作背景，其变化有逐渐变化和突然变化，重要的是渐变与突变（皮肤电反射）的相互关系。其次，传统是给人工标准刺激或刺激字，以便引起突然反射变化。这种孤立的刺激-反应式的电反射，算起来只是统计上的机械累计现象，不能说明受试者或自我观察者的真正活生生的自然主动心境变化。

由此可以看到，周先庚1946年复员回到清华园后与理学院院长叶企孙的那次谈话对其后半生的研究工作带来的重大影响,即心理学要更多的转向自然科学方面的研究,所以他从1950年开始,在国内首次翻译巴甫洛夫的著作和20世纪五六十年代于国内首创开始皮肤电反射的研究都是遵从了叶企孙的建议,也是对我国实验心理学的重要贡献。只可惜皮肤电反射的研究工作后来中断了,否则将会对当今我国脑科学和人工智能的研究起到很大的促进作用。

20世纪五六十年代在报刊上很难看到心理学的科普文章,偶尔看到一篇,虽是著名科学家写的,也写得平平淡淡,没有趣味。一则是因为编者要求文章不能涉及政治内容,不能让人抓住辫子,连文字也不能显得华丽;二则作者也怕挨批判,因为心理学的内容比较敏感,很容易让人说混淆阶级界限,宣扬资产阶级人性论。

周先庚对科普的工作却有自己独特的观点,他认为心理学应为大众理解和接受,让"知识就是力量"不是一句空话。他说,"科普工作者是把高深的理论转换成为大众所理解和接受的通俗知识,进而起到教育人民、提高民族文化素质的作用"。他积极提倡"常识心理学",自己身体力行,不怕批判,不怕抓辫子,和夫人郑芳一起勇敢地从事科普读物的创作。他们合著的《谈天才》(图7-8),1957年由中国青年出版社出版。这一年他们还在《中国青年》杂志上连续发表

图7-8 《谈天才》封面

了《创造性劳动的形成过程》和《谈独立思考》;1962年发表了《谈记忆》,他自己1957年还单独发表了《谈兴趣》。这些科普读物真是凤毛麟角,让人感到新奇,又饶有兴趣,非常受欢迎。

1955年8月1—12日,中国心理学会在北京正式成立并召开了第一次代表大会,会议主题是讨论心理学的研究对象问题、心理活动与高级神经

活动关系问题。周先庚参加了这次会议（图7-9），并参加了相关问题的讨论，但此后就未在中国心理学会担任任何职务。

图7-9　1955年8月1日中国心理学会第一次会员代表大会合影（前排：右二陈立、右三周先庚、右七孙国华、右九潘菽、右十朱智贤、右十一陈汉标、左一曹日昌、左二陈元晖、左三丁瓒、左四章益）

忠实教育事业，认真教书育人

教书育人是教师的天职，周先庚一直在孜孜不倦地力行着自己的天职。但是在院系调整的初期，心理学该往哪个方向发展的问题都没有确定，怎样制订教学计划、怎样教学生就更是一般教员难以决定的问题了。周先庚在探索实验心理学的教学方面却从没有间断过。

1952年院系调整刚一完成，10月初周先庚就写出实验心理学教学计划，教研室决议先准备感觉的相互作用、注意、学习记忆、活动时间测定、情绪的表现五个单元的实验。11月份他就完成了第一单元要做的9个实验的指导说明书。但是系里通知，因为学生的政治课增加为两年的课程，实验心理学不能单独开课，就被挤掉了。

1954年年初，周先庚又拟订了第二年的12个实验，包括条件反射、联想、学习记忆、韦伯定律、工作效率、熟练动作、颜色视觉、视错觉、立体知觉、声音定位、眼动阅读和创造性思维等。周先庚还抓紧时间搞起了仪器装配以及以人为被试的实验，把反应时间测量以及皮肤电反射的仪器都配置齐全，并且各有两套。但是，这项努力又付之东流，白费了力气。

周先庚经历这样的波折并没有灰心，他认识到，要开展实验心理学的教学，必须适应当时的方针，以巴甫洛夫学说为基础。1955年，他为此写了"在巴甫洛夫学说的实验基础上，待发展的实验心理学的课题与远景"。在文章中他概括了巴甫洛夫学说的内容，提出了在巴甫洛夫学说的实验基础上的实验心理学的课题，并根据巴甫洛夫学说的发展，具体提出了应当创造性地进行的认识、情感、意志过程，以及变态心理、实验技术方面的重大课题。可惜，这一努力仍然以没有结果而告终。

1956年开始，周先庚的科学研究工作又转到了皮肤电反射方面。这一年他翻译了三本皮肤电反射的重要著作，接着他又编写《情绪测量》的讲稿（图7-10）。

图7-10 《情绪测量》讲稿

他的教学活动在院系调整之后实际上是从1958年开始的，他先后为1954—1959级的学生教授情绪测量的课程。课程名称由"情绪与皮肤电反射"发展为"情感心理学问题"，又发展为"情感心理学"。名称的改变反映了这门课在教学计划中地位的不断提高，它们虽都属"应用心理学"的范畴，但是，开始它是一门专题课程，后来提升为高级实验心理学的专业课；当把"问题"去掉，成为"情感心理学"的时候，表明它已经摆脱了专题课的色彩，内容就更加系统了。这也反映了周先庚深厚的学术积淀，说明了情绪测量的应用价值。

周先庚对于教材的编写表现了极大的热情，1953年他与唐钺、孙国华等一起为中等师范院校编写了教材《心理学》（写了第三章"感觉"，由人民教育出版社出版），1954年和陈选善、曹日昌等编著了《心理学》课本（由中南人民出版社出版）。每次讲课他都认真编写讲义，他1957年编写的《情绪测量》讲稿由学校教材印刷厂油印后供学生使用；1958年，他担负"操作合理化研究班"讲课任务时编写了"疲劳与休息""工作与疲劳""休息与防止疲劳"以及"技能的学习与训练"的讲义；1958—1959年，为准备在北京大学开设的劳动心理学课程，他编写了"劳动心理学实验练习设计""劳动心理学五年计划""劳动心理学大纲""北京汽车制造厂合理化建议十件"以及"实验研究计划"等讲义和文章。

周先庚的教学工作在院系调整之后并不限于北京大学的范围，他还教授北京师范大学教育系的心理学课程和北京体育学院皮肤电反射的课程。

周先庚在指导毕业生做毕业论文和研究生方面也作出了积极的贡献。从1954年开始，他受马启伟教授（周先庚20世纪40年代西南联大时的学生，新中国成立后曾任北京体育学院院长）的邀请，兼任了北京体育学院生理学系多名研究生的导师，直到1957年佟启良完成他的毕业论文《起赛前状态与起赛状态的皮肤电反射》（图7-11）。1958年还指导青年教师陈仲庚完成研究论文《神经衰弱病人皮肤电反射的休息曲线》。

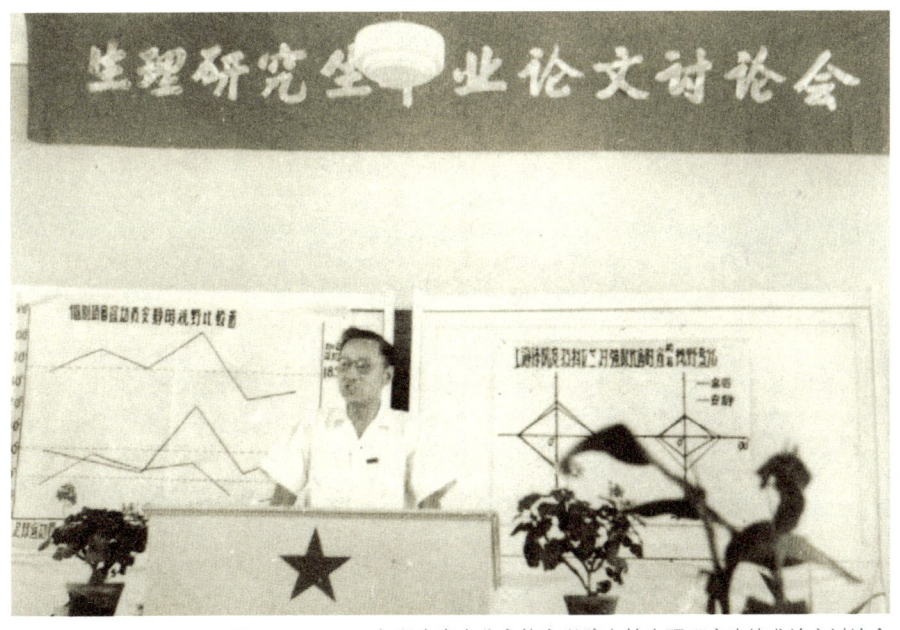

图7-11　1957年周先庚在北京体育学院主持生理研究生毕业论文讨论会

第七章　任教北大　*139*

从 1962 年开始，周先庚先后指导了心理学专业 6 名学生的毕业论文，1963 年又开始招收了硕士研究生，1962 年曾指导中科院心理研究所研究生林国彬的毕业论文《自然生活条件下智力活动的皮肤电阻的长期慢性变化》，指导张春青的本科论文《视错觉原因分析和实验》，1963 年指导凌文辁本科论文《皮肤电反应与定向反射》，1963 年至 1965 年指导王树茂的研究生论文《表象与想象在认识实践中的相互作用—感知行动的情感、意志与个性的因素》，1964 年指导夏国新(民族大学)研究生毕业论文《近代几个情绪学说的评述》等。这些学生后来一直和周先庚保持联系，改革开放以后还经常向他请教有关自己研究课题的问题。

提起周先庚和学生的关系，有不少佳话至今还在流传。他对学生的要求很严格，要从基础训练开始，给他们以后的科研活动打下坚实的基础。连本科生做毕业论文他都规定每周的进度，而且一周两次面谈，一次在他家，一次在实验室。1963 年，当时的毕业班有同学要报考研究生，寒假留在学校准备考试没有回家。周先庚知道这一情况后，一天晚上他冒着寒风到学生宿舍楼，给备考的学生送去了炸春卷。1963 年还处在困难时期，粮食供应标准很低，年轻学生哪能吃得饱啊，看到老师送来的美味，嘴上馋，心里十分感动，他们想着这是吃的老师的口粮，心里又不忍心把老师的口粮都吃掉。这个情景过去了半个多世纪，学生们还记忆犹新，仍为老师的举动感动不已。

第八章
十年遭难　学科灭顶

被抄家监改和批斗

1964年8月，北京大学紧跟全国的形势开始了社会主义教育运动（简称"社教"运动，又称"四清"运动）。以中宣部副部长张磐石为首的"社教"工作队进驻北大，哲学系党总支书记聂元梓成了运动中的积极分子。1965年8月18日，聂元梓做第二批下乡搞"社教"运动动员报告。周先庚与沈迺璋、桑灿南、吴天敏、张岱年、甘霖等都是工作队员。1966年5月，周先庚等人还在北京朝阳区王四营公社参加"社教"运动，而此时全国范围内已经是"山雨欲来风满楼"，这场狂风暴雨的中心正是北京大学。

1966年5月25日，以聂元梓为首的哲学系七位教师在北大大饭厅贴出了《宋硕、陆平、彭佩云在"文化大革命"中究竟干些什么》的大字报。6月1日，按照毛泽东主席的指示，新华社全文播发了聂元梓等人这张后来被称作"全国第一张马列主义的大字报"，同日《人民日报》发表《横扫一切牛鬼蛇神》的社论。次日,《人民日报》全文刊载了这张大字报,并发表了评论员文章,正式打响了"文化大革命"的第一炮,北大首先成为"革命急先锋"。打倒"走资本主义的当权派"、批判"反动学术权威""横扫一切牛鬼蛇神"的口号充斥在往日平静的校园,各种揭发、批判的大字报铺天盖地,这是我国当代史上的一场空前浩劫。在这场长达十年的残酷政治运动中,周先庚当然不能幸免,不断地批斗、交代、揭发、劳改、自我批判,直到粉碎"四人帮"后还在哲学系做清洁工,接受"反右倾回潮"的批判。

1966年夏,北大哲学系在北阁贴出第一张揭发周先庚的大字报,揭发1963年他曾在家中举办所谓的"家庭展览会":当时他把自己当年的清华毕业证书,留美时的硕士、博士论文,在报刊上发表的文章的剪报,回国后清华、西南联大等高校的教授聘书等展示给当时的学生们看。结果此事受到老年教师学习班小组的批判,被上纲上线成"腐蚀青年学生引导青年走成名成家的白专道路",以后在对他的无数次批斗会上都要批判到这件事。

此事的大致经过是,1963年8月24日,心理学专业学生团支书周步城等共11位同学来到燕东园42号甲四合院周先庚的家中,举行一次"读书座谈会",因四合院南屋客厅很小,没有大桌子,上述资料就摆在一个家里最大的铁皮箱子上给同学们看,其中最重要的是抗战期间发表的文章的剪报本,封面为潘光旦先生手书(图8-1)。

这些材料,周先庚也曾在他的书房

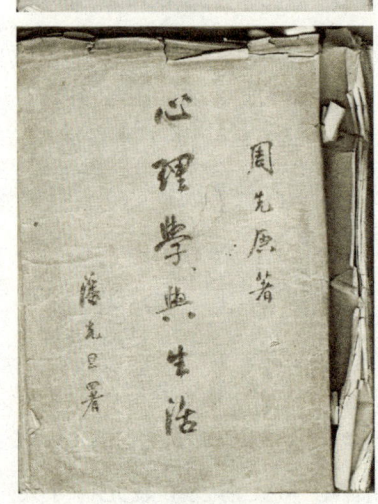

图8-1 潘光旦题字的两本剪报本《心理学与生活》

兼卧室为他的研究生王树茂展示过。这件事之后因有人反映说这事是"和平演变"，王树茂将此事向心理学专业党支部书记许政援老师做了汇报，许老师就说了一句话："周先生说的这些事都是实在的，以后不要提了"，以此保护了周先庚和王树茂。但此事在"文化大革命"中还是成了批斗周先庚的主要"罪状"之一。

1966年8月25日，北大哲学系学生红卫兵第一次来周先庚家抄家，虽然抄走了不少物品，但实际上大部分教学科研的资料在"文化大革命"中得以保存，这得益于周先庚平时与自己的学生们相处融洽，抄家的前一天周先庚专门去38楼学生宿舍找学生商量第二天来抄家的事，让学生届时将存放了大部分有关教学和科研材料的小库房都贴上封条"保护"起来，以防被其他的红卫兵再次抄走，因为他把这些保存了几十年的珍贵资料看得比什么都重要。由此看出，这是周先庚使用了一个"心理学方法"来保护自己，并使得大部分资料得以幸存。

1966年下半年，"文化大革命"正式开始后，周先庚自然成为哲学系的反动学术权威，在心理学专业教职工会上反复接受批判斗争。

1967年1月，红卫兵再次来抄家，抄走了一张"少将参议"补贴薪俸单，这是1945年在昆明西南联大时，周先庚领导的团队与美国心理学家默里等人合作，进行情报伞兵突击队员与军官心理测验，并兼任国民革命军第五军军官心理测验所所长，由第五军军部发给的临时性补贴。图8-2为未被抄走的周先庚家属的眷粮申请单。于是第二天在北大大饭厅墙上立即贴出北大揪出了一个"国民党少将"的大字报，由此在"文化大革命"中周先庚被当作所谓的"国民党少将"遭受无数次残酷批斗。周先庚当时只是西

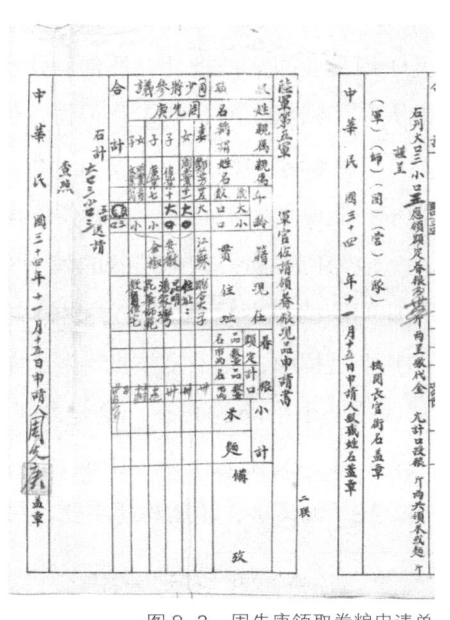

图8-2　周先庚领取眷粮申请单

南联大心理学教授，既不是国民党党员也无军衔，只是领取兼职的少将参议级别的大米补贴薪俸。周先庚领导的团队与美国心理学家合作进行的伞兵与军官心理测验应该是心理学家对抗日战争做出的直接贡献。

周先庚依他自己的习惯，详细记载了红卫兵来抄家时他上交和被抄走的物品清单[①]，主要有：全部银行存折和美元，《心理学与生活》剪报本，硕士博士论文，与华侨女生艾米的多年通信，所有家人、朋友、学生的来信，赴美休假时与夫人郑芳的全部通信，老式打字机，一本最宝贵的家庭旧相册和通讯录，1966年以前开始写的八本日记本，伞兵与军官心理测验技术方法与材料，多份个人填表，讲稿与手稿，大量档案文件与学生笔记等。以后这些物品经他本人一再催促，1978年9—10月大部分得以归还，但八本日记、赴美休假期间他写给夫人的四十多封信、上交的伞兵测验全部材料和撰写的待发表的伞兵、军官心理测验的总结报告未能归还，下落不明。

1967年年底，北大哲学系连续召开了四次对周先庚的批斗会。12月22日，北大在东大操场召开"控诉资产阶级知识分子统治心理学界大会"，批斗心理学教授周先庚、桑灿南、沈迺璋，陪斗的有陆平、于光远，以及心理学界的专家潘菽、曹日昌、丁瓒、陈元晖、彭飞等。据当时在家的二儿子周文业回忆：批斗会后他脖子上仍挂着"反动学术权威"的牌子，出北大东门回燕东园，他走路很慢，旁若无人，毫不在乎一旁行人们异样的目光。回到家中便坐在沙发上，也不摘掉牌子。于是文业便问他为何不摘牌子？他说学生不让摘，最后便不再说话了。

他为何不摘去身上挂着的牌子？可能是他认为这不是对他的侮辱，而是他的荣耀，不是名人不会被挂牌批斗。这种心态体现在"文化大革命"的整个过程中，无论是被批斗，下放鲤鱼洲，还是到工厂接受再教育，他都保持一个平静的心态，这是非常难得的心态，是否和他学习心理学有关呢？在"文化大革命"中他曾写过"这次所谓'反动技术权威'帽子一出，我又惊又喜，矛盾思想重重，可以专门写它一二十页纸都可以"[②]。由

---

① 周先庚"文化大革命"材料第十一本。资料存于采集工程数据库。
② 周先庚"文化大革命"材料第十本。存地同上。

此可以说明周先庚在"文化大革命"中有着与众不同的特殊心态。

周先庚从"文化大革命"开始记日记，前8本日记被红卫兵抄走未归还，现保留下来的是从1967年12月的第9本至1983年的第87本，共79本日记。这些日记如实地记录了每天发生的事情，是一份"文化大革命"的真实记录（参见"中国科学家博物馆"网页的"珍贵资料"最后一项）。

1968年1月8日，新北大公社和校文革办公室多人来抄家，周先庚一夜未睡。数日后他到系文革办公室交代材料，审讯后被泼一头冷水赶走。后系文革办公室通知让周先庚去冯友兰家参加哲学系"黑帮"学习，同去的还有哲学教授朱伯崑、冯定、洪谦、原系党总支书记王庆淑、心理专业的桑灿南。周先庚每天上午学习毛主席语录和谈批斗会体会，下午到木工厂劳动。

在劳动中周先庚还常想到心理学。5月2日他在日记中写道：

> 想到"文斗"未能实现，还是得"武斗"，为什么？文斗是斗智，武斗是斗情，觉得斗情的革命不易，斗智的革命亦难。所以心理学的知、情、意方面重要，该自然科学化这两方面的东西成为学问了。"文化大革命"是政治大实验的革命，应为情、意的大革命。情、意的科学心理学知识，应大可改造。

接着周先庚又写道：

> 心理学从哲学里早革命出来了，逻辑学、美学、伦理学、道德学、人性学等亦该是革命出来，自然科学化的时候了。每次政治文化上的革命，总要革出几门新科学出来，哲学中的各部门该革出几门最重要的科门来才行。[1]

5月24日上午周先庚到南阁学习，被通知立刻回家收拾行李集中进

---

[1] 周先庚日记第11本。5月2日，未刊稿。资料存于采集工程数据库。

"监改大院",与陆平、季羡林、冯友兰、王力、宗白华、周辅成、黄子通许多"罪犯"等一起劳动改造,每天到广场扫地、抬土、挖水池,到锅炉房铲、运煤、运砖铺路等。监改期间经常被揪斗、挨打,被责令写各种自我批判和交代揭发材料。每天早上点名背语录,晚上点名汇报思想。

11月11日,周先庚在日记中写道:"晚饭后批斗陈守一、朱光潜,宣判为反革命。我被监改员揪出罚站,弯腰九十度双手扶膝,主任来叫站立,两人都猛击我而醒。"[1] 周先庚在监改大院中经常因背不过语录而挨打耳光和重罚。在这样的时候同病相怜的人也"惺惺相惜",陆平就教给他如何背好语录的方法。他在11月24日日记中写着:"背语录陆平很关心,午、晚饭前后都督促我试背几段短的,重背几次即背得就鼓励,觉得他的态度还同情体谅真诚帮助的样子。"12月底,当周先庚看到已去世的夫人郑芳以前代他写的口述检查时,不禁泪流满面。"幸亏"夫人已于1961年去世,否则看到他如今被批斗劳改的处境,真不知会做何反应。

1968年年底,"监改大院"开始陆续放出去一部分人,因毛主席说不要把反动学术权威弄得太苦了,冯友兰、季羡林等名人先被"释放"。在最后只剩少数人时,周先庚终于在1969年1月23日被解除监改,命他立刻搬到38楼202号,沈履也一起搬到38楼。2月1日被批准回家住,工宣队李师傅说:第一步解除监改,第二步宽大解放。

周先庚回家居住后,按工宣队要求要写思想汇报。在春节回家日记中曾写道:

> 我以为,我的实物实证、记录、档案材料,并不是我的一时一事,而是我的一生习以为常的,我敢说,古今中外高级知识分子少有的信仰怪癖。[2]

这段话可以说是他一生的座右铭之一,是他坚持一生的一种信仰。由此可以想到,周先庚的叔叔周联奎为他起的"伏生"笔名有深刻含意,伏

---

[1] 周先庚日记第13本。11月11日,未刊稿。资料存于采集工程数据库。
[2] 周先庚"文化大革命"材料第12本。第40页,未刊稿。存地同上。

生曾用生命保存了大量儒学传世经典，流芳百世。通过老科学家学术成长采集工程已上交国家的一千五百多件周先庚一生保存下来的珍贵史料，也可以说这是一种"伏生精神"的今世传承。

1969年3月28日哲学系召开批判周先庚大会，年中开始落实政策，到10月17日北大全校第五次落实政策大会上，从宽32人，周先庚为第6人，被定为"不戴帽的历史反革命"。

在那样艰难的日子里，周先庚却始终乐观，不忘记他的心理学，在日记中他认为这也是研究"改造罪犯心理学"的好机会。1969年9月9日在日记中写道："在监改大院把改造过程当心理学业务实验看，要把它系统化总结成'改造学'。"

鲤鱼洲农场劳动

1969年下半年，北京大学也紧随清华大学之后开办改造知识分子教工的农场。10月26日，周先庚随北大大多数教职员工，在"支左"部队的率领下，浩浩荡荡到远离北京的江西鲤鱼洲农场去接受改造，而家中只剩下老保姆潘大姊看家。

1969年冬，在鲤鱼洲打柴班整队早出工路上，有教师在行进途中教唱京剧"智取威虎山"中的"我本是工农子弟兵"唱段，周先庚在队尾唱滑了嘴，唱成他喜爱的京剧"四郎探母"中的老调子："我本是卧龙岗浅水龙被困沙滩"，接着又唱了"天柱宝来，地柱宝"。事后被检举揭发，在学习班会上和全连会上，上纲上线遭到猛烈地"声讨"和批判，认为是想变天翻案、思想反动等。以后又开过多次全连大会，受到专门的批判。

1970年年初，周先庚在鲤鱼洲农场的老头队干农活，春季在农场牛倌队放牛，夏季回老头队在棉花地、菜地劳动。当他听说学校历史系和哲学系要招生了，十分高兴。秋季，做秋收割稻打谷晒场等农活，兼在工具房修理、保管农具。江西天气炎热，血吸虫遍地都是，但周先庚仍能保持乐观心情，真诚接受群众的批判教育。

1970年春天，在清华鲤鱼洲农场劳动的长子周广业来北大农场看望他，遇见周一良的夫人邓懿时被告知：你父亲是全农场穿得最破烂的老头。你看他穿着一件破烂的旧棉袄，腰间用草绳系着，活像是一个乞丐。可见当时周先庚的处境之艰辛，以及他本人之无奈。

周先庚有时还能苦中作乐。1970年8月24日这一天，早4点起床后他读了毛主席诗词，仿填一首：

> 群集寒秋，赣江北去，鲤鱼洲头。看万水黄遍，层堤阻挡，白石港边，百舸争投……同来千师教改，忆往昔旧居岁月仇。恰同事老年，风华欠茂，书生意气，怒斥高求。不问江山，改良文字，精神当年贵族侯。曾愧否，到太平洋中，浪打飞舟。①

1971年，周先庚已68岁高龄，仍在喂猪、放牛、育秧、看秧田（图8-3）。8月6日随北大教工一起由农场开始返回北京，先从农场坐车到南

图8-3　1971年春北大哲学系教工在江西鲤鱼洲干校欢送军宣队指导员时合影（一排左二起：阎品忠、赵建文、张文儒、金可溪、甘霖、李存立、石坚；二排：左一吴天敏、左二冯瑞芳、左四徐大笏、左五杨博民、左六辛文荣、左七孟昭兰、左九任仁眉、左十一宴成书、左十二许政援；三排：右一王义近、右三夏剑豸；四排：左二邓艾民、左三邵郊、左五黄耀枢、左六熊伟、左七陈舒永、左八李廷举、左十齐良骥；五排：左一沈少周、左二周先庚、左三张伯源、左五楼宇烈、左六叶朗、左八张岱年、左九宋文坚、左十一黄聃森）

---

① 周先庚日记第21本。1970年8月24日，未刊稿。资料存于采集工程数据库。

昌，自己挑着行李上火车，从南昌到上海。大家再转乘去北京的火车，经过三天两夜辗转，8日晚上才到北京，在北大大饭厅校领导和军宣队举行欢迎会，老同学周培源在座，会后用扁担自己挑行李回到燕东园的家。

继续接受批判改造

1971年8月，周先庚回到北大哲学系后，天天学语录，读哲学，帮着系里刻蜡纸，油印学习材料等。继续写批判自己、揭发认识的人的交代材料。

9月底，心理实验室由南阁搬至哲学楼，路过的学生对放在室外路边的人脑模型、脑神经系统模型等感到好奇，周先庚对凑近观看的同学们说："总有一天还会需要心理学的"。[1] 在这非常时期，周先庚仍怀有对心理学的坚定信仰！那时他还在南阁门外垃圾堆里捡回了自己指导凌文轻作的毕业论文《皮肤电反应与定向反射》。无论何时何地，他总是在关心心理学。

1972年3月，周先庚被调到北大哲学系资料室做管理工作，被分配管理图书，抄书刊卡片，催还"文化大革命"前教师借的书等，这正好是他一生最感兴趣的工作之一。他提议在资料室开辟学生阅览室，讲义自印。有空时就读苏联社会心理学资料，看外文新书目录、十年来资本主义国家的心理学动态，可惜尚未开禁，只好偷偷看《心理》(*Mind*) 杂志等，这是他难得的机会，能够在"文化大革命"时期了解国外心理学研究的情况，为以后恢复心理学工作做了准备。

4月，周先庚参加心理学专业调查组报告会，会上谈到针灸麻醉、教育、工程和国防等方面的调查情况。中国科学院心理研究所已恢复，但是心理学定位于自然科学还是社会科学仍未确定。散会后他听说今年国际心理学会要来中国开会，去年在日本开的。还听说他的老朋友、美国心理学

---

[1] 周先庚日记第23本。1971年9月24日，未刊稿。资料存于采集工程数据库。

家默里和希尔加德已向郭沫若提出申请来中国，邵郊告知周先庚还要来访问他呢，听后他十分高兴。

5月，北大心理学专业开始招收新生工农兵学员。这是"教育革命"的新事物：一是学校、工人和军代表组成的三结合领导班子；二是教学、科研、生产三结合的教学体制；三是废除统一考试的招生制度，代之以推荐审查方式入学。周先庚因刻的"72届教学安排表"字迹清楚而受到表扬。资料室工作会上，任仁眉鼓励他，可以看看心理学现状情报资料。汪青也说可以公开地看外国杂志上的心理学动态，不必"偷偷地搞"了，还让他整理普通心理学实验仪器。周先庚提议初级实验古董仪器仍可应用，建议搞心理学史的编辑工作。在讨论针灸麻醉时，他要找有关止痛的心理学根据，为此曾想了一夜未眠。

1972年8月周先庚被正式调回心理学组工作。

9月，数学家陈省身首次回国，因其夫人郑士宁是郑芳叔父郑桐荪的女儿，与郑芳是亲密的堂姐妹关系，北大领导通知周先庚参加北京饭店的家宴。为此他特地去海淀街上服装店做了一套新的中山装。昆明一别，二十多年后又亲人重逢，大家欢聚激动的心情可以想见。虽然还在"文化大革命"期间，毕竟让大家看到了一点希望。

10月，周先庚在哲学楼找到"文化大革命"前翻译后又被丢失的《情绪与人格》译稿，他自认为翻译的较好，花了几周时间专门誊写了三份给心理学专业（简称"心专"）教师使用。孟昭兰老师等看到这份宝贵的译稿失而复得，感到非常的高兴。

1973年元旦后北大开始批林整风，因1957年周先庚写了科普读物《谈天才》，8月在北大"心专""批天才座谈会"上又受到批判。

1973年下半年全国开始了"批林批孔"运动。11月5日北大在东操场召开"批林批孔"全校动员大会，黄辛白主持大会，开始了"反右倾回潮"运动，把大批干部和教师扣上"资产阶级复辟势力"的帽子进行批判。周先庚自然不能幸免，在这次全校大会上被点名，罪名是"污蔑大好形势"。《人民日报》发表长篇评论员文章，未点名地说北大揪出一个资产阶级反动知识分子，北大办起了"批林批孔"学习班，周先庚成为北大被批判的典型，北大的"批林批孔"运动找到了一个最好的"靶子"。起因是他在刻蜡板油印孔子的《论语》时说过，"《论语》只能注，不能批""毛主席在诗词中还引用过"等这样的话。① 11月6日—12月5日连续召开了十次揭发批判会，心理学专业教工开始召开揭发批判周先庚所谓"反动立场"的全体会，有人曾对他说："周先庚，你怎么又出问题了？"，他无言以对。12月11日哲学系在办公楼礼堂开全系大会，揭发批判周先庚，之后又在东操场召开了两次全校批判资产阶级右倾回潮大会，会上不点名地批判"反动教授"周先庚，罪名有："举办家庭展览会腐蚀青年""是地主还乡""颜色心理研究问题""污蔑大好形势"等。②

1974年1月10日开始，连续三天心理学专业四人小组帮助周先庚自我揭发与交代。11日专业全体会议听取周先庚的自我批判，检查了22条问题和"罪状"。12日召开帮助周先庚非党员小组会，18人相继发言，周先庚最后发言时讲道："承认在批孔材料上写'伏生'笔名是复古……这几年看历史知道伏生是口述古文经书的，我自比拟也是保存旧的东西的人，刻《论语》就是要保留其有用的一面，只能批判其反动的一面。"当时刻油印蜡版是系里交给周先庚的任务。

1974年1月18日，"心专"召开第二次全体会，周先庚自我批判。19日向郭淑琴、王甦作个别交代，晚上一夜未睡，下半夜做一梦："对郭淑琴说：心理学批判你接下去吧，改造责任在你了，我完了……"，"说得很认真……一醒才知是梦。"20日心理专业又召开"美化帝国主义必然攻击社会主义制度"批判周先庚会议。

在暴风骤雨般的大批判下，孤身一人周先庚，几乎崩溃。他每日回家孤独一人，唯一事情就是写日记记录一天的经历，燕东园42号甲大院子里只有一盏孤灯陪伴度日。

1974年2月5日，周先庚又随心理学专业教师下放针织总厂，接受车间工人的大批判，继续交代问题，到3月22日共召开八次批判周先庚"典型反动知识分子"的大会。他自己也产生疑问：为什么自己立场转变

---

① 据长子周广业的回忆。
② 周先庚日记第35本。1973年12月13日，未刊稿。资料存于采集工程数据库。

得这样慢？

从针织总厂回校后系工宣队宣布：周先庚从宽处理。25日周先庚在"心专"全体会上做检查自我批判发言。

1974年7月23日，周先庚随心理学专业教师下到北京市鸦儿胡同，接受劳动监改和教育，当日下着大雨，由在外地回京探亲的小儿子周治业陪同坐公交车送行，下大雨全身淋透，因避雨而迟到十几分钟，被罚站检讨，为此周治业与工宣队还发生了激烈的言语冲突。8月5日再下鸦儿胡同，每周汇报劳动收获。8月9日日记中写着："下午交下：'马、恩、列、斯、毛主席语录，孔孟林反动言论，反动谚语，资产阶级心理学谬论，周先庚反动心理学谬论'对照表，让我复写两次，共八份。"晚上周先庚将对照表贴成了一个横幅大表，第二天，8月10日，举行"心专"教师下胡同总结座谈会。8月16日，大女儿周立业带二子一女婿后首次来京与家人团聚，二女儿周明业、二子周文业、三子周治业与夫人也由外地回京，一同到莫斯科餐厅给周先庚过了71岁生日，并到动物园商场拍了唯一一张全家大合影（图8-4），在这艰难的岁月里多了一份亲情的温暖。

9月10日晚，在鸦儿小学举行"批判周先庚大会"，会上发言猛烈，由历史问题到鲤鱼洲农场的问题、反对批孔的问题等，无限上纲进行批判。此时他已是待处理的"敌我矛盾"。

11月23日，"心专"的十多位教师分别承担了批判和帮助周先庚的任务。可是他自己却由党的十大报告中提到的"反潮流"联想到心理学中的潮流，当晚在日记中写道："1921—1931，旧北大：德国——冯特-铁钦纳；旧师大：美国——测验、行为主义；清华、燕大：折中，格式塔。1932—1942，中国心理学会正式成立。1942—1946，应用到政治。"[①] 可见，周先庚心中琢磨的仍是心理学，想的是中国心理学发展历程中的潮流。

1975年2月22日，心理学专业为周先庚召开"下厂前小组批判会"。24日，他随"心专"教师再次下厂，到针织总厂劳动改造，批判自己的罪行，每天早起打扫厕所。周末乘公交车回家。4月初要回太原的儿子周文

---

① 周先庚日记第40本。1974年11月23日，未刊稿。资料存于采集工程数据库。

图 8-4　1974 年 8 月大女儿周立业带二子一女首次来京时照的全家福（前排左起：魏欣来、赵晓、赵元周、周先庚、赵子周、周巧愚；后排左起：江小琼、周治业、周立业、周文业、周明业、周广业）

业和儿媳安云锦（图 8-5）送他回总厂，他说"'心专'又不让看外国东西了，说有毒，走了另一个极端"，儿媳劝他不要乱说话，他说："我相信直爽直白""要想想人一生究竟想干什么，天才是相对的"。[①]

在下厂期间，周先庚重写 1936 年在北京南口机车厂做工业心理学研究的材料，也想在厂里实行挂意见箱建议制度的办法。还计划等张伯源来厂后一起研究办工人学习班，开展应用工业心理学的研究。在如此艰难的境地中，周先庚仍想着开展心理学研究，可惜环境并不允许他去做。

5 月周先庚返回北大。6 月 16 日，"心专"开教师会，周先庚做下厂思想汇报，检查无产阶级专政理论学习和对于罪行的认识，然后八位教师发言批判。到 7 月 1 日写完"周先庚七月份学习理论批判罪行暂定计划""继续学习无产阶级专政理论提高认罪服罪的自觉性七月份计划"，并同时上交了两份交代材料。

---

① 周先庚日记第 43 本。1975 年 4 月 1 日，未刊稿。资料存于采集工程数据库。

图8-5　1975年4月周先庚与次子周文业、儿媳安云锦及安云凤、罗晋（摄于燕东园42号甲）

1975年8—10月，周先庚又随北大74级工农兵学员到大兴基地（后为北大开门办学分校）劳动，仍是管理工具、打扫卫生、刻蜡版、在花生地放哨、刨花生、捡花生等。周先庚在照看花生地时，观察来往的行人，心想，这也可以写一整部心理学啊。① 心理学时时活在他心头。

10月20日，周先庚乘车返校回到北大，受到夹道欢迎，他是队伍中唯一的白发教授。

1976年又来了一场"批邓反击右倾翻案风"运动。1月8日周总理去世，周先庚看报上悼念总理唁电不断，不觉泪如雨下，最关心中国知识分子的总理永远地离开我们了，中国的前途，中国的命运将如何？每个爱国的中国人都忧心忡忡。

9月，周先庚调哲学系系办公室，做清洁工作，打扫院子和楼内，附带刻蜡版、抄稿，做了整一年，直到1977年9月回心理学专业上班。

1976年10月，一声春雷响遍神州大地，全国人民在"祝酒歌"中欢庆胜利，压在头顶十年之久的"四人帮"终于被粉碎，人民看到了曙光，

---

① 周先庚日记第45本。1975年9月22日，未刊稿。资料存于采集工程数据库。

中国看到了希望，心理学在中国也有了希望。

暴雨骤雨的批判终告一段落，没有非凡的忍耐力和要活下去的坚强意志，是不可能经受住这样的批判的。周先庚在"文化大革命"受到了数不尽的批斗和折磨，他为何没有倒下呢？通过他在日记中的零散记载可以看到，他心中从来没有放弃对心理学的信仰，相信他自己所热爱的心理学终有一天会回来的，"总有一天还会需要心理学的！"甚至在下厂劳动改造期间还想开展心理学研究。另外，他经常能够以一种研究的心态观察身边发生的批斗，这似乎使得他能够经常跳出当下的身体和精神的折磨，而是以一种心理学研究的态度去思考人生与世事。这些因素或许是周先庚艰难度过了"文化大革命"的原因。

第九章
老骥伏枥　志在心理

重返心理学

在"文化大革命"的艰难岁月中，周先庚受到了无休止的批斗，但是他时时刻刻都在想着有一天要重返心理学，再次追逐他的心理学梦想。

1977年1月16日，上海的亲戚来京与周先庚团聚，在他经常光顾的北京展览馆莫斯科餐厅举行家宴，他又穿上1972年为赴陈省身夫妇的归国宴而制作的那套新中山装，并穿上皮大衣赴宴，以此预示着他新生命的开始。

1977年3月，周先庚一有机会就去资料室看西方心理学家的文选，看马赫的《感觉的分析》、冯特的《意志过程》等，如饥似渴地阅读起了心理学文献。

3月1日，周先庚对儿子周广业说："我重搞心理学，不要小看我。到那时，学校会替我修房子。"① 在"文化大革命"多年的受难中，他从未忘

---

① 周先庚日记第53本。1977年3月1日，未刊稿。资料存于采集工程数据库。

记他心爱的心理学，盼望着心理学有重新辉煌的一天，他一直坚信会有国家需要、重视心理学的那一天。

5月2日，周先庚陪由兰州来京的女婿魏克忠（女儿周明业的丈夫）参观清华园。进西校门指给他看与郑芳及孩子曾住过的新西院27号，以及郑桐荪、杨武之和吴有训的住处。到"荒岛"上寻找五四时代参加"修业团"时挖井开荒种地的遗址，到工字厅看了他自己住过的单身宿舍，这也是他与郑芳谈恋爱约会的地方。又看了魏克忠、周明业在清华上学时住过的一号楼和大礼堂、清华学堂等处，到新林院看当时复员回清华时住过的4号院。由此可见，周先庚"文化大革命"之后才有心情回顾他永远不舍的清华情结。

1977年9月12日，孟昭兰找周先庚，要他不再兼管哲学系的事情，下周一正式回哲学楼心理学专业，心理学专业正在筹备成系，要开展工作，让他全部管理327室保留的图书和资料，而且所有的房间都可以进，政治学习和学术业务讨论都可以参加，还可抄写翻译，似乎一切都恢复正常了。

9月16日，孟昭兰、王甦陪同浙大陈立教授来访，陈立是来北京开心理学规划预备会议的。他们一起叙旧，回忆起四十年前的一些往事。往事远去无追，眼下是中国心理学再出发之际，周先庚深感他们这一代心理学家的责任重大，一定要团结起来奋起直追。

这里要写到一件与陈立有关的事，周先庚在"文化大革命"中曾写道：

> 20年代，我在那一小间实验室内，用自己设计、自己到仪器厂、亲手制造的所谓"四门速示器"（Quodrant Tachistoscope），自己主试中国留学生的"汉字横直读"速度，我的硕士、博士论文，详细报道了这一系列"从四面八方"阅读汉字的实验结果。结论在实际应用方面，虽然无多大价值，但是新中国成立后，我那一大套要继续搞下去的远景规划，越来越觉得在理论方面是很重要的。例如，汉字的排列可能性有好多，不一定就是横→自左往右，还可以←倒过来，自右往

左；直排亦是有↓↑一两种可能性，如果反常一下阅读，如在对面阅读人家正在阅读的报纸的话，我阅读的汉字则统统是倒的；如果在右边去看，则统统是"右倾的"；在左边去看，则统统是"左倾的"……这些可能性的阅读方向，字的倒、顺、左、右倾两因素一配合，则形成十六种：如果把汉字切成两半，只准看一半，则又增加到三十二种。这些配合，我都试验了，其相互比较速度与这样四面八方的阅读方式的因素关系，使我归纳出很清楚的规律性来。当时我只能用"格式塔"（Gestalt）理论去解释。新中国成立后，我常想到这方面的工作很可以恢复起来，从辩证唯物论的角度去解释，或者从充实辩证唯物论的需要去继续实验，是大有可为的。只有陈立，有一年（1954年）"向科学进军"那年，来北大亲自参观了我自制的那架"四门速示器"（1929年在有巴甫洛夫本人到会的第九届国际心理学会会议上宣读过）。陈立要仿制一架，去浙大用于研究，我畏难怕麻烦，又觉得太理论，不能联系实际，未热心帮助他复制那架我带回的机器（存哲学楼326皮电实验室）。①

1980年1月28日，周先庚在哲学楼心理实验室找到了这台机器，十分高兴，认为可用于博物馆的历史陈列和为青少年做创造性思维的科技表演。可惜后来这台珍贵的仪器丢失了，至今未能找到。当初他未能同意陈立复制这台机器，继续用于汉字和实验心理学研究，自己也十分后悔，这可能是他一生最遗憾的事情之一，这台仪器的丢失是中国乃至世界实验心理学方面不可挽回的一个损失。

1977年9月19日，周先庚正式回心理学专业上班，隆重地第三次穿上1972年到北京饭店赴陈省身家宴时买的深蓝卡其布套装，这是他最好的衣服。在他心目中，这是何等神圣的一个时刻啊！

心理学专业每位教师都分配了具体的工作，周先庚负责管理报纸、图书资料，并开始为孟昭兰的译稿"情感与情绪"进行校对和抄写，由此开

---

① 周先庚"文化大革命"材料第十本。第11-13页，未刊稿。资料存于采集工程数据库。

始为教师们校阅译稿。心理学专业的一些教师经常请教周先生一些英文难字、难句的翻译。在与孟昭兰和汪青讨论译稿时，他们说译文要信、达、雅，周先庚说："先信，后雅。"

他鼓励张伯源准备"普通心理学"的讲课，有益于宣传心理学，要大张旗鼓地搞。孟昭兰布置他打英文文章，他把多年未用、红卫兵抄走又归还的 1925 年在美国留学时购买的老式打字机搬到哲学楼，开始打字，几天内打了六份克雷奇（Krech）等著的《心理学纲要》（*Elements of Psychology*）的内容和六份通知书。王甦告知可与高士其联系做普及心理学的工作。高士其 1925 年清华大学毕业，后留学美国，比周先庚低一班。

1977 年 10 月，周培源被任命为北大校长，他是周先庚在清华的同班同学和挚友，周先庚 1931 年回国到清华任教后，就是周培源介绍他与郑芳相识而结婚，1961 年夫人郑芳患病去世，他又给予周先庚无尽的关怀，曾多次介绍续弦对象。几十年来，由清华至北大，风雨同舟，"文化大革命"时全校批斗周先庚等的大会，有周培源坐在台上，他就会安心许多。

11 月 18 日，在中科院心理所召开了心理学会扩大会议，恢复《心理学报》和《心理学译报》，准备第二年的冯特百年纪念活动。12 月 7 日，在北大召开"北京心理学会报告会"，周先庚与久违的潘菽、徐联仓、陈元晖、李家治、赫葆源等见面握手，劫后逢生，相见甚欢。

12 月 10 日，心理学专业全体会上孟昭兰报告张龙翔副校长正式通知独立成立心理学系，然后全体讨论独立成系后的发展方向，王甦汇报了科学规划会议第一阶段的工作任务，本是全面搞心理学规划的，并未分自然科学与社会科学两对立面，北大心理学专业坚持独立成系后，决定首先侧重自然科学方面。

北京大学是全国第一个恢复心理学系的大学，从此揭开了中国心理学史上新的一页。这也是周先庚多年的愿望。"文化大革命"时期，在对他多年无休止的批斗中，他从未对心理学灰心，总是盼着有一天能恢复他钟爱的心理学系。现在他更加全力以赴地为心理学系工作，找机会就与孟昭兰谈，对如何选择方向、布局谋篇、调配人才都积极建言献策，如建议唐钺、吴天敏回系里工作；房间要有分工，派定座位，人人有所归属；建立岗位责任制;"儿童心理学"改为"发展心理学",包括青年心理;鼓励她与心理所徐联仓多合作,多争取与各人专长对口的国家协作题目,调动每个人的积极性等。

翻译心理学教材

在"文化大革命"中心理学被"四人帮"批成"伪科学",心理学在中国的发展进入最低谷。打倒"四人帮"之后,心理学迎来新的发展机遇。眼下最为迫切的问题是没有一套适用于高校教学使用的心理学教材,重新编写也赶不及,所以最快捷的方法就是引入一本国外最先进的心理学教材。

当时国外,尤其是美国大学普遍使用的心理学教材就是克雷奇著《心理学纲要》,1977年10月北大心理学专业拿到了该书第三版的影印本之后,心理学专业的教师们就开始分章进行翻译,参加翻译的教师有:周先庚、孟昭兰、任仁眉、陈仲庚、杨博民、陈舒永、邵郊、沈德灿、朱滢、张伯源及北京师范学院林传鼎、河北大学张述祖、北师大张厚粲等,译稿统一交给周先庚审校。1978年1月,孟昭兰请他正式参加译稿的校对编辑工作,是三人小组(周先庚、沈德灿与陈仲庚)的一员,将来还要专门负责编辑《心理学小词典》。除审校和翻译了第十三章以外,他自己还承担翻译《心理学纲要》中各单元专业术语等。后来编审小组又增加了林宗基,定于每周开一次编审小组碰头会。10月《心理学纲要》译稿送文化教育出版社初审,后于1980年出版了上下两册。全国高校心理学系和心理学专业多采用该书为普通心理学教材,它在"文化大革命"后的心理学教学中发挥了重要作用。

在1977年以后几年中,周先庚积极帮助中青年教师学习提高英文水平,大家不仅在切磋中得到提升,还学习到他一丝不苟严谨求真的工作态度。

尽管已是 75 岁的年纪，周先庚仍不服老。1978 年 2 月的一天，周先庚在雪地里骑自行车时不慎摔伤，烤电治疗了多日。在烤电时他还在看心理学参考资料，伤势渐愈后拄着拐杖也要去上班。4 月，周先庚几次去看"外国科技图书展"，有国外专家来讲学都争取去听。8 月，他在参加北京心理学会学术报告会时，又与孟昭兰、沈德灿谈了对心理学系工作的建议，主要有：①创办《北大心理学报》；②早派助手接唐钺的班和唐老的图书资料；③首先出版普通心理学、儿童心理学、实验心理学等自编教科书要紧，参考资料应后印；④普通心理学要有演示性教学，用程序教学的方法；⑤教助教、实验员、技术员、工人、职员的英文；⑥都学任仁眉的神经解剖学；⑦ 50 岁以上的都编书，基础课交给年轻教师接下去；⑧自己负责整理测验材料和学术档案材料。周先庚心中时时想到的都是心理学的事，并不厌其烦地一再和有关人员商谈。

1978 年 9 月 21 日，哲学系开会宣布落实政策，除"走资派"和"反动学术权威"一律平反外，最后主席单独点了名说，"反右倾回潮"中周先庚的问题也给予平反，他不由自主地立刻脱了帽，十分激动。

一周后在落实政策会上周先庚曾发言，并在日记中写下："姜德珍宣读关于伞兵和军官心理测验问题的审查结论后我发言。有人叫我坐下，我有意站着面向东方，避免群众看到我正面伤感的不自然表情，我念得感伤泪下喉滞。宣读毕，大家鼓掌。"[1]

周先庚正式平反后得以恢复工作。"文化大革命"以来这十二年，正值他 63—75 岁的年纪，如果是在正常的社会时期，以他健康的身体和精神状态，本可以为心理学多做些事，然而这场浩劫严重地摧残了他，从 1978—1988 年他以 75—85 岁的高龄，仍然努力为北大心理学系，为中国的心理学事业尽心尽力：在翻译编审《心理学纲要》和《心理学导论》工作中起到主导作用，为进修班和本科生开设"专业英语"课程，担任《中国大百科全书》心理学卷编委，为恢复北大心理学系建言献策，为成立中国心理学会的几个专业委员会出谋划策等，他一心希望在有生之年能为中

---

[1] 周先庚日记第 62 本。1978 年 9 月 28 日，未刊稿。资料存于采集工程数据库。

国心理学事业再尽一份力。

1978年12月,周先庚出席在保定举行的中国心理学会第二届年会和心理学学术报告会,全国老一辈心理学家几乎都参加了,并全体合影(图9-1)。此时与1955年中国心理学会召开第一届年会已相隔整整23年。从20世纪50年代末心理学被批判运动打成"伪科学",继而遭遇60年代"文化大革命"时的灭顶之灾,到70年代末才得以恢复。由于高层权力的干预而对科学事业造成重大影响,所谓与"意识形态"有关的社会学和心理学是受冲击最大的两门学科。1981年4月《人民日报》刊载周培源的文章"访美有感",讲他上一年到美国访问五个月,参观21所大学的感想。他特别提到我国的社会学和心理学已经停顿了三十年!

图9-1 1978年中国心理学会第二届年会合影(前排右十二为周先庚)

在保定会上周先庚见到了潘菽、陈立、朱智贤、高觉敷、黄钰生、胡寄南、阮镜清等老一辈心理学家,大家劫后余生重相聚,还有年轻一些的学生辈多人。第二天参加普通心理与工程心理组讨论,荆其诚是组长,林传鼎、张厚粲、王甦等做了报告,晚上还有一批批的来访者前来看望,真是心理学界的大聚会。连续五天均有报告和讨论,周先庚每天都做笔记,心中亦喜亦悲——既看到了科学的春天,又自叹这些年"田地荒芜",没有做出像样的成绩。心理学年会结束之后他常去阅览室看新到的外文杂志,决心花一段时间来读,从心理学文献中跟上西方心理学的前沿。

1979年年初,周先庚因忙于校阅、编审《心理学纲要》一书,专门写信给在外地的儿女立业、文业和治业,不必统统都回京过春节。1月15日北大校刊登载周先庚短文"我获得了第二次解放"。获得"新生"的周先庚干劲十足,4月的一天,许政援说明天有雨不要去办公室了,但他说风雨无阻,得加班加点赶嘛。第二天早五点半即起床,带了馒头、水壶,打伞穿胶鞋上班。6月澳大利亚奥弗(Over)来访时,在仿膳宴请中国同行,席间有人敬酒"三老":潘菽、陈立、周先庚。周先庚说:"我建议大家为心理学第二次'大跃进'而干杯。"

在恢复心理学系的教学过程中,他经常与中青年教师谈心,鼓励他们勇挑重担,教学科研翻译几方面并重。他早在1978年年初就夸奖任仁眉"音乐的生理学和心理学"翻译得很好,进步大,智商高,并劝她与邵郊合作搞教学科研,要做革命夫妻合作到底。周先庚为孟昭兰、沈德灿、陈仲庚、杨博民、林宗基、邵郊、王甦、陈舒永、朱滢等审校译稿,经常与他们切磋翻译过程中的各种疑问,为更年轻的郭淑琴、韩昭辅导英语,在继续翻译《心理学纲要》下半部时,周先庚提出要让全系学英文的教师参加翻译,以此当作学习,在英文翻译过程中练习,所有实验员即使不参加翻译,也要参加抄写工作。周先庚真的很希望大家能够齐心协力,铆足了劲在心理学上大干一场。心理所方俐洛和虞积生也常到家求教,周先庚为他们改译稿,他们出国进修前帮他们培训外语,鼓励他们多与外国人会话以提高口语水平。春节要开联欢会,周先庚还建议一定来一个说英语的游戏,叫到谁,谁得用英语对话。

1980年2月心理所徐联仓将赴澳大利亚讲学三个月,请周先庚协助把工效学的中文稿译成英文,为赶稿他一直翻译到深夜2点。3月开始周先庚为进修班辅导英语,与进修生谈专业英语课教学方法:分配各人翻译一章《心理学纲要》,平时个别辅导,两个月后用大家的实例难点,归纳起来讲更有益,有目的地试译,生词要从整段整句里面背诵,不宜用卡片孤立地记。5月进修班专业英语第一次全体讲课,每人都译完一章,通过大家的实践总结翻译经验。进修班学员都感到虽然自己动手翻译比听讲课困难,但收获很大,记忆深刻。周先庚说他的大脑"精确""含糊不得""是一个科学的大脑"。确实如此,所有的译文,他都逐字逐句的翻译,而且务求译文准确,忠实于原著。

9月,周先庚为"文化大革命"后北大心理学系首届本科生(78级)18人开设"专业英语课",用美国心理学家希尔加德的著作《心理学导论》作训练材料,组织全班共同翻译,由教师分工审校,他把关负责编审统校。这样在实战中学习,虽然他本人要增加许多工作量,改稿比自己翻译更费力,但为了使学生和教师都得到锻炼和提高,他坚持这样做。当时有的学生不理解,问为何开设专业英语课,他说:"我强调目的是强迫同学保持英语阅读能力。抄好后互相看,看能否看懂再修改,有问题勤来家辅导讨论。"为进修生改稿更是辛苦,有时改动太多怕看不清就重抄一遍,周先庚为朱德生和李真抄自己修改的手稿最多。

1981年2月13日晚,周先庚骑车去清华路上不慎摔下车来,勉强推着自行车回了家,随后用烤电治疗了多日。2月24日,他吃了止疼片,坚持把心理研究所马谋超一周前送来的有关模糊数学的中文论文译成英文稿。几天后马谋超来取稿时,周先庚又为他从头逐句讲解了英译稿,几处难译的重点讲解,并为他朗读了一遍英文。

1981年5月朱滢送来辽宁师大张宁生的论文《耳聋儿童学习语言的特点》,虽已请英语系学生译成英文稿,但从专业角度还需修改,周先庚用了几天时间改完。朱滢来取稿时说,以后要带东西来致谢,周先庚说:"论文能上国际会议,打印出来送我几份,就是最好的报答。"

1981年3月周先庚在日记中写道:"给1978级上专业英语课,作为必修课年终考试,不愿听讲可做其他事。从最后一页介绍作者到索引和参考文献都有必要了解,读时应知其意(read with meaning),读一段讲一段。"5月7日的日记中写道:"看沈政的激光实验英文总结,与他一一讲了错的地方,一字不苟,一'点'不漏。吃早餐时张国骏来问英文书中问题,从著者、出版、发行等,一一从头教他认清,把第一章的几节标题一一研究了一下,让他朗读矫正其发音。"周先庚严谨的学风和诲人不倦的师德可见一斑。

7月底孟昭兰征求他同意,下学期选10名1979级同学,笔译《心理学入门精选》,每周辅导一次。在课上周先庚给学生讲了翻译三原则:①汉译要精确,不能只讲究通俗,要能从汉译倒回去知是否为原文,而不是别的较熟知的原文;②可以复合四个字成一词;③不要倒句以适应中国习惯。周先庚还曾计划写一本有关专业翻译技巧的书,可惜未成。

1982年1月19日,周先庚与邵郊、吴天敏等到人大会堂云南厅参加中国科协主办的"春节座谈会",会上见到心理学界的同人们:赫葆源、荆其诚、李令节、魏明庠、林传鼎、于国丰、潘菽、彭瑞祥、罗大华、陈元晖、肖岩、徐联仓、赵莉如、李家治等,见到马启伟时,周先庚对他说,你要勇敢出面,挑头搞运动心理学。见到于国丰时,叫他劝陈祖荣召回人马,与卢仲衡合作搞军事心理学专业委员会。

苏幼民主持会议,请科学院副院长讲话后,潘菽、徐联仓、陈元晖、周先庚等先后发言,对心理学的研究应用提出中肯意见。潘菽第一个发言讲了四个矛盾,陈元晖发言,主张心理学是自然科学,潘菽主张是中间科学……徐联仓发言后,周先庚也做了发言,以陈立、张香桐的研究历程为例子阐述对心理学研究的启示。马启伟发言提出:女排、足球加强运动心理学研究。多人发言后,最后苏幼民请科协副主任刘述周讲话。这次中国科协主办的"春节座谈会",是"文化大革命"后心理学界的一次重要高层会议,对推动中国心理学的发展有重要意义。

1月19日晚上,见到黑龙江人民出版社的编辑曹利群,周先庚谈了他计划审校译书十本,除已出版的《心理学纲要》和正在翻译审校中的《心理学导论》《犯罪及其矫正》《犯罪与人格》外,还有《心理学实验方法》《社会心理学名人》《妇女心理学》等。可见,周先庚在当时为使国内心理学界更快地获得西方心理学的最新知识,把大量时间和精力用在了心理学著作的翻译和审校工作上(图9-2,图9-3),这些书籍在中国心理学的重建阶段发挥了重要的作用。

图 9-2　周先庚在家审稿　　　　图 9-3　周先庚在家油印手稿

热情帮助青年教师

1980 年 1 月 5 日,周先庚登上了 326 教室的讲台,内心感触良多,使他回忆起他在 1962—1963 年第二次讲授"情感心理学"的经历:那次他在黑板上写满了英文,却遭到学生批判,当时他一直困惑,自己还会有重登讲台那一天吗?他还回忆起了到自 1931 年起就在讲台上为学生授业解惑几十年,自己一直追逐着的心理学事业的梦想,一下子令他心中惆怅不已。一想到现在自己年事已高,难以开展具体的学术研究工作了,那就悉心培养、提携年轻一代吧。这一时期,周先庚对中青年教师真诚关心爱护,给予了无私的帮助。例如,在几次讨论职称评审时,周先庚主张在这特殊阶段,评审条件宜宽不宜严,以便为年轻人提供更好的学术发展平台,尽快地全身心投入到心理学研究之中。同时,他还强调,一定要重视实验技术员的职称问题,因为这些技术人员对于心理学研究来说有着重要的作用,就像五个手指头弹钢琴一样,疏忽一个就会成问题。1980 年秋,周先庚为许政援和孟昭兰提升副教授职称写推荐信,反复核实写了五稿,特别认真。

心理学系郭淑琴来访,周先庚让她找一本英语的心理学书试译,给她讲语句分析，并提出心理学要走专业化道路，还要办心理服务社，走进社会生活之中。另外，对于实验员应看工作成绩，而不是学历。因此周先庚鼓励郭淑琴踏踏实实地干好自己的本职工作。他还找到张庆云，鼓励他要争取做讲师，而不要满足于技术员或工程师。陈仲庚要搞韦克斯勒-贝勒维（Wechsler-Bellevue）测验，周先庚建议他从医院实际出发，而不能从杂志缝里找科研题目，同时还要建立有心理学人员编制的机构，才能有大力推广应用心理技术的可能。周先庚还建议许政援搞一个研究所，发展儿童心理，做这份工作就必须联系妇女界名流。

1980年夏，周先庚在西南联大时的学生、在昆明师专任教的张世富来访，此时他路过北京将赴大连参加教育心理讨论会。他们两个人废寝忘食谈了一天一夜，周先庚鼓励张世富收集西双版纳少数民族心理方面的材料，争取在这个方面做出一些有价值的工作。还要注意团结云南省、昆明市的两个心理学会，争取创办科普心理学刊物等。

周先庚对后辈的扶持帮助，不辞劳苦不计回报，体现出高尚的人梯精神。这里可以举一个例子：1981年政法学院罗大华老师和林崇德（北师大研究生毕业留校）等，一起翻译《犯罪行为及其矫正》，当时大家的英语水平都不高，没有把握，想请人审阅校改。有人建议找北大的周先庚，但他们都不认识周先庚，只好贸然去到周家，去了之后却得到热情接待。周先生甚至邀请林崇德（只在上一年天津会上见过）住在他家，以便随时指教，让罗、林二位感动不已。一个月后，他们看到的译稿几乎每一页上都有改动，看到周先生付出的劳动和心血，他们心里更是十分激动和感激！。此书后来内部发行后，他们带着礼物去向周先生聊表谢意，周先庚推辞了半天，说："我来帮你们校对，不是为了别的，是为了扶持你们年轻人，我希望你们成长，就是那么简单。"[①]

---

① 访谈著名心理学家、教育专家林崇德录音文字稿。资料存于采集工程数据库。

努力开展心理学工作

1979年9月北京大学心理学系开学年规划会。会上周先庚提议大家恢复"文化大革命"前的专题课。孟昭兰表示愿意和他合开"情感心理"课程。之后部分教员讨论教学计划，他发言道，目前任务是学会基础课，以便看懂落后二十年的文献，要补课，目前研究方向的问题还未解决，一讲到心理学发展如此落后的局面，周先庚十分激动，似乎恨不得一下子就能赶上西方心理学发展的势头。10月6日全体教师讨论教学计划。专题选修课增加了"心理物理法""感觉生理心理""情绪心理"。周先庚提议每个教师要结合自己实际开展专题课，并以陈立、郑丕留为例子予以说明。

10月31日心理学系召开学术报告会，沈德灿讲到国别差异时说：世界上90%的心理学家都来自美国，比如说周先生就是来自美国。周先庚立刻纠正说："不，来自中国！"① 这种强烈的本土意识，是他一以贯之的。早在20世纪三四十年代，他就积极地向美国和西方国家介绍中国心理学的成就和现状，在自己开展研究和建议他人选题时，都强调从中国的国情和实际需要出发，并希望有一天能到美国去讲授"中国牌的心理学"。

11月底，周先庚去参加心理学会天津会议。在早餐时看到北师大张厚粲等编写的《心理学讲义》，聚精会神地看得只吃了半根油条，他说："越通俗，老头子越不会写，所以我一定要认真学习。"② 真是有一股活到老、学到老、不服老的精神，令人敬佩！

在这次会上成立了实验心理学、工业心理学两个专业委员会。周先庚任顾问并发言讲了实验心理学的历史，称实验心理学的历史应由韦伯1834年发表韦伯定律而不是1860年算起，可以分成哲学研究、生理心理学、实验心理学三阶段；实验心理学的两种理论基础；实验心理是广义的，其他分支亦是实验社会心理学；工业心理学应有工业方面的理论知识和实践等。

---

① 周先庚日记第67本。1979年10月31日，未刊稿。资料存于采集工程数据库。
② 同上，1979年11月30日。

可以看得出，周先庚十分重视实验心理学在心理学领域中的基础性地位。

12月底，陈舒永把325实验室的钥匙交给了周先庚。他心想：这下我真是"地主还乡"了（因周先庚在他的履历表中填过其成分是"破落地主"，也是"文化大革命"中批斗他的一条罪状）！我以后就可以用325实验室了，这可是自己几十年一直倾心的地方啊！[①] 随即他就向党总支书记姜德珍请求分派实验室工作，并参加听课。

1979年8月30日，北大心理学系推荐周先庚为《中国大百科全书》心理学卷编委。1980年6月，周先庚参加了大百科全书心理学卷的第一次编委会。10月份他将写完的心理学卷框架（征求意见稿）寄出。周先庚在查阅《大英百科全书》时发现没有中国心理学家的名字，他认为外国百科全书中也应该有中国心理学和心理学家的条目，如郭任远、汪敬熙等国际知名心理学家。他在与彭瑞祥讨论"工业心理学"词条时说，1934年陈立从英国回来之后写出了《工业心理学概观》一书，这是中国人写的第一本工业心理学专著。另外，他自己和陈汉标也曾撰写了《中国工业心理学的兴起》的总结性长文。工业心理学这一领域有着中国人自己的贡献和特点。1981年12月12日，周先庚参加了大百科全书心理学卷的编委会会议（图9-4）。

周先庚对汉字的研究一直情有独钟，1979年3月当他看到《光明日报》的报道"汉字如何进入电子计算机——全国汉字编码学术会议情况介绍"，就打听如何加入这个研究会。周先庚在78岁时曾有写普通心理学专著的计划，其内容包括心理学历史、心理学发展的纵横面、心理学应用的分支，以及中国自己的心理学研究成就。由此可见，在他心中始终记挂着心理学能解决一些中国的实际问题，记挂着心理学教材和专著的编写。

20世纪80年代初，因为刚开始拨乱反正，社会上小偷、流氓较多，政法系统迫切需要心理学界的帮助，解决失足青年的挽救与改造问题。当时北大、北师大、政法学院等都开展了"犯罪心理学"的研究，周先庚建议用"司法心理学"或更广义的"社会心理学"较好。这时，周先庚特别看重社

[①] 周先庚日记第68本。1979年12月29日，未刊稿。资料存于采集工程数据库。

图 9-4 1981 年 12 月 12 日周先庚参加《中国大百科全书·心理学》编委会后集体合影（一排右二起陈元晖、高觉敷、陈立、潘菽、周先庚、胡济南、朱智贤、阮镜清、刘兆吉、丁祖荫；二排：左二张述祖、左三林传鼎；三、四排合计：右五徐联仓、右七章志光、左三张人骏、左七陈泽川、左八陈大柔、左十二荆其诚、左十三孙晔）

会心理学的应用前景，于是开始致力于推动中国社会心理学的发展事业。

1981 年 1 月，张伯源送来北京心理学会年会特约代表的请柬，各组都有报告，重点是社会心理和犯罪心理。周先庚在日记中写道："我建议成立社会心理学专业委员会。"①

2 月 5 日，张伯源、朱滢来拜年，周先庚和他们谈到在北大召开"社会心理学座谈会"，北大要争取办心理学刊物，办心理服务社，要搞出一个独特的分支或领域。

1981 年 6 月，张伯源传达北京心理学会的工作精神，称已经请林传鼎出面领导，加上姜德珍一起推动、开展社会心理学工作。6 月，几位教师在周先庚家里商量社会心理学座谈会事宜，拟请社会名流田汝康、史国衡、费孝通、吴江霖、潘乃穟等，开会方式要平民化，以北大为中心，不住高级宾馆，请姜德珍等老党员出面。6 月底，周先庚应约到北京市公安

---

① 周先庚日记第 73 本。1981 年 1 月 10 日，未刊稿。资料存于采集工程数据库。

局招待所开"犯罪心理学教学大纲"审阅会,他与罗大华谈了几点意见:①不必每章节都用"心理"二字;②避免以论代学,空架无肉;③数量化不够,学术性、科学性、实验性应加强;④历史性与逻辑性的统一。[①]

7月4日,周先庚作为顾问到北京市科协参加社会心理学核心小组会,张伯源汇报于光远接见时的谈话。7月9日,他又到市科协听美国心理学家陈郁立(Robert Chin)的"社会心理学介绍",1945年陈郁立曾在默里的领导下在昆明与周先庚等人合作开展了伞兵突击队员的选拔工作。

周先庚在与罗大华谈"犯罪心理学"教学大纲时,建议他使用"司法心理"这一词。在下午费孝通主持陈郁立社会心理学座谈会上,周先庚说:"我们搞犯罪心理、社会心理就是冒大风险,但人一生下来就是社会的。"

1981年7月15日,"社会心理学座谈会"在北大文史楼开幕,潘菽、费孝通、周先庚、吴江霖、林传鼎等悉数到场(图9-5)。当天他写在日记里:"潘菽讲了三点一般性指示,费孝通讲具体计划主要编写'社会心理学'教科书,并提到在昆明中央电工厂与我合作搞劳工调查时和工人们同吃同住同劳动之事。"[②] 第二天上午介绍"国外社会心理学研究动向问题讨论",下午由罗大华等人介绍国内研究情况。

7月21日,教育科学研究所蔡善铎到周先庚家谈科学院成立"科学社会学部"的事,以及心理学学科性质问题。并告知前天报上已登社会心理学座谈会消息。蔡善铎诚恳地劝周先庚自己做几件事:①情绪、性格测验和治疗;②修

图9-5 1981年7月15日在北京心理学会"社会心理座谈会"后,周先庚(右五)与费孝通(右三)、林传鼎(右四)合影

订再版《谈天才》;③针对当前青少年问题的调查新方案和心理治疗;④成

---

① 周先庚日记第75本。1981年6月15日、6月30日,未刊稿。资料存于采集工程数据库。
② 周先庚日记第76本。1981年7月15日,未刊稿。存地同上。

立心理咨询服务部为青少年服务，特别是自杀问题和违规行为的矫正。

1981年7月19日，《北京日报》以"加强社会心理学研究——北京心理学会举行座谈会"为题对社会心理学领域的新动态进行了报道："这一两年以来，心理学研究及普及工作引起了社会上的广泛关注。如何让心理学面向整个社会生活，更全面地为社会主义现代化事业服务？北京心理学会举行的社会心理学座谈会涉及青少年犯过、犯罪及管教中的心理学问题，婚姻家庭生活中的心理学问题，计划生育及独生子女教育中的心理学问题，电影、电视、广播、报纸、杂志、书籍等宣传活动中的心理学问题，文学艺术中的心理学问题，工业劳动及管理中的心理学问题，民族关系中的心理学问题，精神病的预防和医疗中的心理学问题等，这些问题都要求不脱离社会地去进行研究和探讨，也需要心理学界向各项社会工作提供心理学方面的参考意见。"这些课题针对社会实际需要，正是周先庚的一贯主张，看到心理学日益得到重视和广泛应用，他更加热情地投入到工作中。

12月，周先庚参加了"中国心理学会第三次代表大会、纪念建会六十周年学术会议"。在会上，他同老朋友陈立聊天，陈立称很后悔学心理学，或许这是他对自己因各种运动耽误了大好的时光，未能做出更多成绩而发的牢骚。实际上，心理学家麦独孤在其自传中也曾说过后悔搞了心理学研究。周先庚赶紧劝陈立不要后悔，尤其在中国心理学正处于重建阶段，正是他们这一代心理学家需要发挥作用的历史时期。大会结束后立即召开"大百科全书心理学卷"编委会，周先庚又参加了相关的讨论工作。

1982年4月，周先庚参加了"中国社会心理学研究会"成立大会（同年9月改名为"中国社会心理学会"），听取学术报告会，于光远、雷洁琼、潘菽、陈立、周先庚等五人被聘为顾问，会后参会人士由高云鹏联系和组织参观了中南海并照相。6月，周先庚到中央教育科学研究所参加"社会心理学会理论问题讨论会"，蔡善铎报告"犯罪预测调查"，汪青介绍苏联社会心理学史，孙晔介绍美国社会心理学的任务。1982年11月1日，在北大哲学楼电影馆参加"北京心理学会"第二届理事会选举大会，被聘为顾问。这一时期，周先庚积极参与心理学团体组织的恢复和建设工作。

改革开放后，中国心理学界迫切需要加强与国际心理学界的交流与合作，不断有外国心理学家接受邀请来华访问讲学，周先庚于是抓住每一次机会虚心学习和交流，加紧"补课"。1978年8月周先庚在北京天文馆听澳大利亚专家布朗（Brown）讲西方教育心理学概况。1979年4月27日，去华侨大厦会见美籍华人心理学专家陈郁立。5月18日，中科院心理所荆其诚转告，澳大利亚专家奥弗（Ray Over）想和周先庚谈谈斯坦福大学心理学系，回忆关于老一辈心理学家们的情况。21日，周先庚在文史楼实验室接待了奥弗。16日、23日，周先庚听奥弗的两次学术报告。

1980年4月14—25日澳大利亚心理学家齐茨（Keats）来华讲学10次，周先庚用英文记下了详细的笔记。25日，他在临湖轩宴请齐茨夫妇，进行了深入的交流（图9-6）。9月22日，周先庚会见来华的美国著名心理学家马森（Mussen），一

图9-6　1980年周先庚在北大临湖轩会见J. A. Keats

起谈及了斯坦福大学和耶鲁大学的熟人，马森向周先庚介绍伯克利大学心理学系的情况。10月14日，周先庚在科学会堂参加了欢迎美国心理学家代表团的活动。20日，周培源校长在临湖轩接待米勒（Miller）和西蒙（Simon）[1]等美国专家，他们都是周先庚的老朋友。

1982年4月28日，周先庚在临湖轩接待了美国密执安大学心理学系主任卡因（Kain）教授，谈到里根总统削减了教育科研经费，以及美国心理学界受到的影响。1983年4月7日，周先庚会见外国专家瓦兰斯坦夫妇，谈及数位心理学界名人和自己的经历。4月13日，美国心理学家西蒙再次

---

[1]　西蒙（1916-2001），美国心理学家，中文名字司马贺。曾任美国卡内基-梅隆大学教授，美国总统科学顾问。1972年以后多次访问中国。1978年获诺贝尔经济学奖。1983年在中国系统讲授认知心理学。

访华，周先庚参加会见并听课。由于周先庚在国际心理学界负有盛名，是较早成为美国心理学会会员的中国学者之一，1983年，美国心理学代表团访华，一位美国心理学家一再请求中方安排他拜见周先庚教授。20世纪40年代初，就有报纸评价他"在国外的名气比在国内还要大"。

1931—1937年，周先庚参加过晏阳初主持的中华平民教育促进会的工作，兼任教育心理研究委员会主席，周先庚与晏阳初共事七年很熟。1983年3月9日，晏昇东（晏阳初之侄）、胡绍芳（《团结报》记者）夫妇来访。周先庚留下了晏阳初在美国纽约的住址，写信邀请他回国访问。周先庚留晏昇东夫妇来家住下，带他们采访了我国著名语言学家、北大中文系教授王力。27日，他们与晏阳初的两个儿子到全国人大常委会副委员长、民进中央主席、北京大学教授雷洁琼家采访一天。晏昇东夫妇还与周先庚讨论并修改他们写的《周先庚访问记》。

总之，正如周先庚自己所说，在科学的春天里，他获得了第二次生命，他要把失去的时光都补回来，尽己所能努力工作。

图9-7 1984年秋周先庚与晏振东、晏昇东、胡绍芳等在中山公园聚餐并合影（晏振东摄）

第十章
桃李芬芳　蜡炬燃尽

桃　李　芬　芳

周先庚自 1931 年 28 岁时到清华大学心理学系任教授起，至 1987 年在北京大学心理学系离休，从教 56 年，其间在清华理学院心理学系任代主任和系主任（1936—1947 年期间），他的学生众多，为国家培养了大量心理学人才。

在周先庚 1963 年 10 月 31 日填写的《北京大学教师情况表》[①] 中详细列着其历年授课、带研究生和指导青年教师等的情况，从中可以看出，后来在心理学界很多的知名学者，如沈迺璋、陈汉标、敦福堂、林宗基、张民觉、郑丕留、曹日昌、徐联仓、李家治、邵郊、陈仲庚、孟昭兰、陈舒永、任仁眉等，都曾是周先庚的学生，或曾接受过周先庚的指导，真可谓是桃李满天下（图 10-1）。

在北京大学心理学系迎接 1982 年新年联欢会上，心理学系副主任荆其

---

① 周先庚：北京大学教师情况表。存于北京大学档案馆。

图 10-1 桃李满天下：1982 年 7 月北京大学心理学系教工与首届毕业生合影
（一排左起：张庆云、陈仲庚、邵郊、荆其诚、王学珍、周先庚、王甦、姜德珍、郭永禄；二排：左一崔岩、左三董素兰、左四肖健、左五朱滢、左六骆政、左七薛怍宏、左八汪青、左九郭淑琴、左十一韩凯；三排：右一王爱民、右二李明德、右三白殿一、右四陈国英、右五赫尔实、左二吴志平、左三胡丹、左四杨志芳、左五钱铭怡、左六徐晓娟；四排：右一张伯源、右二叶永富、右三赵宝然、左一张雨新、左二张建新、左三武国城、左四姜长青、左五梁煌）

诚说："今天是五代同堂：周先庚是曹日昌的老师，曹日昌是我的老师，我的学生（王甦）的学生是 1981 级学生，所以是五代。现在我们人数是中国心理学系中学生辈最多的。"[1]

中科院心理所研究员赵莉如曾写道：

> 周老培养了许多人才，我认为曹日昌先生是其中出类拔萃的一位。在曹先生的心理学学术生涯中，无论学习期间还是各工作阶段

---

[1] 周先庚日记第 78 本。1981 年 12 月 29 日，未刊稿。资料存于采集工程数据库。

都受到周老精心指导和提携。在我撰写曹日昌（图10-2）先生传记和编写他的心理学文选的过程中，查阅他平生所写的论文或工作报告等有关资料时，多处会发现曹先生对周老给予帮助和关怀的衷心感谢的话。如曹先生在清华大学心理学系学习期间（1932—1935），周老知道他是个农家子弟，便示意和指导他先研究农村的心理学问题，1934年发表了研究论文，距今已近80年，文中有关农村问题至今仍有启发和现实意义。又如1935年曹先生清华大学毕业后，周老介绍他到中华平民教育促进会（简称"平教会"）先做研究生、后任干事、秘书等职。"平教会"是晏阳初倡导"平民教育救国"创立的，并任总干事长。平教会选河北定县为实验区进行乡村平民教育试验，这里聚集了一大批欧美留学人员从事工作。周老是清华大学教授、美国斯坦福大学博士、任平教会教育心理部主任。曹先生于1941年也来到西南联大哲学心理学系，又在周老领导下任教心理学直至1945年他赴英留学。

图10-2 曹日昌（1911—1969，曹增义提供）

1945年曹先生赴英留学，于1948年获剑桥大学博士学位，他还在英参加中共剑桥地方组织，1948年为正式中共党员。新中国成立后，1950年曹先生回到北京在中国科学院工作，他白手起家重新筹备建立心理所和中国心理学会，周老积极参与协助筹建。曹先生于1951年任心理所所长（1953年任室主任、1956年与南京大学心理学系合并扩建成所任副所长），1955年任中国心理学会副理事长。他成为新中国心理学界的主要领导者和心理科学的学术领军人物。曹先生兴建发展了中国的心理学事业的巨大贡献中，我认为与周老是分不开的。在"文化大革命"的十年浩劫中，心理学被打成"伪科学"，心理所被"砸烂"，曹先生被揪斗，身心受到摧残和折磨，于1969年3月14日含冤去世。直到打倒"四人帮"后，心理学和心理所得以恢复，曹先生才获平反，于1978年6月10日在北京八宝山革命公墓举行了骨灰安放仪式。我记得在这个为曹先生平反昭雪的追悼会上,我见到周老来参加了,他老人家拄着手仗,满面老泪纵流,极为痛心地来吊唁他最关爱的学生。当追悼仪式进程中,周老的泣声一直伴随了科学院领导的致悼词。当仪式结束后,周老仍在悲痛不已,孟昭兰先生在旁劝慰并一直陪伴搀扶他缓慢地离开会场。可见周老对曹先生的情感之深。①

"一日为师,终身为父",其实老师对待学生,特别是心爱的学生,何尝不是"如父母长辈"般的真切关心,爱护有加,下面再介绍几个例子。

1983年4月24日清华大学校庆,1933级清华同学聚会,多年未见的、周先庚最引以为荣的学生张民觉回国,大家相见甚欢(图10-3)。张民觉1933年毕业于清华心理学系,1938年赴英留学剑桥,主攻动物育种和人工授精,发明口服避孕药,1959年首次报道兔卵体外受精成功,被称为"试管婴儿之父"。张民觉是山西太原人,1935年他"尽地主之谊"邀请周先庚一家到太原去玩。1975年2月10日除夕夜,周先庚写给在太原的儿媳安云锦的信上谈到这件事,儿子周文业全家都饶有兴致地传看来信,信中这样描述:"那还是1935年夏秋之际,太原火车站附近,大概是南门狭小的商业街道上一客栈里,卒然来了一家远客。夫妇俩带着外甥女,抱着一个刚满周岁的女孩,应太原市本地一位同事的邀请,从定县赶来说是逛太原,实是避避华北动乱之风。当时是满洲国的军阀想入关闹事,这一家子从北京来到定县暂住,就近到太原看看的。因为天气太热,没住几天就回定县,随即又回北京的。

图10-3 1983年张民觉(左四)回国参加校庆,与周先庚(左三)等人在工字厅前合影

---

① 赵莉如:回忆周老的两件事。见:周文业编,《周先庚、郑芳纪念文集》,2013年,第290-291页,内部资料。

那周岁的小女孩就是现在太原的大姐,她的妈、她的表姐已不在人间了。那请逛太原的人,现在在美国,1972年来到北大讲过学,是计划生育药物专家,美籍华人了。原名张民觉,现名张明觉。1935年他是进步人士,而我们不过是外围的外围罢了。"① 1948年周先庚学术休假时曾与张民觉在美国短暂相聚。

王树茂(图10-4)是周先庚在北大心理学专业亲自指导过的最得意的研究生。1984年7月,周先庚得知在辽宁社会科学院从事研究工作的王树茂即将作为美国阿帕拉契州立大学(Appalachian State University)的访问学者赴美,与美国心理学家开展合作研究,非常高兴。王树茂1963年北大心理学专业毕业,考取了周先庚的研究生,1965年因导师下乡参加"四清"运动,

图10-4 王树茂(王树茂提供)

转由中科院心理所代为培养,参加了研究高山缺氧情况下人的心理和生理变化的国家级课题,1966年研究生毕业。

由对王树茂的培养和器重可以看到周先庚是一位严而有慈,注重言传身教的导师。

王树茂入读研究生后不久,1963年冬的一天,周先庚在家里给他上了一堂非同寻常的"辅导课"。周先庚拿出珍藏的硕士博士论文、学位证书、在刊物上发表的论文,以及在美留学时的一些照片,书桌上放不下,还放到了床上,并且逐一做着详尽的讲解,话语之间透着他做事、做人和做学问的感悟。周先庚的这堂课,给王树茂留下了非常深刻的印象。这种厚爱使王树茂对自己的导师由衷地仰慕和敬重,导师丰富的学养和严谨的工作态度对他有着深远的影响。2013年6月他在录音采访中说:"由此看得出这是周先生用实物展示他的前半生学术生涯的缩影,如何一步一步刻苦努力走过的路,给自己做了引导,比上任何一堂课都深刻,毫无保留地掏给我,希望我能像他那样严谨地去做学问,能像他那样地为社会做出我们心

---

① 周先庚给安云锦的信,1975年2月10日。

理学工作者应有的贡献，沉淀下来的是仰慕和敬重，是一次言传身教，可以受用一辈子，影响了自己的一生。"① 1982年夏，"东北三省心理学基本理论学术年会"在大连召开，王树茂盛情邀请周先庚到会指导，后因其他原因未能成行。

王树茂在他的回忆文章中曾写道：

> 20世纪60年代我读研究生时，总是非常努力地把学习和工作做得好上加好。其中一个最主要的原因是怕周先生不满意。这位终日板着面孔、从不在学生面前流露感情的严师，即使我做得再好，他也只是点一下头或轻轻嗯一声，使我总觉得自己还差一截，还需再努力。许多年以后，我终于深深地懂得了，先生是用另一种感情方式爱他的学生——倾注心血培育成材。那时候，我每周必得去见先生一次。想见，怕见，又不能不见。这位严师，每次留给我的作业都超过我已有的能力，目的是调动出我的潜能。还记得，刚一入学，他就把外语与专业结合起来训练我，每周要我读20页外文书，以后又增加到30页。每次见面，头一件事就是听我复述这20页书的内容，哪里复述得出来呀，许多字词虽查了字典，仍不能把握它的确切含意，许多句子连不起来，逼得我一再加班加点。
>
> 周先生对学生的要求还不仅仅停留在了解和掌握书本知识上，他更重视学生的分析和综合能力的培养。他除了要我复述书的内容，还要我对书中的论述进行评价，甚至提出批评意见。我心里想，既然已成书，那就是言之有理，论之有序，怎能挑出毛病来。所以，每次见面，我总是不能使周先生满意，听他说的最多的词是"No!"，很少听到"Yes"或"OK"。在一大串"No"之后，他就开讲了，而且讲起来就不停顿，使我一点喘息的空当也没有，那架势恨不得一个晚上让我尝遍他心中所有的心理学研究成果。面对我的这位严师，我只能全神贯注地去听、去理解，忍着不插嘴，忍着把一切思索都留到属于我的那六天中。②

---

① 采集小组：与周先庚研究生王树茂的电话访谈录音文字稿（KS-001-011）。
② 王树茂：怀念我的导师周先庚教授。见：阎书昌、周广业编，《周先庚文集》（卷二），2013年，第662–664页。

严师出高徒，王树茂 1966 年从北京大学实验心理学研究生毕业，1985 年晋升为研究员、教授，1989 年被评为全国优秀教育工作者，曾任沈阳教育学院院长、沈阳大学师范学院院长、沈阳市心理研究所所长。从 1992 年开始享受国务院政府特殊津贴。1996 年被评为首批辽宁省优秀专家。

再有一例是张世富。1986 年 5 月在昆明师专工作的学生张世富来信报告已入党，被评为昆明市特等劳模、云南省劳模。正在编写全国师专用心理学教材，同年 10 月他被选为中国社会心理学会常务理事、民族心理学专业委员会主任。他为全国师专编写的公共课心理学教材，是 1991 年人民教育出版社获奖著作之一，荣获云南省 1979—1989 年社会科学优秀成果一等奖，1989 年出版的《民族心理学》填补了我国这一领域的空白。曾任昆明学院教育学科教研室主任，心理学教授。

张世富是周先庚在西南联大时的学生，1939 年入学，1946 年毕业于清华大学研究院心理学部，是跟随周先庚学习心理学时间最长的一个学生，也是多年来不断向老师请教的学生。20 世纪 50 年代初他在云南省中小学师资培训班工作，1951 年 7 月他在致老师周先庚的信中写道：

> 您每次来信，都给了我极大的鼓舞，几年来，这对于我的工作是有着极大的影响的。……至于心理学，这门科学我在您的领导下学了六年，一点没有忽视它，我随时随地想着它，用着它。两年来，我一直在搞着群运工作和短期干部训练的工作，在正确的政治与思想的领导下，我能够掌握了一些心理学的原理、原则和方法。……我不愿意错过任何一个学习机会，我渴望多学习点东西。因此我愿到北京来，我相信只要我好好干，将来到国外学习的机会也一定有。……在心理学界，您是忠实的工作者，老老实实的工作者，您有正义感和责任感，自然您便看不惯那些披着"学者"的外衣、打着"科学"的招牌的伪君子与伪专家。我和您的看法完全一致，但我更相信，科学是实事求是的，因之，凡一切不实事求是的人与一切不实事求是的事情，必不会长存永在，马列主义会把他们和它们打垮，毛泽东思想会把他们和它们摧毁，新的时代一定也会把他们和它们抛弃。您工作的方式

与路线是正确的,为心理科学您奔走,您为团结而努力,都是有着一定的功劳的。我个人认为在科学界还有三个大魔鬼作祟,一是封建的宗派主义,一是唯心论的主观主义,一是资本主义产生的个人自由主义,在心理学界恐亦如此,由这也指出您和咱们将来要努力的方向:一定要克服这些,心理学才有真正的团结,科学界不容许反科学的作风存在,今天和永远,需要的是像您这样的老老实实的科学家,这才为人民所爱,为人民所需,那些投机取巧的必将露出尾巴!①

从这之后张世富一直希望能"归队"搞心理学,1982 年 3 月张世富被邀出席第六届国际跨文化心理学大会,求助老师帮他成行,终因路费无着落而未能如愿。4 月"中国社会心理学研究会"成立,会上邀请张世富作了有关西双版纳的报告,之后周先庚鼓励他利用他在云南的地理优势,积极开展对少数民族的心理学研究并取得丰硕成果。

在张世富的回忆文章"一间教室引起的思念"中他写道:

> 在云南师范大学校园东南角是我们敬仰的西南联大四烈士墓。在墓园大门的对面有一间西南联大保留至今的教室。每次看到这间教室,总引起我深深的思念,那还是 1939 年的事。这一年秋末,我作为联大心理学专业的新生找到了这间教室,这是联大心理系的办公室。教室的一半是一个小教室,另外一半是心理实验室。学生上课和自习,老师自修、实验、开会、办公都在这里。在这里,我第一次见到了系主任周先庚教授,而且,从此我在这间教室里度过了青春年华的学习和研究生活。在当时的西南联大,心理专业与哲学专业合并在一起成为哲学心理学系。但是,当时西南联大都习惯地称之为心理系。主要原因是那时心理专业的教师全部为清华大学心理系的,一些教学用的仪器也是辗转数千里从清华大学运来的。
>
> 我最思念的周老师在我初进大学时引导我进入心理科学的大门。在大学毕业后,我考入了清华大学理科研究所心理学部读研究生,周

---

① 张世富给周先庚的信,1951 年 7 月 7 日、31 日。资料存于采集工程数据库。

先生又是我的导师。整整7年，他对我做了无数次指导讲话。在他每次的指导中，都蕴含着智慧、广博的知识与理论深度，讲到兴奋处，他常常会忘了吃饭。在周先生的引导下，我对心理学从无知到有所认识，之后又指导我在心理科学的广阔天地中进行不懈的探索。周先生于清华大学毕业后，曾赴美深造，在斯坦福大学获得博士学位。他专攻实验心理学，也是我国较早研究工业心理学的心理学家。他的心理学理论知识不仅渊博，而且有其深入的思考和深刻的看法。

周先生一家五口，周师母虽然是燕京大学的高才生，但在抗战期间的昆明却找不到工作。周先生家中还有一个患慢性病的孩子，每月需大量的费用为孩子治病和养病。我们可以想象，在极度贫困的旧中国，周先生过的是很贫困的日子。我多次去周先生家，见到全家饭食简单清淡，常年是白菜挂帅。周先生瘦瘦的高个子，脸色又不见红润，嘴唇总略显苍白，显然营养不良。他一年到头穿着从北京带来的灰色西装上衣，冬天穿着灰色带格子的花呢大衣。在昆明期间再没见他穿什么新衣服。由于通货膨胀太猛，他的工资支付全家费用实在困难。周先生教学任务很重，系里的工作繁多，毕业生的论文他要细心详阅并提出意见。我的研究课题和论文都是在他多次指导下才完成的。虽然他身体欠佳，生活劳累，教学与教务工作很繁重，但他每次对我的研究提出指导意见时总是那么精神抖擞，滔滔不绝，就好像一位精力充沛的青年人。每一次这样的指导谈话后，我的心情是复杂的。我感谢他对我不知疲倦地精心指教，让我从中获益。同时又让我深感不安，他的担子如此繁重还要为我付出那么多的精力，我佩服他甘为孺子牛的精神和敬业的高尚情操。

在读研究生期间，他对我严格要求，反复教导我要下功夫打基础，他常说这是清华的精神。这也就是说，基础越坚实，研究才越自如。至今他的话语仍在我的耳际回响：做学问要打好基础，做学问要实实在在、认认真真。有了基础，研究才有奔头。我牢记导师的教诲，因此，在近二十多年来，在从事教育心理和跨文化心理的研究中，我的研究成果受到国内外同行的重视。我三次应邀赴美国参加国际心理研讨会，一次赴澳大利亚参加国际心理学大会，一次作为中国代表团的成员到台湾参加国际心理学研讨会。此外，我还担任了中国社会心理学常务理事和民族心理学专业委员会主任。20世纪80年代初，我在全国社会心理学大会做了跨文化心理学研究的专题报告。周先生坐在第一排的位子上十分专注于我的发言。我讲完后，他向我表示祝贺，并且连连点头说："好！好！可以再做下去。"二十多年来，我每次去北京开会都要去北大燕东园看望他，每次都长谈到很晚。一次我们的谈话从上午十点一直谈到次日凌晨两点，两人竟忘了吃饭，后来只买到两个麻花充饥。在谈话中，周先生关心我的跨文化心理研究，一再说这项研究很有意义。我于2002年年底终于完成了对西双版纳傣族自治州四个民族的跨文化心理的调查研究，并写成论文《西双版纳傣族自治州四个民族的二十年跨文化心理研究》。这是周先生生前多次鼓励我做的研究项目。论文现已在我国心理学权威性学术刊物《心理学报》发表。在完成这一课题后，我又一次走过这间教室，周先生讲课的声音、面貌和动作，特别是对我多次孜孜不倦指导的讲话都历历在目，宛如昨天发生的一样。[①]

李家治也是与周先庚关系最密切的学生之一。1935年他就读于清华大学心理学系，1940年毕业于昆明西南联合大学。1942—1944年期间先后在云南几所中学任教。1948年赴美留学，1951年5月回国后到中国科学院心理研究所从事劳动心理学研究工作，并兼任北京大学心理学系教授。

李家治学识渊博，治学严谨。1959—1964年对闪光信号进行了一系列试验性研究，一些研究成果已被有关部门采用。从1972年起他从事认知心理学和人工智能的研究，成绩显著。其中的一项人工智能研究——"语言理解、思维过程及计算机学习"获1987年中国科学院科技进步二等奖。1982—1986年任中国人工智能学会副理事长。李家治是与周先庚通信最多的一位，至今还保存了1941—1959年的二十余封信。1941年他大学毕业

[①] 张世富：一间教室引起的思念。《云南日报》，2003年11月7日。

在重庆中华职业学校工作时,在他给老师信中画了详细的重庆地图,标明中华职校的位置,可能当时周先庚计划去重庆看望他。1941年李家治也曾拟投考研究生,请老师作函介绍。1942年浙大黄翼教授需要聘请教师,周先庚曾推荐他去。1946年李家治先期回到北平在教育部工作,主持清华大学校产的接收工作,经常写信报告战后清华园情况。1947年他准备出国攻读"工业心理及工业管理",1948年请老师推荐到洛杉矶加州大学攻读工业心理学,周先庚致函美国教授为其争取奖学金或半工半读机会。1949年12月李家治向周先庚报告在美留学生活和对新中国的极大希望,准备买仪器带回来,1951年回国后周先庚还邀请他到清华大学任教,但他表示更愿意做实际工作,于是到中科院心理所致力于工业心理学的研究,仍经常与老师保持联系。1981年3月周先庚参加心理所的鉴定会之后,在日记中写下:"李家治的'人机对话初步试验'从心理角度看,从感官到思维都已模拟成功,值得继续做,建议心理所扩大为'心理科学研究院'。"[①] 日后李家治在人工智能方面成绩卓著。

凌文辁也是周先庚最钟爱的学生之一。凌文辁1963年毕业于北京大学心理学专业,1967年中国科学院研究生毕业。1981年赴日留学。1983年回国后从事工业心理学研究,是我国著名的工业组织心理学家和人力资源管理方面的专家,曾任中科院心理所副所长,现任暨南大学人力资源管理研究所所长,教授,博士生导师,广东省社会心理学会会长,中国心理学会常务理事,荣任中国心理学会会士。他是我国行为科学和组织行为学的最早开拓者之一。

在凌文辁和夫人方俐洛的回忆文章中他们写道:

> 在我们未进入北京大学前,对高等学府有一种神奇感。考入北大哲学系后,见到中国哲学泰斗:秃顶长须的冯友兰教授、穿着长袍拄着拐杖的铁钦纳的高徒唐钺教授、留着列宁式大胡子年纪不老却拄着洋拐棍并西服革履的沈迺璋教授等,都增强了这种"晕轮效应"。对这些教授我们都怀着敬畏的心情而不敢靠近。但当我们遇见周先庚先

---

① 周先庚日记第74本。1981年3月6日,未刊稿。资料存于采集工程数据库。

生时，却是另外一种感觉。他穿着一身灰蓝色旧布中山装，戴着赵本山式的旧解放帽，骑着除了铃不响其他零件都响的破自行车。初见时还以为他是系里的工友呢！他给人的印象是和蔼可亲、平易近人，没有一点大教授的架子。从他朴实的外表中，人们不会联想到他曾是对我国的心理学做出过众多开创性贡献的大教授，因为当时没有人宣传他的学术成就，而只听说他有"历史问题"。那时，他是一位被遗忘的老人，但却是一个十分关爱学生的老师！

1963年年初，正赶上恢复研究生培养制度的第二年，党组织动员有条件的学生报考研究生。我们响应党的号召，向科学进军，献身祖国科学事业。离考试日期很短，我们利用寒假留在学校备考中科院的研究生，整天关在宿舍里不休息、不睡觉，临阵磨枪。有一天下午5时左右，有人敲宿舍的门，开门看是周先生。我们都很惊讶，周先生怎么知道我们寒假没有回家？而且还能找到我们的宿舍？只见到他从一个旧布袋里拿出一个铝饭盒，打开一看是一盒油炸春卷。在那困难的年代，我们这些穷学生，天天都处于饥饿状态，一看到这从未吃过的油炸春卷，顿感饥肠辘辘。周先生说，赶快趁热吃。又问还有谁考研，凌文轻说，还有郭念锋。他连忙说，快叫他一起来吃！两人狼吞虎咽地每人大概吃了三根，虽然周先生一再催我们再吃，可我们不敢再吃了。因为在那个困难的年代，每人的粮食都是定量的。如果我们要都吃了，周先生就没得吃了，所以我们推辞说，吃饱了，够了！坚持不再吃了。

送走周先生后，我们才缓过神来，感激之情油然而生。因为我们知道，在那个年代是没有人请客吃东西的，在大学和研究生期间从未听说过老师请学生吃饭。可周先生却能把自己的口粮省下来给我们考研的学生补一补营养，怎么能让我们不感动！周先生是把学生当成自己孩子一样爱护啊！

对学生的关爱还体现在周先生把学生的作业和写的稿子都认真批阅修改，学生的论文他都收藏保存。有时连学生都忘了自己还有这些资料。例如，当方俐洛第一次去周先生家拜访时，周先生马上就说出她父亲的名字，说你的父亲名方辰号旦明。因为在20世纪30年代，方俐洛的父亲曾在清华大学心理学系进修过。周先生还从资料收藏箱中找出方俐洛父亲编写的一本《普通心理实验手册》，这让方俐洛万分惊喜，连她都不知道父亲还写过这样一本著作。顿时，方俐洛热泪盈眶，连声感谢。这是周先庚老师送给方俐洛的最好最好的礼物！我们的毕业论文，周先生都收藏着。若没有这种对学生的爱心，是很难能做到的。特别让人感动的是学生毕业后，周先生都能如数家珍一样说出每一位学生的名字，哪年入学，哪年毕业，甚至和谁结婚都一清二楚。周先生这种对学生的关爱，也影响着我们，当我们带学生以后，也像周先生一样，认真负责地对待学生，关爱他们。[①]

这就是学生眼中的周先庚。还是在"文化大革命"期间，1971年9月29日周先庚在日记上写着："早（上）上班过南阁，门外扫出的垃圾上放了凌文辁:《皮肤电反应与定向反射》——毕业论文，于是拾起来。这些材料还有参考价值。"这说明，周先生对自己心爱的学生的毕业论文被当作垃圾扔掉是多么心痛！

周先庚记得早在方俐洛刚出生时，他就对他的好友、方俐洛的父亲、著名实验心理学家方辰说，将来把她培养成中国著名的女心理学家。这句戏言竟然变成了事实。

方俐洛两次考北大，1964年北大哲学系心理学专业毕业，1967年中科院心理所工业心理学研究生毕业，1982—1984年访美，1993年被聘为心理所研究员，博士生导师，现任全国政协委员，中国心理学会理事，中国人类工效学学会理事。研究方向是工业心理学、职业心理学和妇女心理学，主要从事与人力资源管理有关的工业心理学研究，多次获得重大奖项。早在1979年她和虞积生合作翻译的《心理学实验方法》，请周先庚为他们审校，1982年年初出版。在这期间他们经常到周先庚家去，周老一再提醒他们选择科研课题，不能从杂志缝里去找，一定要从实际出发，结合社会

---

① 凌文辁、方俐洛：纪念我国工业心理学的开创者周先庚老师。见：阎书昌、周广业编，《周先庚文集》(卷二)，2013年，第668-673页。

需要。1982年1月30日徐联仓和方俐洛来访，周先庚在日记中写道：方俐洛已考取官费留美，徐联仓代她联系到斯坦福大学研究管理。我说不必抛弃已有成果方向，希望她搞妇女心理学这一摊。6月方俐洛拿到麻省理工学院（MIT）心理学系主任赫尔德（Held）来信，已接纳她为访问学者，来请周先庚修改徐联仓复赫尔德的信，并请老师介绍熟人，周先庚告诉她："目前应集中力量赶快总结自己的成果，以便到MIT后可以向人汇报。希望到MIT后，能留意到回国的应用。"当方俐洛看到桌上"访晏老"的消息，说她爸也注意到此人，周先庚说："你父亲当时是搞常用字表的，为编'千字课'用到那统计字表。我与晏阳初共事七年，很熟悉的。"方俐洛脱产学外语时，周先庚也劝她要多交外国朋友，互教互学中英文。在和老师三十多年的相处中，凌文辁夫妇是去看望周先庚先生次数最多的学生。

　　1981年凌文辁赴日，1982年方俐洛赴美，他们回国后开创了一片新天地，在他们纪念恩师周先庚的文章中回忆：

　　　　改革开放以后，受到"文化大革命"严重摧残的心理学开始复苏。20世纪80年代前期，我们留学回国后，开展了组织行为学和人力资源管理的研究。时常去看望已年过八旬的周先生，并向他汇报我们正在从事的研究。当他听说凌文辁在研究领导问题时，就说：好！领导选拔和培训对国家治理很重要，这是心理学对社会贡献价值的体现。为什么心理学在"文化大革命"中被取消？就是因为社会没有看到它的价值。当他听说我正在用我们自己的CPM理论和量表去给国家机关和大型企业的局（厅）处级干部进行测评、考核和选拔时，周先生说今后应将这种测评扩大到部级领导，甚至中央领导的选拔中去。凌文辁说，我们还没有这种雄心壮志，要是能推广到局处干部的选拔中去，就心满意足了。2000年前后，中组部成立了干部考核与测试中心和培训中心，表明党中央对这一问题的重视。周先生还希望我们能开展社会心理、政治心理、广告消费心理、军事心理等领域的研究。当听到方俐洛准备为中美妇女大会做一个中国妇女特质的调查时，周先生鼓励说：方俐洛你是全国政协委员、全国妇联执委，你要参政，还要带头把妇女心理学开展起来。周先生在谈每一个研究领域时，常常会有一些超前的创新思想。正是因为他有这种超前的创新意识，成就了他在20世纪三四十年代在众多学科领域的开拓性研究，并获得了创造性的成果。[1]

马启伟也是周先庚最得意的学生之一。体育可以带给人勇气、坚持、自信心、进取心和决心，培养人的社会品质——公正、忠实、自由。这是清华大学著名体育教授马约翰的名言。他的次子马启伟教授子承父业，也成为体育教育家。马启伟出生在北京，1943年在昆明毕业于清华大学心理学系（即西南联大哲学与心理学系心理学组），西南联大期间参加了周先庚、丁瓒、曹日昌、戴秉衡和美国专家一起进行的伞兵和军官心理测验。1946年他到美国春田大学攻读硕士学位，在该校曾一举击败了连续八年获全校网球冠军的对手。在这里，马启伟第一次接触了六人排球。

1948年学业结束，马启伟坚决回国为祖国贡献力量，这年秋天他到清华大学任讲师，后到北平师范大学任副教授。新中国成立后，历任我国女子排球队首任主教练、北京体育学院教授、球类教研室主任、副院长和院长，国际排联规则委员会主席，中国排球协会副主席等。他成为当时国际排联唯一一位中国官员，为国际排联工作了20多年，国际奥委会曾授予他"学习和研究奖"。国际排联于2002年9月授予他"银十字"勋章和奖状，上面写着"感谢马启伟先生使排球获得世界的崇高形象和关注所做出的特殊贡献"。"文化大革命"后周先庚鼓励他把所学的心理学知识运用到体育训练和教学中，因而马启伟成为我国运动心理学的奠基人。

1954—1957年，周先庚应北京体育学院马启伟之邀，为生理教研组研究班讲授皮肤电反射，并兼职指导北京体育学院生理学系的佟启良等多名研究生。佟启良曾做过运动员起赛前状态的皮肤电反射的实验和现场研究，1956年全国运动会期间，他又做过多项运动员的测试，如体操冠军赛起赛前状态：皮肤电反射测定；武术、拳击、击剑运动员起赛前皮肤电位

---

[1] 凌文辁、方俐洛：纪念我国工业心理学的开创者周先庚老师。见：阎书昌、周广业编，《周先庚文集》（卷二），2013年，第672页。

测定等。1954年北京体育学院领导决定开设英语课，马启伟推荐曾在燕京大学外文系高才生的师母郑芳来体院，筹建全国第一个体育院校的英语教研室，在全面学习苏联的五十年代，使北京体院的英语教学和对外接待西方体育专家方面独具特色。

周先庚不仅深爱自己的学生，对任何一位在学业和工作中需要帮助的人，特别是年轻的后辈，都尽力扶持、施以援手。

1981年高佳、高地翻译《社会心理学》一书，周先庚为他们审校。以后他们还翻译了《妇女心理学》等几本心理学方面的书，都得到老师的热忱帮助。1984年，周先庚与湖南青年成正辉通信，鼓励、帮助年轻人学习心理学知识。1985年5月，安定医院精神科医生陈学诗报告已批准成立"中国心理卫生协会"，请周先庚为筹备理事会多提建议，周先庚被聘请为顾问。7月8日，《军事心理学》作者刘红松来信感谢周先庚为其书作序。7月、8月、11月三次为华中师范大学物理系学生杨景义自学心理学购买邮寄书籍二十多本，并热情指导他自学。1986年6月，学生崔莉芳写信感谢老师周先庚为她指导"音乐心理学"方面的论文。1986年12月，中国科技情报所武夷山来信致谢周先庚为他校阅译稿。1987年3月，湖北青年刘慎锐请周先庚为他所写的《税收管理心理学》做指导。5月11日，周先庚收到西安空军工程学院钟德辉来信，请教"军事心理学"中军人个性测验方法。1988年10月，王谦送来他翻译、由周先庚校对的《必要的丧失》一书，并深表谢意。

周先庚在北大"文化大革命"前唯一的助教高云鹏，1960年毕业于北大哲学系心理学专业，毕业后留校任教即当周先庚的助教，跟随周先庚学习实验心理学，特别是皮肤电反射的理论和技术。由于教学任务的需要，在开设《劳动心理学》时，心理学专业安排由李家治、荆其诚等指导了高云鹏；后来在开设《实验心理学课程》时又受陈舒永的指导。"文化大革命"中高云鹏又历经坎坷，20世纪80年代末才又回到心理学系，所以他实际上跟随周先庚的时间并不太多，周先庚和高云鹏都为此感到可惜。20世纪80年代高云鹏曾在中国大百科全书出版社从事心理学卷的编辑工作，和周先庚有过不少的接触。1981年心理学系党总支书记姜德珍给周先庚送

《中国大百科全书》编委聘书时，周先庚曾对她说：请平反高云鹏。1982年周先庚又向校党委呼吁，让高云鹏"归队"回到心理学系工作。周先庚主持正义、爱惜人才之心由此可见一斑。

周先庚在心理学讲坛上执教几十年，培养出大批学生，许多心理学者都聆听过他的教诲，他的学生和助教中有很多人都成为中国心理学界杰出的专家学者，他们在各自的岗位上，为中国心理学的传承和发展不断做出新贡献。

蜡 炬 燃 尽

1983年周先庚已八十岁，年事已高，但他不服老。5月心理学系党总支书记姜德珍送来"北大心理学系概况"一稿，关于唐钺、周先庚、吴天敏三教授的报道，周先庚不同意文中"年老体弱"的提法，仍积极参加政治学习和各学术团体活动。他每天看七份报纸，"秀才不出门，能知天下事"，也一直在认真审校《心理学导论》译稿。7月，周先庚参加了"北京市社会心理学会"成立大会。

1984年4月，分别三十多年的学生敦福堂自美国来信，周先庚为他保存了当年的"汉字检索卡片"和油印的"普通心理学"讲义，他们还在通信中探讨汉字研究问题。

1987年12月，北大校长陈佳洱专为周先庚、姜德珍开会，正式宣布二人离休。随后接到欧美同学会通知给予司局级待遇。1988年，周先庚正式离开了教学科研第一线。

1988年，周先庚虽然85岁高龄，仍老骥伏枥，笔耕不辍。《心理学纲要》出版后，由他统校、骆正等翻译《续编》（第三册），遗憾的是这本书因故未能付印。

晚年周先庚的一件大事是，1981年经中国国民党革命委员会北京市委副秘书长张廉云（张自忠将军之女）和商鸿逵、江元铸介绍，于11月

图 10-5　1988 年 5 月，周先庚参加民革支部活动

14 日批准加入民革。他自己说，这下他成为真正的国民党党员了。这是指"文化大革命"中他因为 1945 年在昆明西南联大时期领导为抗战服务的伞兵和军官心理测验，领过所谓"国民党少将参议"的补贴，而被批斗为"不戴帽的历史反革命"。加入民革后，周先庚十分兴奋，积极参加民革支部的各次活动（图 10-5），每次都是第一个到场，犹如获得了新生。

图 10-6　1988 年北京市社会心理学会第二届学术年会上周先庚与孙昌龄谈话（孙昌龄提供）

1988 年 6 月，周先庚持手杖出席了北京市社会心理学会第二届学术年会。8 月 10 日在燕东园 34 号小楼家中，北大校领导、心理学系师生及清华校友会为他举行 85 岁生日祝寿会，到会 26 人，学生 23 人。12 月 28 日，周先庚参加北京心理学会会议，遇到了 1947 年在辅仁

大学听过周先庚"青年心理学"演讲的孙昌龄（图10-6）和他原来唯一的助教高云鹏及焦书兰夫妇，大家相见甚欢。

1989年2月，周先庚曾交给郭佑民《语言大典》卡片95张。7月吉林人民出版社《心理咨询百科》，约写"周先庚"专条。9月，他校改崔莉芳有关音乐心理学的译稿。11月，审读陈仲庚《临床实验心理学》手稿。

1990年1月18日北大心理学系联欢会，周先庚第一个到会。联欢会上，周先庚讲到当下中国心理学的发展可谓是"天时地利人和"，大家一定要珍惜时光，奋发向上。

4月29日，清华校友总会派车由周广业接上周先庚、沈同、陈岱孙到清华大学工字厅参加校庆。周先庚在工字厅捐200元重建二校门。校庆时他见到了诸多老友，其中梅贻琦夫人韩咏华已97岁。6月，周先庚参加了北京心理学会学术报告会，散会后，陈仲庚、王甦的研究生送他回家。8月郑丕留来取周先庚为他保存了四十多年的手稿资料两捆，激动不已（图10-7）。

图10-7 周先庚与郑丕留在家中合影

1991年2月的大年初一，民革支部和凌文轻、方俐洛夫妇来家拜年。4月底清华大学八十周年校庆，长子周广业蹬三轮车送他到清华二校门、清华学堂和第三教室楼墙上施滉（清华同班同学）的浮雕像前等处摄影留念。7月，周先庚为中国青年出版社《社会科学名著选萃》写完了两万字的《心理学导论》浓缩稿。8月，他时不时感觉头晕，送中医研究院就诊，被诊断为"老年痴呆症"，后去北医三院做CT检查，确诊为"大脑萎缩症"。

1992年9月6日，周先庚参加了欧美同学会的活动。1993年8月10

日，北大、人大联合民革支部在未名湖岛亭会议室召开周先庚90岁祝寿座谈会，他因身体不适未出席，由长子周广业代为出席和发言，生动地讲述了周先庚曲折坎坷的一生，夫人郑芳早逝，子女们发配外地，孤身一人艰苦生活，热爱国家，拥护共产党和社会主义，对中国心理学事业做出了杰出的贡献。民革支部成员和北京市民革领导张廉云对周先庚一生均给予很高评价。

在周先庚晚年，尤为关心清华心理学系的恢复。清华大学心理学系始建于1926年秋，是中国大学里最早建立的心理学系之一。最初，清华大学设立的是教育心理学系，1928年教育心理学系改为心理学系。心理学系第一任主任是唐钺。自1930年起，系主任先后由孙国华、周先庚轮流担任。受美国近代实验心理学流派的影响，心理学系强调心理学基础理论的教学与研究，开设的课程侧重自然科学。心理学系还建立了普通心理学实验室和实验心理学实验室，研究重点放在心理学基础研究。1932年，设立了心理学研究所（后改为研究部），开始招收研究生。1934年院系调整定型时，清华大学心理学系是清华大学理学院六大系之一。在西南联大时期，清华大学心理学系并入联大文学院哲学心理学系，改为心理学组，仍兼受清华理学院领导。

清华大学心理学系曾经有过辉煌的历史，为我国培养了一大批心理学的领军人物，当时在心理学系任教的著名学者有唐钺、孙国华、周先庚、沈履、陈立等人，他们都是中国现代心理学的缔造者。心理学系几经风雨，其间，还培养了一批著名科学家。如，我国家畜人工授精技术的开拓者和传播者，1931级的郑丕留；现代试管婴儿之父、美国科学院院士，1933级的张民觉；著名心理学家，1935级的曹日昌，我国最早将辩证唯物主义应用于心理学研究的倡导者之一，为我国心理学科的兴建和发展做出了重要贡献。他们将清华精神带向世界，并为清华人树立了光辉的榜样。

1952年院校调整以后，心理学系随理学院并入北京大学。周先庚在北大任教的三十五年，除去"文化大革命"遭难的十多年，从1952年到1966年，起初全面学习苏联，用辩证唯物主义、马列主义和巴甫洛夫生理学"代替"心理学，1958年康生和中宣部负责人又发起批判心理学运动，北师大、中科院和北大教授都成为批判对象。1965年姚文元向心理学发难，"文化大革命"中心理学遭受灭顶之灾。虽然在周总理过问下，有了1956年"双百方针"的贯彻和1959年的纠偏，但在这样的大气候下，周先庚等老一辈学者，即使有满腔热情也无法施展才能大胆工作。1978年周先庚得到平反时已年届75岁，此后他又兢兢业业工作了十年至85岁高龄。对比1931—1952的二十多年，使他深深怀念在清华大学的大好时光。晚年时，一心希望清华早日恢复心理学系。有一次晚饭时，周广业提到找保姆的事，周先庚在日记中记着："我气急了，又大骂他一顿，为什么有意为我操心保姆的事，为什么不关心我的心理学工作，如真肯帮我忙，清华办心理学系的事倒可以办得到。"

1995年年底李卓宝与姜德珍去看望病中的周先庚先生。后来李卓宝在"回忆我的老师周先庚教授"的采集工程采访稿的最后曾说过："他很希望我能够继承他的事情，所以他每次见到我都是这样，最后一次见他躺在床上，他还说清华要成立心理学系，怎么还不成立？我说我已经搞了理学院，也搞了生物系，现在正在搞心理学系，你的儿子周广业也帮我一起搞的，挺好的。过了几个月他就去世了。"

1979年10月，清华大学建立教育研究室（后改为教育研究所，李卓宝任所长），下设应用心理学研究室，李卓宝一心想以此为依托开展心理学的研究。1987年，清华大学建立了高校最早的学生心理咨询中心，为学生提供专业的心理服务。2000年教育研究所设立了心理学研究室。2003年，拥有了应用心理学硕士点。2007年12月，清华大学成立由谢维和副校长为组长，李强、钱颖一、彭凯平、王孙禹为成员的心理学系筹备工作小组。2008年5月，凝聚着几代人努力的清华大学心理学系终于恢复建立，10月召开了复系大会。复系后的首任系主任彭凯平1983年北大心理学系毕业后留校任教时曾做过周先庚的助手，历史巧合地"轮回"了。但遗憾的是，清华心理学系复系后未能与老清华时一样放在理学院，而是归属于人文社科学院，人文社科学院拆分为两个学院时，本有机会独立，可惜仍旧归属于社科学院，未能继承老清华心理学系的传统，以自然科学为主，

第十章　桃李芬芳　蜡炬燃尽　**195**

以实验心理学为重点的办学特色①。但愿清华心理学系能早日独立，赶上国内一流心理学院的水平，实现周先庚要到美国去讲授"中国牌心理学"的梦想！

1995年周先庚在燕东园34号小楼家中两次病危，长子周广业分别送他到北医三院和人民医院抢救。年底12月再次病危，送北大校医院护理。

1996年2月4日，周先庚终因长期脑萎缩引起并发症，多项功能衰竭，于北大校医院去世，享年93岁。

周先庚去世后，北大党委书记任彦申十分关心，曾对周广业说：周先庚是我国著名心理学家，应开追悼会。但周先庚生前希望丧事从简，因而子女们决定不开追悼会，只在北大校医院太平间举行了简单的告别仪式，北大王义遒副校长代表校领导前来告别，告别室上方悬挂着"图10-8"这张周先庚和子女们最喜欢的照片。

图10-8　1989年3月周先庚于柳无非家留影（此为周先庚生前最喜爱的照片，由外甥汪松拍摄）

子女们将父亲的骨灰和一直保存在父亲卧室的母亲的骨灰，合葬于八宝山人民公墓，以与他们的亲人、郑芳的姑父母柳亚子、郑佩宜相伴。

一位中国心理学大师离开了我们，但他追逐的"中国牌心理学"梦想永远不朽！

---

① 新的《中华人民共和国学科分类与代码国家标准》2009年版比1992年版在"自然科学"门类下唯一增加了第九个学科，即"心理学"，代码为"190"，"心理学"终于在我国有了应有的学科地位。

第十一章 夫人郑芳

书香家族　求学燕京

周先庚的夫人郑芳（图11-1），1910年12月19日出生于江苏吴江县盛泽镇，1961年12月25日因患直肠癌在北京大学燕东园42号甲家中去世，年仅51岁。

郑芳出身于声名显赫的郑氏家族，是盛泽郑氏家族的第59代。

据郑芳的叔叔郑之蕃（号桐荪）考证，盛泽郑氏最早是明代末年自安徽歙县长龄里迁到盛泽的，郑氏世泽堂是盛泽镇最具代表性的书香门第之家，自古以来重视教育，人才辈出。郑芳的祖父郑式如1901年创办了盛泽镇也是吴江县最早的新式学堂——郑氏小学。父亲郑咏春（1886—1922）1908年从上海复旦公学毕业后在苏州任教。

图11-1　20世纪40年代的郑芳

1922年突发脑出血殁于苏州，年仅36岁。他去世后遗下寡妻施毓珊及子女六人，郑芳12岁，大姐郑葆15岁，最小的妹妹郑蓉仅4岁。郑芳的叔叔郑桐荪在清华大学任数学系教授，从此肩负起了兄长撇下的一家老小教养重担。1923年夏，郑桐荪先把郑葆接到北京，同时资助其他侄子、侄女继续读书。郑芳和弟弟郑重、妹妹郑芹在浙江湖州私立湖郡中学读书。叔叔一直代替父亲呵护郑芳长大成人，上大学、结婚成家。

郑芳的姑父母柳亚子和郑佩宜从小就十分关注和培养她的文学修养，影响了她的一生。

郑芳于1923年到盛泽镇西边太湖南岸的湖郡女子中学，读初中和高中共六年。在中学时代郑芳即显露文学才华，六年中的国文和作文课绝大多数为"A"。1929年6月以优异成绩毕业后，与三位同学到东吴大学学习半年，又到湖郡女子中学附小任职半年，因湖郡女子中学高中毕业后可直接升入北京燕京大学，后经校长邱丽英举荐，1930年9月郑芳升入燕京大学文学院外文系就读（图11-2）。

图11-2 1930年郑芳入学燕京大学

在中学读书和升入燕京大学期间，郑芳因父亲早逝，家长和经济担保人及费用提供人都是叔叔郑桐荪。郑芳到以未名湖和博雅塔闻名于世、风景如画的燕京大学学习，更是如鱼得水，外文系同班同学中有好友、康有为的外孙女罗仪凤，同学中还有1932年和1933年入校的龚普生和龚澎姐妹，她们后来分别嫁给了外交部副部长章汉夫和外交部部长乔冠华。

喜结连理　相夫教子

据周先庚本人所填履历表上所写，郑芳与周先庚的相识是由清华同班同学周培源介绍（以后两家成为"世交"，子女多为同班同学），周培源能成为介绍人，一方面他与周先庚是同班同学的挚友，另外，周培源在清华学校上学时因上的是郑桐荪先生的数学课，与郑先生一家人都十分熟识，郑桐荪的长女郑士宁（后与数学家陈省身结为连理）生病在协和医院住院时，周培源常到医院看望，并将郑士宁生病住院的消息透露给了她当时在外地的父亲，以致郑士宁因周培源违背了她的嘱咐，而称他为"第一告密者"。郑士宁是郑芳的堂妹，从小一起念书长大，比亲姐妹还亲，郑芳在燕京大学读书，周先庚学成回国与挚友周培源同在清华大学任教授，周培源为他们牵线搭桥当然是最合适不过了。周先庚1931年到清华大学心理学系任教授，时年28岁。当时到清华任职时是住在清华园工字厅的单身教职工宿舍，即现在工字厅大门东边的传达室。郑芳与周先庚常在工字厅和后面的荷花池约会（图11-3）。

图11-3 1932年周先庚与郑芳于清华工字厅合影

郑芳的叔叔郑桐荪操办了她与周先庚的婚事。因郑桐荪对自己的侄女疼爱有加，把她由老家江苏吴江接到北平，资助她上燕京大学，当然就更关心她的终身大事，希望能嫁给留学归来的清华教授，正像他把郑芳的姐姐郑葆由吴江接来北平上中学和燕京大学，并于1928年主持将郑葆嫁给了清华大学化学系谢惠教授一样。

郑芳与周先庚于1933年1月10日结婚，证婚人是校长梅贻琦，介绍人是吴有训与杨武之，主婚人是叔叔郑桐荪和周先庚的大哥周先孚（图11-4）。因为结婚，郑芳于1933年5月提前一年在燕京大学肄业。

周先庚和郑芳婚后搬到清华

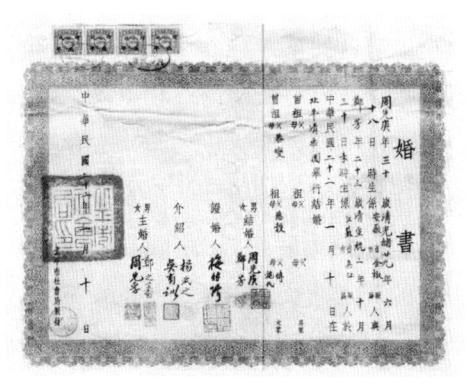

图11-4 周先庚与郑芳的结婚证书

第十一章 夫人郑芳

新西院 27 号居住。他们没有去其他城市旅游度蜜月,而是一起回到周先庚的老家全椒县,看望姐姐程周氏,她们一见如故,情同亲姐妹,在全椒住了一个星期。临别时,为了减轻姐姐的家庭负担,将姐姐的大女儿程淑端带回北京,资助其读书继续升学,后来抗战时,程淑端也随全家一同南迁,帮助照看孩子,是重要的家庭成员。

1934 年 3 月 8 日长女周立业出生,好友林巧稚大夫亲自接生。1935 年和 1936 年长子周伟业、次子周宏业相继出生。1937 年抗战全面爆发,郑芳与周先庚随清华南迁至长沙。长沙临时大学在这里得以组建,后因战急,1938 年年初长沙临时大学分三路赴昆明,全家因有孩子,于是随第三路乘火车先到广州再去香港九龙,郑芳那时已怀孕七个月,因火车颠簸,提前临产,到广州后立即送入美国人开的一家私立医院。1938 年大年初一,三子周广业出生,因七个月早产,孩子在温箱里保养了一个星期,然后全家到九龙暂住,图 11-5 这张照片曾扩印后放在镜框中,是周先庚全家最喜爱的照片。

图 11-5　1938 年 4 月郑芳与孩子们于香港九龙
[郑芳抱周广业与周立业(左)、周伟业(前)、周宏业(右)]

1938 年郑芳和程淑端带四个孩子在香港九龙住了一年多时间,周先庚已先期到云南蒙自和昆明的西南联大工作,直到 1939 年 2 月他才回九龙接上全家赶赴昆明。途经越南河内时郑芳突发疟疾而滞留,数月后周先庚又回来接上全家经云南河口和蒙自,最后到达昆明。

到昆明西南联大后,全家先住在昆明西仓坡民强巷 1 号。1943 年周先庚到昆华师范学校兼课,全家遂搬到学校旁的胜因寺大院。

1941 年为躲避日寇飞机轰炸,全家搬到滇池旁的乌龙浦暂住。9 月,五岁的周宏业突然得了可怕的白喉病,郑芳急忙抱着他赶上火车,赶到昆明云大医院救治,结果医生不在,又赶到医院大夫家中,给孩子打了针,半夜才回到乌龙浦乡下家中,周先庚也从昆明赶回,守了宏业一夜。但孩子发烧越来越高，天一亮，再抱着孩子赶到云大医院，大夫说昨日针水打少了，已没救了！不到一个星期，孩子就死在了周先庚怀中，遗体后来送到昆明城外火化。没想到，此时在乌龙浦看护孩子们的外甥女程淑端，知道她看护长大的最疼爱的宏业死了，悲痛欲绝，竟服了鸦片土，紧急再送云大医院抢救，亦是无效而逝，后来埋在了城外坟山脚下。几天之内周先庚夫妇连失两个孩子，其悲痛可想而知！

周先庚的一份材料中，详述了其子周宏业与外甥女程淑端的去世经过，十分悲惨：

> 我清楚地记得：有一年，大概是1941年秋九月初，一个礼拜六晚上，我从警报疏散村乌龙埠，背着背包走十里路，上呈贡火车回昆明，赶着把那学年的课程表严格按期交给汤用彤系主任，这是我的习惯。
>
> 在那一周我回村休息时，我的第三个男孩五岁，已发烧生病，直到我走时，还未看出是什么病，我要交课程表心急，只得忍痛放下，交给家人爱人、外甥女管。我交了课程表，已回西仓坡民强巷一号城内的家了，忽然爱人郑芳抱着宏业回家了，病得危急得不得了。一问，原是我在乌龙埠前走一步，她在家卒然发现宏业的病是白喉，并且是恶性的。于是她叫村人背送，赶上了呈贡火车，就是我已登上的同一列火车，但是她哪能够找到我呢？那时火车挤死人，哪还会找到人！就这样，我下火车也见不到他们母子俩。郑芳只顾奔向云大医院，找姚碧澄大夫，不在，又直奔他家，打了针，然后才抱、背回家的。她母子俩半夜回到家中，我接抱过来，守着一夜，孩子体温越来越高，面色越来越不对。好容易挨到天亮，一早再抱到云大医院，请姚碧澄大夫一看，孩子嘴唇已发紫，说是昨晚针水打少了，已无救了。勉强再多打针水，哪还有效呢？毒性已漫到全身，一天恶化一天，我日日夜夜抱在怀里，时时刻刻注意着他的情况发展。我一生第一次亲临死的来到的过程，不到一周，他就死在我的怀里！……我爱人郑芳见孩子已无救，城里交给我，她还想回乌龙埠看别的四个孩子。哪知，祸不单行，就在宏业死的第二天，她还未回乡的时候，

先邻堂弟派人来报告说，乌龙埠看孩子的外甥女，卒然吃了鸦片土，性命危急，小表弟病死，与她并无完全责任关系，怎么能自寻短见呢？果然先邻把她护送进城，赶到云大医院抢救，亦是无效……前后两天工夫，接连死了两个孩子，这是偶然吗，这是命运吗？我这二十七八年来，一直在责怪自己，就是轻重缓急、大事小事，不会区别对待处理。

汤用彤系主任对我每年交课程表，也并不是那样机械地严格要求迟一天也不行的人，一切都是听我的办。我为什么那样迫不及待，要赶进城交课程表，而忍心把孩子丢下呢？而且早已知道孩子已烧了好几天，其势凶猛，为什么不衡量一下轻重缓急，孩子病要紧，还是把课程表迟交并没有太误公事要紧呢？如果我留下和爱人一同照料，立刻进城还来得及，两人有个商量，也可能针水打足些，可以得救。课程表迟交一两天并无多大关系。①

在《郑芳文集》的《从南到北》一文中郑芳也曾叙述了孩子周宏业过世的经过，文中的"玲"即郑芳，"明"即丈夫周先庚。②

周先庚一家真是祸不单行。长子周伟业1938年住在九龙时得过大脑炎，高烧41度，那时还没有儿童的脑炎疫苗，也无法治疗；到昆明后，脑炎后遗症逐渐加重，药水喝了好几年，病情不见好转，痴呆越来越重，经常一个人跑出门，不认识回家的路，要大人去四处寻找。后来郑芳就在孩子胳膊袖子上套上一个写着家庭地址的白布套袖，好几次跑丢了，都被好心人领送了回来。1946年3月18日，周伟业患病八年后终因羊癫风过世，周先庚将孩子遗体送到云南大学医学院做了病理解剖，大脑已大部分软化。郑芳含辛茹苦，精心照看一个痴呆病重的孩子这么多年，心中该是多么痛楚！

周先庚在西南联大和昆华师范学校的教学任务繁重，家庭重担就全落在夫人郑芳一个人身上。1942年二女儿周明业出生，1945年四子周文业出

---

① 周先庚："文化大革命"材料第12本。第66-68页，未刊稿。资料存于采集工程数据库。
② 周先庚：《郑芳文集》（第2版）。北京：中国科学技术出版社，2014年9月，第319页。

生。郑芳没有奶水，为了保证孩子的营养，在胜因寺外的一家农户包养了一头母羊，几个孩子都是喝羊奶长大的。在昆明的抗战八年，西南联大的教授们都只有一点点微薄的薪金，生活十分艰苦，因此教授太太们都要想方设法增加家里的收入。郑芳为此曾做过中学英文教员，当过家庭教师，在家做蛋糕和点心，到街上摆摊卖或送到城里糕点铺，生意很好，还做刺绣和织毛衣等。当时许多教授太太都在做蛋糕，称为"定胜糕"。

还有一项补贴家庭收入的来源，就是从1944年开始，郑芳为报刊写文章。当时下笔写作，是受一位在昆明《中央日报》当副刊编辑的教授太太徐远晖的启发和帮助，得到《中央日报》总编辑胡惠生的亲自登门邀请才得以实现。

1945年夏天，美国战略情报局昆明评估站的美方成员戴秉衡到胜因寺拜访周先庚，为周先庚郑芳拍摄了唯一一张"全家福"的珍贵照片（图11-6）。

抗战胜利后，1946年7月全家乘军用飞机由昆明飞往重庆，开始重返清华园。在重庆暂

图11-6　1945年郑芳、周先庚与孩子们在昆明胜因寺院内合影（前排孩子左起：周文业、周广业、周明业，后排左周立业，中间周伟业）（戴秉衡摄）

住了两个月，等待飞返北平的飞机。当时正值盛夏，重庆天气炎热，9月终于等到飞机，还是美国人开的军用飞机。在北京西郊飞机场下了飞机，乘车终于回到阔别了八年多的清华园。

当时全家住在过小桥第一栋的新林院4号。回到清华园的第一天，在四川重庆请好的厨师老关就来到家中。关师傅会做各种好吃的菜，尤其面食做得好，还会做木工，几个孩子都非常喜欢他。关师傅一直工作到新中国成立后。后来他因为得了肺结核就辞职了，过了几年，因无特效药可治而去世，全家都很伤感！老关师傅无儿女，孤零零一人，在《郑

第十一章　夫人郑芳　　**203**

芳文集》中，有一篇人物特写《老关》，详细记述了老关来家后的情景，十分感人。

1937年离开北平时，全家的家具以及周先庚从1916年13岁上清华学校时就开始写的几十本日记，都寄放在清华心理学系工友赵云田在北京城里的家中，这次回清华后，一打听，已全部丢失了，尤其是那些珍贵的日记，十分可惜！周先庚在他1952年的日记中曾写道：

我自清华读书，到美留学，游欧，返校服务，直到七七事变，都是一直日日记日记的。不幸日记全部与书物等，因留交系工友赵云田保管，赵云田在日军占领北京期间被迫害身故，所以我的全部日记都遗失了。复员返校，赵的儿子也找不到。吴天敏的朋友高以菜说曾看见过我的日记，但可能是被赵一齐烧掉了。真是可惜。①

1947年下半年，周先庚赴美休假的申请获学校批准，于10月登船赴美，此时郑芳已有身孕但她隐瞒了下来，直至丈夫到达美国一个多月后才在信中告知。八个月后，周先庚于第二年即1948年6月18日赶回清华园，隔了一天，6月20日第七个孩子周治业在新林院4号出生。

这八个月，丈夫不在家，郑芳带着四个孩子，艰苦度日。大女儿周立业去城里贝满女中住校读初中，只在周末才回家，广业、明业上成志小学，文业才两岁，幸亏有关师傅做饭帮忙照看孩子，但因物价飞涨，每天都要为全家的柴米油盐奔忙。产前最后两个月，她还挺着大肚子一个人为了全家的生活在清华园内到处跑，亲朋好友们都称赞和感叹不已。

八个月的长时间分离，真正考验了这对患难夫妻，每周他们都会至少写一封长信，互叙衷肠，周先庚写了45封，郑芳写了37封。周先庚在信中除详述在美国情况外，还列出花钱的详细账单，因周先庚一生都有记账的习惯。郑芳的信中详细叙述了清华园里的名人趣事，与周培源一家及好友们的友谊，心理学系同仁们的情况，孩子们的健康和学习成绩，以及时

---

① 周先庚先生的工作日记。1952年1月6日，未刊稿。存于北京大学档案馆。

局和生活状况等，信中更写出了她对丈夫深深的爱！例如，郑芳在1948年2月29日给丈夫的信中写道："……所以先庚，我要求你，你返国后，我们要保持和睦，相爱，相互体贴，谅解，直到上帝让我们分了手。因为十几年的婚姻生活该证明我们二人定能相处，若吵闹，特别为了旧故，那么二人都有错，要容忍。我知道我有我的长处，也有我的短处，你原谅了我的短处，一切都会相安，你答应我吗？先庚，就是我们要永久相爱，直到死，不准有一丝一毫的争吵、不乐意处……"① 这真是一篇夫妻患难中难得的"爱情宣言"！

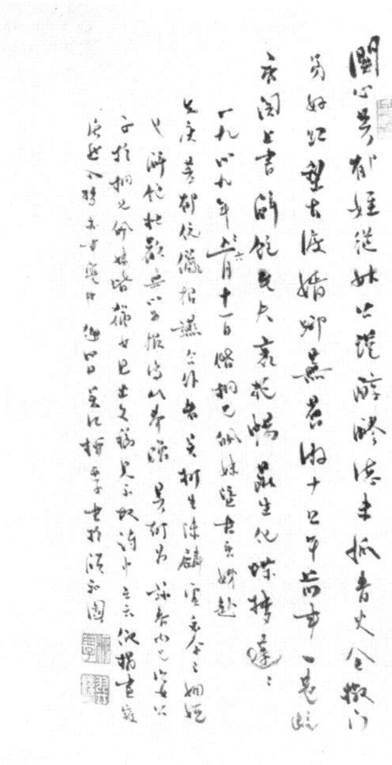

复员回清华后，郑芳在忙碌中还继续为报刊写稿，补贴家用。

1948年年底，清华园提前解放了。1949年4月郑芳的姑父母柳亚子、郑佩宜受毛泽东邀请，来到北京，住在颐和园益寿堂，郑芳带全家多次前往看望。6月11日还在清华新林院4号设宴招待姑父母和叔叔郑桐荪。柳亚子为回报宴请，特意为郑芳和周先庚题诗词一首（图11-7）。

图11-7 柳亚子致郑芳手书

柳亚子的题诗为：

关心芳郁姪从姑，公瑾醇醪德未孤。
青史全椒门第好，红梨古渡婿乡芜。
旧游十二年前事，一卷疏香阁上书。
醉饱老夫哀抱畅，庄生化蝶梦蘧蘧。②

---

① 郑芳给周先庚的信，1948年2月29日。
② 周先庚：《郑芳文集》（第2版）。北京：中国科学技术出版社，2014年9月，第492页。

题诗的大意如下：

"关心芳郁姪从姑"：芳郁是郑芳的笔名，幼年丧父，叔叔郑桐荪又在清华大学任教，因此从小在吴江老家随姑父母柳亚子、郑佩宜长大，他们视郑芳如己出，十分疼爱。

"公瑾醇醪德未孤"：这里将周先庚比喻为周公瑾，也是品德优秀之人。"醇醪"为浓香的酒。

"青史全椒门第好"：因周先庚祖籍安徽全椒出过许多名人，因此与郑芳是门当户对。

"红梨古渡婿乡芜"："红梨"是郑芳母家江苏吴江盛泽镇的别称。"古渡"是指全椒县金城港古渡口，因通楚霸王自刎的乌江而著名。"婿乡芜"是指周先庚是柳亚子的侄女婿，两处家乡在抗战中都遭日寇践踏而荒芜了。

"旧游十二年前事"：1937年"七七"事变后，8月15日郑芳周先庚举家南下长沙，曾赴郑芳母家盛泽而路经上海与柳家团聚。

"一卷疏香阁上书"：在这次家宴上，郑芳曾将其在昆明和抗战胜利后回京所发表文章的剪报本，拿给柳亚子看，柳亚子十分赞赏。

"醉饱老夫哀抱畅"：柳亚子为丰盛的筵席而醉饱，抱怨自己吃饮的太多，中午在新林院4号阳台的躺椅上休息睡着了。

"庄生化蝶梦蘧蘧"：在躺椅上睡着居然做了梦，引用"庄子梦蝴蝶"的典故，见《庄子》一书。"蘧蘧"音"渠"，惊喜的样子。

登台讲授外语　与病魔抗争

大约是1952年春天，清华大学家属委员会动员教授太太们出来工作，清华成志学校已开设了初中班，成志学校也由丁所搬至普吉院西边新的校舍。因学校要为初中开设英语课和俄语课，没有俄语老师，郑芳欣然答应承担这一任务。她只用了半年多时间，迅速由英语自学转学了俄语。她用的教材是一本英文注释的俄语教材，在厨房一边炒菜，一边手里还拿着这本书熟读。1952年9月，郑芳到清华附中教初三年级的俄语课，受到了学生们的好评。

1954年，北京体育学院院长钟师统等院领导决定要在北京体院开设英语课，于是北京体育学院马启伟推荐他的师母郑芳出马。马启伟是西南联大哲学心理学系毕业，是周先庚的学生，当时周先庚也正应马启伟之邀在北京体育学院带心理学研究生。1954年7月，郑芳调到北京体育学院筹建全国第一个体育院校的英语教研室（图11-8），任教研室主任，自己亲自编写英语教材，因当时还没有合适的英语教材可用。到1958年因家族遗传的高血压病犯了，只好辞职回家养病。

图11-8 郑芳（后右三）在北京体育学院任教时与师生合影（周文业提供）

1959年下半年，郑芳忽然大便不正常，立即到北京大学校医院住院，大夫以为是痢疾，可治了一个多月，大便一直带血带脓，医院后来感到不妙，认为可能是阿米巴痢疾，送样品到协和医院去化验，协和医院化验后通知立即转到协和医院。外科主任吴蔚然大夫检查，直肠癌的肿瘤用手指就可以摸到，十分生气地责问北大校医院，为什么不早些送病人过来。第二天，吴大夫亲自主刀，与另一位赵大夫一起做了直肠癌肿瘤切除并在腹部开一个人工假肛的大手术。术后大夫就告知预后不好，癌变已转移到尾骨上，无法根治，一年后会复发。果然，一年后癌症复发，到北京朝阳医院的肿瘤科，做钴60放射治疗，治了三个多月，白细胞降到3000以下，停止放疗回家休养。1961年春，郑芳病情复发恶化，不久就卧床不起，苦不堪言，下身手术缝合处开线，每天流脓水不止，身下的垫布要换无数次，难以忍受的剧烈疼痛，两次爬挪到院内，想去颐和园投湖自尽而跌倒。与母亲同睡一个大床的十二岁的治业，每天精心照顾母亲，爬到树上掏鸟蛋煮给母亲吃，到城里王府井用侨汇券买几个母亲想吃的橘子。年底的圣诞夜里，备受病痛折磨的郑芳终于辞世。

郑芳去世前留了一份少见的遗嘱，给全家和每个孩子都留下了作为母亲的最后嘱咐。现摘录如下：

一、关于全家的

1. 大家一定要团结，不能让任何小意见引起彼此之间的不和。大家要虚心接受意见，互相关心，互相帮助，让这家的集体继续前进，要容忍，不要为一点小事发脾气。

2. 大家合作，搞好健康，健康是主要的，在家的集体中每人都有责任为大家的健康而努力，不要只享受，不工作。

3. 治业小，哥哥姐姐都有责任帮助治业，从关心他的学习、进步、交朋友、做功课、清洁卫生，一直到他的经济问题。若遇到困难（例如爸爸又结婚，后母对他态度不好，或爸爸健康成问题），治业可以请求舅舅（郑重）照顾，我在世前已有过几次信给舅舅提到这问题，所以舅舅会照顾他像自己的儿子一样。

4. 家中每年晒箱子，预备冬衣等集体劳动，要在春天（刮过柳花或未到柳花之前）进行。随时看见有樟脑球卖，随时买了放在箱子里，已经给虫子咬过的绝对不能和好衣服放在一起，毛衣一定要洗干净然后放箱子里。

5. 要注意喝水问题，注意水碱，水碱吃下去就会在肾脏里长石头，成肾结石，要开刀很痛苦。

6. 要注意清洁，饭前便后洗手，勤洗澡，勤换衣服。

7. 三个男孩不要早结婚，一定要等大学毕业后有固定工作和收入后再结婚。早结婚，背上一个家影响健康、工作，十分严重，找对象要注意：健康，性情，工作态度，爱劳动，等等。

8. 要关心照顾爸爸，住在北京的，每周末回家看看爸爸，和爸爸一同吃一顿饭，了解他的健康情况；不在北京住的，常写信问爸爸好，爸爸生病要大家互相看护照顾爸爸。

9. 要注意癌，我既然因癌而死，并受尽痛苦，并且我的家中有癌病历史，所以更要注意癌。明业要注意颈部淋巴癌，广业要注意血癌（就是白血病）。

10. 生病要住大医院，由大大夫诊疗，小医院小大夫反而把病耽误了。

二、给立业

立业是大女儿，并有独立的能力，所以要把弟弟妹妹们从学习到生活一切都负起责任来，耐心地解决一切家中问题。

立业：这些时日病加重，心烦躁，一心想进医院得到治疗。先庚为了这件事，各处想法，到现在什么医院都不收，我已觉悟了，决心在家养病。先庚为了我的病，瘦多了，我很伤心，决定在我死之前，改善伙食。以前有一顿没一顿，没人管，可是现在伙食好了，先庚吃得很得意，我也高兴，就是要多用钱，如进医院，钱用得更多，为我一人花。现在我已不能下床，小便也在床上，因为我倒地二次。你不要回家来，没有你的事，等假期你再回来，我想我可以见到你。

家里人待我太好，我真不应当死，尤其是先庚和治业。

（1961年11月7日左右开始写，1961年12月14日由先庚代笔完。）

三、郑芳家庭遗嘱

（面嘱爸爸代书。）（后又当面由我念与广业听，我并提出修改部分理由，大家无异议。1962年2月13日补志，庚）。

（一）爱护爸爸，尊敬爸爸。

（二）家里开支，想法平衡，特殊费用除外。

（三）对外办事由周广业负责。

（四）全家衣服由周明业负责。从上到下，从春到冬，都由明业保管，大家帮忙。

（五）家务杂事由文业、治业分别管理，爸爸监督。春耕大家动手。

（六）周文业要与大家和气。周广业要团结大家（为国家人民服务）。

（七）周立业是总顾问，有事要征求她的意见（坚持原则）。

郑芳　1961年12月14日 [①]

周先庚在1976年为每个孩子抄写一份遗嘱时又写了附注：

郑芳是1959年秋在北京协和医院，由吴蔚然外科大夫动的手术，患的是直肠癌，做了假肛，预后是三年。头一年倒是正常，但是她的性情是不肯静养、修养、闲居、休息，还是照常城内城外跑来跑去，一刻不停。第二年于是复发，每天只得乘租用汽车跑日坛肿瘤医院烤电治疗。到第三年即1961年下半年就只能决定在家等死，因为她叫我和吴蔚然商量，愿意再进协和医院，由他再动手术，情愿为科学而死在手术台上。我真的遵命和吴蔚然商量，但是自然不能成为事实。

郑芳性格顽强，动了手术，得知预后，还不让我知道。她与病魔做殊死斗争，总是一如平常，直到临终，从来没有哭泣感伤掉一滴眼泪。她总是告诫我应当续娶什么样的人，不该再结什么样的人，我答应她决不续娶。这是我的誓言！

周先庚　1976年7月4日 [②]

（先庚注：在妈妈住院和跑医院时期，立业曾按月寄来五十元，差不多有二年之久！）

[①] 周先庚:《郑芳文集》(第2版)。北京：中国科学技术出版社，2014年9月，第515-516页。

[②] 同上。

郑芳过世后，周先庚写了如下的挽诗：

芳郁贤妻灵鉴

撰写经年精神几悴，可怜积稿已成堆，未及整编寿梨枣。

沉疴两载医药兼施，岂是死生原前定，竟难并世觅卢扁。

勤勉笔耕　墨香长存

从在昆明的1944年开始，郑芳写作了大量文稿，约三百多篇。担任过昆明《中央日报》"妇女文艺"、《北平时报》"妇女与家庭"栏目的主编，为昆明《中央日报》的"妇女与儿童""龙门周刊""新天地"等栏目写稿。在当时受到广泛的好评，影响很大。许多家庭与婚恋方面的文章，在今天读来，还有很好的现实教育意义（图11-9）。

图11-9　周先庚编订的《郑芳文集》剪报本

周先庚从昆明就开始收集郑芳文章的剪报，回北平后，更是精心裱糊，装订成三册，郑芳去世后又编写了详细的《郑芳文集目录》。

20世纪50年代，郑芳以她深厚的英文和中文功底协助丈夫翻译了巴甫洛夫的《条件反射演讲集》，并联合署名为《中国青年》杂志撰写了《谈独立思考》《谈兴趣》《谈记忆》等多篇科普文章。

1957年，周先庚与郑芳合作，由中国青年出版社出版了《谈天才》一本小书。该书第一次谈及"天才"这一敏感话题。该书"根据真人真事和科学知识，说明天才并不是天生的，而是创造性劳动的累积与发展，是从爱自己的工作中培养出来的。"此书印了一万册，出版后在社会上引起很大反响和好评。

2013年10月,《郑芳文集》与《周先庚文集》卷一、卷二一起由中国科学技术出版社出版,以此纪念周先庚先生诞辰110周年。

2014年1月17日,《中国妇女报》的"文化周刊"发表了诗人、文化评论人童蔚的书评:"一卷疏香阁上书——读《郑芳文集》",书评认为:"这些文章都是为了天下人的'忧国忧民',里面有发自肺腑的疾呼,有南方女人精细的观察视角,都是那个时代水深火热中沸腾的文字。"还认为文集中一些散文的"精致构思与细腻的文笔不在张爱玲之下"。

下面再展示郑芳13岁时写给姑夫柳亚子的一封信,其天资可见一斑:

亚子姑夫:

　　我好久没有写信给你了,因为我近来大发游兴,什么星期日,放假日,都是我游山的佳期。我一连游了许多山,什么白雀啊,云樵啊,玻璃山啊,都给我游遍了。我觉得天地间的神秘,好像都聚集在这些山里似的。那时自然界的一切,都映在我的眼帘中了。那些葱青醲郁的嘉乐奇卉,纷披震荡的流水飞泉,迂垣曲折的山路,峭峻凶险的石峰,牵人肩袖的荆棘,芳香可爱的野花,都一一披露,介绍些无尽藏的美和真。神秘呀!莫测夫天然的奥妙啊!

　　我正在游兴勃勃的时候,学校里忽然举行考试,我不得不抛弃了游山的雅兴,略略地预备些功课。过了一星期,各种功课虽然考完了,可是我的精神,已经疲倦到极点。病魔在这时候,就和我做了一星期的朋友。可恶的病魔呀!你真是人间蠹虫!

　　我平日常常想写信给你,可是我提起笔,却又写不出一个字,我不知应该从那里说起。我无目的地和你乱谈了一下,请你原谅我耽搁你的光阴。再会!祝你健康!

　　佩宜姑母代候!葆姊芹妹候候你们二位!

侄女芳上。　星期五

芳侄女:

　　接到了你给我的信,感触着你思想的超旷,文笔的美妙,真使我惊喜欲狂呀！

一年多不见你，不料你在文学上如此的突飞进步。古人说得好，"士别三日，刮目相待。"真真是不错的呀！我敢大胆地说，你是有文学底天才的。不然，十三岁的人，怎会有这样的作品呢？

你底病好了吗？我祝你珍重身体，努力从事于文学的修养！

葆姐、芹妹都好吗？永叔、莘弟近来看见吗？请你替我们俩多多致意！

有暇的时候，盼望你常常写信来！再会！

一三、四、二七、夜。亚子 [①]

郑芳短暂艰难而又精彩的一生中，大部分时间是与夫君周先庚相伴度过的，从1933年结婚到1937年有几年平静的日子，之后直到1949年中华人民共和国成立前都是战乱和艰苦岁月。1950年后虽生活相对安稳了，可是各种不断的运动和心理学受到的冲击，也使家庭生活蒙上阴影。但性格坚强的郑芳始终对周先庚充满信心，一直在事业上鼓励他、辅佐他，在生活上无微不至的照顾他、爱护他。培养教育子女成人成才，自己还抽时间学习，写文章，做翻译工作，到中学和大学教外语。郑芳是一位难得的令人崇敬的母亲和妻子，周先庚正是因为对夫人的深爱，才能使他信守誓言，独身度过了艰难的后半生。郑芳是周先庚前半生的坚强后盾和晚年的精神支柱与感情寄托！郑芳永远活在她亲爱的丈夫与疼爱的子女们心中！

---

① 通讯。《新黎里》，1924年5月26日。

结 语
融心理学于生命之中

周先庚生于20世纪之初，逝于世纪之末，作为一个生命体其生命几乎经历了20世纪中国所有重要的政治、经济、文化变革。作为一个心理学家，回顾他的学术生涯，这是一个将心理学融入其生命的一生，他的学术生命与20世纪的中国现代心理学同呼吸、共命运。现代心理学在20世纪中国的发展可以划分为两个大的阶段，20世纪上半叶是中国心理学学科发展的创建和发展阶段，学科发展所处的外在环境是社会动荡、经济落后以及连年的战火。20世纪下半叶，中国心理学先后经历了受批判乃至学科撤销，以及重建再生的曲折命运，其外在环境是前期的"左"的政治意识形态和后期的改革开放。现代心理学在中国经历过学科初创和发展，也经历过学科撤销的重创，以及学科重建的曲折命运。这些反映在周先庚身上，也表现出其学术生涯的起起伏伏。尽管如此，周先庚自从进入心理学领域，就没有一天离开过心理学，没有一天失去对心理学的信仰。周先庚是中国现代心理学家群体的缩影，正是这一代心理学家们对心理学学科心存坚定信念，才使心理学学科在改革开放之后得以浴火重生。对心理学的坚定信念是中国现代心理学家群体留给后来者的精神财富，也将是中国心理学未来发展的动力源泉。

一个人的学术成长是环境和个性品质相互作用的产物，其内在过程是复杂而曲折的。我们希望本传记能够透过对周先庚学术成长经历的考察，一方面反映出心理学这门学科在中国的曲折命运，另一方面反映出维系和推动其学术成长的那些个人品质和特点。

始于兴趣　行于信念

周先庚选择心理学为业既有偶然性也有必然性。现代心理学学科于20世纪20年代初中国刚刚经历了学科初创。周先庚在清华学校时曾听过庄泽宣的心理学课程。同时，他还有一个同窗好友黄翼更早地决定投身心理学事业。但这些都没有马上激发出周先庚对心理学的兴趣，而是他于1925年赴斯坦福大学留学之初听了一门心理学概论课程之后，一下子激发出对这门学科的兴趣，并决定以心理学为业。当时国内心理学作为一门新学科刚刚创建，心理学的实验取向并没有得到很好的发展。这一点可能抑制了周先庚兴趣的激发。20世纪20年代美国心理学领域具备鲜明的实验取向，斯坦福大学也是实验心理学的重镇之一。身处这样的氛围之下，再加上周先庚自己是一个动手能力很强的人，使得他很快决定致力于实验心理学研究。他称心理学是面向每个人的，每个天才都可以在这个领域崭露头角。如果说周先庚进入心理学领域是始于兴趣，但从其整个心理学生涯来看，他一生都在践行着他对心理学的信念。

正是这种对心理学的信念，使得周先庚自从进入心理学领域之后，就再也没有离开过它一天。西南联合大学时期，是周先庚以行政负责人的身份支撑着当时心理学组教学和科研的局面达八年之久。当抗战胜利后准备复员北平时，他早早地通过学生了解清华园心理学系旧址的状况，为重振心理学系而准备。他亲手将辗转千里从北平运到昆明的心理学实验仪器整理装箱，以待往北平运送。运抵北平后，他又带领师生们修理实验仪器或送修理厂，为重新开展心理学研究工作做准备。

心理学接受改造的五十年代里，周先庚在无法展开实证取向的实验心理学研究的情况下，转向了翻译英文的心理学著作。截止到1964年，他从英文中翻译了10余种著作，字数接近百万之多，遗憾的是，因为当时心理学的外在环境恶劣，大部分翻译作品未能得以发表，只有《巴甫洛夫演讲集》《皮肤电反射》两部著作得以发表。在"文化大革命"期间,心理学学科被野蛮撤销,周先庚也受到无数次的批判。尽管如此,他在日记中多次记载下试图用心理学去理解当时人们的言与行,甚至还想利用以前开展心理学研究的经验在下放参加劳动的工厂里开展相关研究。1971 年 9 月 24 日,周先庚还对学生说:"总有一天还会需要心理学的!"这正是由于周先庚心存对心理学的信念,才使得他说出这样掷地有声的话。

"文化大革命"结束后,心理学获得新生并进入了重建时期。周先庚老骥伏枥,为了补上心理学的"缺课",带领一批年轻教师投身于多部心理学著作的翻译工作,这些著作在心理学重建时期人才培养的过程中发挥了极大的作用。到了周先庚生命的最后那几天,他还念念不忘清华心理学系的恢复工作,嘱咐后辈们一定要把清华心理学系恢复起来。周先庚对心理学倾注了一生的精力,心无旁骛,这背后是他对心理学的信念作为其精神的支撑。

勇于开拓创新

周先庚的心理学生涯大致可以分为两个大的阶段:前期阶段,包括斯坦福大学学习时期和清华大学任教时期,20 世纪 20 年代的后五年,周先庚完成了心理学的专业训练和学习,20 世纪 30 年代在清华大学心理学系开启了教学与科研生涯,直至 1952 年院系调整后,并入北京大学哲学系心理学专业。后期阶段,指北京大学任教时期开启的后期心理学生涯。周先庚勇于开拓创新的精神在其学术生涯早期阶段体现得最为显著,而在其学术生涯后期阶段,由于心理学学科在当时中国受到政治影响严重,而未能得到很好的体现。

1923 年,还在清华学校高等科学习的周先庚对发明创造产生了很大的兴趣,自己从美国订购或索赠了很多与发明创造有关的杂志,希望能有所发明和创造。在斯坦福大学留学期间,他在业余时间构思或设计过很多的实用性很强的文具用品。他这种较强的发明创造动力在心理学研究上也得到了充分发挥。周先庚专攻实验心理学方向,这必然要涉及实验仪器。当他选择汉字心理学作为硕士博士研究主题的时候,就遇到了一个问题，即没有专门的实验仪器可供开展汉字心理学研究。在这种情况下，周先庚自主研制了"四门速示器"，可以很好地解决汉字心理学研究中遇到的技术问题。后来他也因设计并制造这台仪器而被美国自然科学联合会选为会员，并荣获金钥匙奖。另外，周先庚还设计研发了多种迷津仪器用于特定心理学主题的研究。科学研究中有方法中心论和问题中心论两种研究策略。前者往往以拥有什么方法和技术来决定研究的学术问题，而后者强调以解决什么学术问题为目标，不能被方法和技术所束缚，主张用适宜的方法和技术去解决问题，没有现成的方法和技术就要想办法解决技术性问题。在这方面，周先庚无疑属于问题中心论者，为了解决真正的学术问题，他勇于去解决方法和技术，以确保能够更好地去研究学术问题。

勇于开拓创新的精神还体现于周先庚心理学早期生涯在各个领域的研究工作上。作为实验心理学家，周先庚深知心理学实验能力的培养和训练对学科发展的重要意义，在其任教清华大学心理学系之后，很快和学生一起编写出来我国第一本心理学实验手册，即《初级心理实验》。这套实验手册于1932年由当时清华大学心理学系印制，自此之后，它一直用作实验心理学的教材供学生们使用，即使到了西南联合大学时期，周先庚仍用它来指导学生心理学实验的教学和研究工作。1934年，当时在清华大学心理学系进修的方辰在周先庚指导下编写出版了《普通心理实验手册》。以上是目前所知道的新中国成立之前仅有的两部心理学实验手册。1951年周先庚又对《初级心理实验》进行了修订。相信这部《初级心理实验》在他任教北京大学，教授实验心理学课程时仍然具有很高的价值。如果以周先庚实验心理学的教学工作以及人才培养为一条血脉的话，它是中国实验心理学发展历程的重要血脉，即使到了改革开放初期，一些实验心理学的教科书编写工作都曾得到过周先庚的指导。

在汉字心理学研究方面，周先庚利用自己研制的仪器开展了一系列研究，在当时中国心理学者对汉字心理的研究中当属于系统性的研究，并在国际上产生了影响。周先庚对汉字心理研究的兴趣还影响了他的学生，如敦福堂和曾性初。

历数周先庚在心理学生涯的前期所探讨过的主题，包括理论心理学、错觉、遗忘曲线、推理、皮肤电、颜色偏好、心理卫生与职业指导、工业心理学（北平南口机厂工业心理学调查）、教育心理学（识字能力与年龄关系的研究）、军事心理学（昆明伞兵突击队选拔测评工作），可见周先庚在很多领域做出过开创性工作。就其心理学生涯的后期来说，周先庚也是当时较早着手开展巴甫洛夫著作翻译的心理学家。

坚持心理学要面向生活实践

作为一位实验心理学家，周先庚在坚持心理学的科学性、实证性方向的同时，也极力倡导心理学研究要面向生活实践，以问题为导向，致力于用心理学的知识解决中国人日常生活中的实际问题。1963 年，周先庚在其填写的"北京大学教师情况表"中自称其特长为"实验心理学"（广义的），兼长于"应用实验心理学"，此处"实验"二字明显是后来填补上去的，由此可见周先庚所谓的应用心理学是以实验心理学为根基的。1957 年，周先庚曾翻译一部《应用实验心理学》中的六章内容，可惜未能出版。周先庚认为纯粹的实验心理学代表着心理学的科学性，固然重要，但应用实验心理学或应用心理学更为重要。1935 年，周先庚就曾发表文章呼吁国家和政府以及心理学界重视应用心理学的研究，同时把心理学服务于社会实践、为大众所接受看作是推动心理学发展的重要动力。周先庚不仅是应用心理学的倡导者，而且也是一位身体力行的实践者，从他倡导工业心理学、教育心理学、心理卫生与指导、工商心理等领域的研究可以看到他一直在践行着面向生活实践的精神。周先庚深知颜色偏好对于广告、印刷、服饰等各行各业都有着重要的应用价值，早在 1932 年他就开始编制测验工具进行实证性调查研究，后来还激发了沈迺璋开展相关研究。到了 20 世纪 80 年代，周先庚又指导学生完成了新时期颜色偏好的调查研究，为颜色偏好受社会文化变迁因素的影响提供了证据。

周先庚在斯坦福大学攻读博士学位时的导师迈尔斯曾参加过军事心理学的研究工作，这也对他产生了影响。1929 年 2 月，周先庚在准备参加博士学位答辩时，在其提交的简历资料的计划一栏中提到，待将来自己回到中国，要努力去解决实践性的心理学问题，其中就包括运用测验改善军队、选拔飞行员等工作。抗日战争时期，无论是受国民党将领邀请去开展军官心理测验工作，还是受美国心理学家默里邀请去参加伞兵突击队选拔工作，周先庚都认为这是学术应用的好机会，而且能够为抗日贡献一分力量也是很光荣的事情，因此他积极参与了相关工作。在中美心理学家情报伞兵突击队选拔方面的军事心理学合作中，以周先庚为中方负责人的一批中国心理学者以自己的专业知识和特长积极投身到全面抗战之中，从一定意义上来讲，这不仅是周先庚致力于心理学面向生活实践的精神体现，而且也是抗日精神在中国心理学知识分子身上的体现。

周先庚在指导学生们开展学术研究时，多次告诫学生们不能从杂志缝里去找研究主题，一定要从实际出发，结合社会需要。周先庚一直致力于将心理学应用到生活实践中去。在西南联大时期，周先庚先后到政府机构、社会基层开展心理学的讲座十余次。他还组织各领域的学者创办"青年问题顾问处"，这是一个以青年学生为服务对象的组织机构，共接待96人次的咨询。在此之前他还曾计划成立"心理服务社"以此为社会服务，但最终未能开展实际工作。1958年，周先庚参加了"操作活动合理化研究班"的授课培训工作，提倡用皮肤电作为测量疲劳的指标之一，并指导多个单位的30多名科研工作者开展了相关研究。

周先庚对心理学的科普工作也很重视，认为心理学要能够被人民大众理解和接受，让"知识就是力量"不再是一句空话。20世纪50年代他就和夫人郑芳一起撰写出版了《谈天才》这部心理学科普性著作，并将其中的部分章节投稿到杂志上发表，以此试图让人民大众更好地理解天才的发现和培养这个心理学问题。

追逐"中国心理学"的梦想

周先庚心理学生涯中许多研究工作背后都有一个"中国"的观念。20世纪20年代末、30年代初他在美国心理学期刊上发表文章向西方心理学界积极宣传中国心理学界所开展的研究工作、中国心理学家原创性研究工作，以及中国心理学实验建设的情况。留学期间周先庚十分关心国内心理学的发展，他将教育与心理测验在国内开展的情况在课堂报告给自己的老师和同学们。他的硕士博士论文都是围绕着汉字开展的心理学研究,一方面是出于当时国内汉字改革的需要,另一方面汉字也是中国文化特定的产物,利用心理学方法和技术开展相关研究属于中国心理学的组成部分,以此能体现出中国文化对世界心理学的贡献。在他博士毕业回国前就雄心勃勃地准备回国在心理学领域大干一番事业。

周先庚回国任教清华之后,一方面开展心理学的教学工作进行人才培养,另一方面投身于心理学的研究以及中国心理学学科和学术共同体的建设工作。在中国心理学学科和学术共同体建设方面,周先庚参加了1934年7月开始的北平心理学界的聚餐会,1935年11月的聚餐会上陆志韦发起组建"中国心理学会"。1936年11月,周先庚作为34名发起人之一,与北平心理学界同仁向全国学界发出正式组建"中国心理学会"的启事。1936年9月,周先庚与陆志韦、孙国华一起创办了《中国心理学报》。陆志韦任主任编辑,孙国华和周先庚任编辑。陆志韦在创刊号"编后语"中写道:"其发扬光大,以树立为我中华民国之心理学,则尚待吾人之努力。此本刊之所以发行也。"可见,周先庚等三人是怀揣着开创中国心理学的梦想而创办该刊的。该刊仅出版四期就因抗日战争全面爆发而停刊,而这四期《中国心理学报》的刊行费用近一半的费用(325美金)是由编辑部全体成员公摊出钱解决的。

周先庚积极投身于到中国社会基层开展工业心理学调查,研究中国人的颜色偏好,这些都体现出他对发展中国人自己的心理学的追求。1936年12月,周先庚与陈汉标发表长文《中国工业心理学之兴起》,系统整理了工业心理学在中国早期的发展情况,他那种积极推动发展中国人自己的心理学的心情体现得淋漓尽致。1944年,周先庚发表《四十年来中国心理学之回顾》一文,文中回忆了六位心理学的前辈,意在让青年一代明白,心理学在中国虽有四十多年的历史,至今还是一门不发达的科学,希望能够有更多的有志青年从事心理学的研究,为发展中国心理学而做出贡献。1944—1945年,周先庚在开展军官心理测验和伞兵突击队选拔测评期间发表文章,呼吁要"实地研究中国特殊军事心理问题",因为西方军事学知识并不能完全符合中国军事组织和人事上的需要。只有扎扎实实地研究我们自己的实际问题才能发展出适合中国国情的军事心理学。1948年，周先庚在美国访学期间同心理学家默里取得了联系，默里希望周先庚能够给美国同行讲讲课，周先庚认为自己的心理学知识源自中国文化背景，更适合在中国社会情境下讲授。但同时，他也很希望有朝一日能有机会在美国讲一讲"中国牌"的心理学（Chinese brand of psychology）。"中国牌"的心理学这一概念展示出周先庚心目中的中国心理学应该是带有中国特殊文化特质的心理学体系。这一概念无疑与当代中国心理学领域所倡导的心理学本土化理念有着相通之处。"中国牌"心理学是周先庚心中最大的梦想。

新中国成立之后的头三十年里，周先庚心中"中国牌"心理学的梦想并没有破灭，只是因为极"左"意识形态的干预和影响，心理学这门学科未能获得自主发展的环境和条件，致使周先庚难以施展自己的才华，只能坚信"总有一天还会需要心理学的！"。"文化大革命"结束后，心理学重获新生。1979年6月，周先庚在与潘菽、陈立参加外国心理学家宴请的时候，提议"大家为心理学的第二次'大跃进'而干杯"。可以想象得出，周先庚为中国心理学迎来新的春天是多么地激动！

学术与政治

周先庚的心理学生涯绕不开的一个问题，那就是心理学与政治的问题。清华学校学习期间的1920年前后，周先庚也曾参加过政治进步组织，与同班同学徐永煐、冀朝鼎等人创办过"修业团"和"唯真学会"，并在创办的刊物上积极发表文章宣传社会改良主张。入读斯坦福大学之后，他将大部分精力投入到心理学的学习之中，此时只参加施滉、徐永煐组织的公开政治活动，不再参加秘密活动，但是周先庚还是为徐永煐等人的革命工作提供过经济上的支持。

自从周先庚在清华大学开始心理学教学与科研的生涯之后，他一直主张做"实"的事情，愿意动手去做具体工作，愿意扎在实验室里动手翻弄实验仪器，开展实验研究。因为他性格偏内向，这些工作比较适合他的个性。周先庚也曾多次在文章中涉及一些政治问题，其内容多是主张政府应该对某些心理学研究或问题予以重视，但他自己并没有步入政治领域。由于周先庚性情上有些不谙世事，甚至一度在清华大学心理学系里人际关系有些紧张，这是他1947年离开清华大学赴美访学的部分原因。

令周先庚，也是令所有中国心理学家想不到的是，进入20世纪50年代，心理学学科先是接受被改造，后是接受大批判，到了"文化大革命"时期，心理学学科更是受到灭顶之灾，心理学学科被撤销了！一个学科可以挥之而去，但是不可能招之即来。正是由于政治上的干预，使得中国当时的一代心理学家毫无用武之地，也导致中国心理学的发展整整停滞了将近三十年！改革开放之后，中国心理学步入恢复和重建阶段，而实验心理学在中国较长时间内都处于"补课"阶段，相应的研究基础和条件不够充实。此时，周先庚虽然也重获登讲台授课和培养学生的机会，老骥伏枥的精神犹在，但毕竟进入暮年，难以开展具体研究了。因此，周先庚的学术影响在这一时期未能充分体现出来。另外，也和周先庚不愿意做那些"虚"的工作有关，尽管这些"虚"的工作也是心理学发展所必需的内容。像周先庚这样有专注力的心理学家，未能取得更大成就，实属时代的遗憾。

另外一个对周先庚心理学生涯产生重要影响的是他1944年为国民党第五军军长邱清泉创办军官心理测验所，以及1945年参加美国心理学家默里主持的伞兵突击队选拔测评工作。前者是受邱清泉的邀请，经由梅贻琦介绍，后者是由美方直接联系的周先庚本人。在当时，周先庚认为能够将心理学应用到抗日战争是很光荣的事情。从一定意义上来看，这是抗日战争背景下，中国心理学家抗日精神的体现和对抗战的贡献。但遗憾的是，在"文化大革命"期间，周先庚为这两件事不断地写检讨，受批判，受到了数不清的身体与精神上的折磨。进入新的历史时期，随着对抗日战争认识全面性的提升，周先庚在国民党部队参加的军事心理学工作是服务于抗日战争的，成为中国心理学家直接服务于抗日战争的历史证据。

中国心理学的学术传承

周先庚在清华学校接受了八年教育，因为当时学校对学生生活有着严格的规章制度，使得他养成了以日记形式记录自己生活的经历以及收藏个人成长资料的好习惯。在他开启学术生涯之后，一直致力于相关资料的收藏工作，他自称都成为一种"癖好"了。也恰恰是他的这种癖好，才为中国心理学留存下了大量的原始档案和文献资料。这也为本部传记的撰写奠定了坚实的基础，看着他写下的日记以及各种资料，犹如周先庚本人就在我们身边，向我们讲述着他的心理学生涯。

周先庚对自己经手过的心理学资料何以如此爱惜如命呢？我们的理解是，他坚信这些资料代表着中国心理学所走过的一个个脚印，反映着中国心理学真实的历程，同时也是他自己心血所寄托之物。学术是需要传承的，中国心理学也不例外。今天的中国心理学不是横空出世，它是心理学这门学科在中国伴随着百余年的现代化历程一步一步地走到今天而形成的。中国现代心理学的发展历程中既有经验，又有教训，这些经验和教训既可以为当代心理学发展提供营养，又可以为其发展提供警示作用。

另外，叔父周联奎为周先庚起过一个"伏生"的名号，他也曾以此名号发表过文章。伏生，秦朝时的博士，擅治《尚书》。秦始皇焚书坑儒时，伏生冒着生命危险，将《尚书》藏在墙壁之夹层内，以此逃避焚烧之难。秦亡汉立，儒家学派逐渐复兴，汉惠帝时，伏生掘开墙壁发现尚有29篇保存完好。伏生壁藏《尚书》，使得汉初《尚书》得以不绝其学。这个历史典故对周先庚产生了影响，他为中国现代心理学保留的大量文献资料，不仅历经连年战争的洗劫，而且他以心理学的策略巧妙地使这些资料躲过了"文化大革命"的洗劫，这些都很好地诠释了伏生精神。中国心理学不仅需要开创明天，而且还要传承昨天！

附录一　周先庚年表

1903 年
8月10日，生于安徽省全椒县武家岗镇金城港村。

1913 年
10岁住县城三叔周联奎家，上全椒县县立第二高等小学三年毕业。该小学由清末进士、三叔周联奎创办并亲任校长。

姐姐程周氏照顾他长大，亲如慈母，于1948年左右去世。

1916 年
春至夏，上全椒县县立中学半年。

夏天，由三叔周联奎带领与胡竟铭、程海峰一起到安徽省安庆市投考北京清华学校，以全椒县唯一、安徽省七名中的第三名（前两名是胡竟铭和程海峰），录取清华学校中等科。

1917 年
年初母亲去世。直至暑假回家时，见到三叔周联奎才知母亲已经去世的噩耗。

1919 年

由同班同学徐永煐介绍，参加了五四运动时代的进步青年组织"修业团"和"唯真学会"，是早年清华学校"唯真学会"的六位发起人之一。学会会员们在劳工神圣口号的影响下，在清华园内西院荒岛上挖井、种菜，还刻蜡版，印刷稿纸、信封、信纸和宣传品等。

1920 年

读中等科四年后升入高等科（理工科），期间曾任《清华周刊》编辑。在校期间曾参加校管弦乐队，任第三黑管，1923 级的梁思成为乐队队长。

1924 年

6 月 24 日，曹云祥校长主持甲子级 67 名同学的毕业仪式。同班同学中有施滉、周培源、冀朝鼎、徐永煐、黄自、梁思永、吴鲁强、梅汝璈等。

9 月，进入南京东南大学文法科借读。学习图书馆学，并为出国留学做准备。

秋季，施滉、冀朝鼎、梅汝璈等同班同学先期赴美国留学。

1925 年

7 月，结束东南大学的借读。

8 月 16 日，与徐永煐、章裕昌（友江）、罗静宜等二十余人由上海赴美国留学，进入美国斯坦福大学社会科学学院。与好友施滉又成为斯坦福大学同学。曾选修一门普通心理学课程，受其吸引，第二学期进入生物学院心理学系学习。

1926 年

10 月，获学士学位。在斯坦福骑车时被吉普车撞倒，压碎脚踝骨。

是年参加了留美中国学生联合会（Chinese Students' Alliance of American）活动，任秘书（当时称书记）。6、7 月间，施滉、徐永煐、罗静宜等人筹得一笔可观的经费，从上海商务印书馆购买了一套中文印刷机器,创办了《国民日报》,徐永煐任主编,报馆在旧金山唐人街上。开展汉字心理学研究时,为准备横排或竖排的实验材料,亲自到报馆地下室的排字间印制汉字阅读材料。

跟随心理学家迈尔斯(Walters R. Miles)攻读硕士学位,迈尔斯是美国科学院心理学部最高决策人之一。

1927 年

6月下旬至8月上旬,到加州大学伯克利分校参加了由麦独孤和考夫卡主讲的暑期课程班。

7月7日与在伯克利分校攻读博士学位的周培源二人前往利克天文台(Lick Observatory)参观旅行。

1928 年

6月底至8月中旬,参加了伯克利分校的本特利(Bentley)主持的暑期课程班。

8月,获硕士学位,硕士论文为汉字心理学《Legibility of Chinese Characters: Influence of reading direction and character position upon the speed of reading Chinese by means of a new quadrant tachistoscope》。

8月,参加在斯坦福大学举行的美国西部心理学学会第八次年会,在会上宣读了由导师迈尔斯指导的汉字阅读心理学的论文摘要。

1929 年

1至2月间,收到了清华大学的非正式邀请,在留学结束之后回母校教授心理学。

2月,参加了迈尔斯主持的博士学位口试答辩。在提交的简历资料的计划一栏中提到,将来自己回到中国后,努力去解决实践中的心理学问题,例如,阅读、印刷、索引、运用测验改善军队,选拔飞行员。

5月,因设计并制造了研究汉字横直阅读的"四门速示器"而被美国自然科学联合会(Society of Sigma-Xi)选为会员,并获金钥匙奖。

9月，参加在美国耶鲁大学举行的第九届国际心理学会年会，并宣读所发明的"四门速示器"的论文。在年会上，听到了苏联著名生理学家巴甫洛夫的学术报告。经由导师迈尔斯的引荐，结识了耶克斯（Yerks）、道奇（Dodge）、桑代克（Thorndike）等美国著名的心理学家。

1930 年

1月，获博士学位。博士论文为《The psychology of reading Chinese characters》（汉字阅读心理学）。

2月，被美国心理学会选为副会员（associate member，准会员）。在斯坦福大学心理学系毕业后启程，至11月先后赴伦敦、布鲁塞尔和柏林考察与研究。

11月，清华大学罗家伦校长签发心理学系教授聘书。

11月启程至1931年2月，由柏林途经波兰、莫斯科、西伯利亚和哈尔滨、沈阳返回北平。

1931 年

2月，受聘于清华大学理学院心理学系任心理学教授，开始了从教大学心理学五十六年的历程。

1931—1934年，在北京大学教育系任高级实验心理学兼课教授三年。

1931—1937年，受晏阳初领导的"中华平民教育促进会"的委托，在河北定县主持年龄与学习能力关系的研究，并担任该促进会的教育心理研究委员会主席（七年），在清华大学生物学馆心理实验室，指导该会研究生诸葛龙等做成人与青少年学习文化扫除文盲的年龄特征的统计分析研究。研究结果得出一条7岁至70岁被试者的识字能力曲线，被当时心理学界称为"周先庚曲线"。

1932 年

1932—1935年，在清华教授"初级心理实验"课程，并编著《初级心理实验》（与牟乃祚合著，清华大学心理学系印），这是目前所知国内最早编著的心理实验手册。新中国成立后于 1951 年又进行了修订，供教学使用。与另一本指导方辰（号旦明）编著的《普通心理实验手册》是我国六十年代以前仅有的两本心理学实验手册。

1932 年 9 月招收培养第一个研究生雷肇唐，研究内容为汉字阅读，皮肤电反射历史。毕业论文为"白鼠把握反射"（与孙国华合作指导）。

1933 年

1 月 10 日，与郑芳在清华结婚。由清华同班同学周培源介绍相识。证婚人是校长梅贻琦，介绍人是吴有训与杨武之，主婚人是郑桐荪和大哥周先孚。

郑芳出身于江苏吴江盛泽镇著名的郑氏家族，是郑氏家族的第 59 代。其父郑传（号咏春），1912 年起任省立第二工业学校教授。1922 年 9 月 9 日，突发脑出血去世。叔父郑之蕃（号桐荪）曾任清华大学数学系教授、系主任，姑母郑佩宜为柳亚子夫人。堂妹郑士宁为陈省身夫人。郑芳 1929 年浙江湖郡女子中学毕业，1930 年升入北京燕京大学外文系。中华人民共和国成立前曾任昆明中央日报《妇女文艺》等栏目主编，笔名芳郁，为报刊写过大量妇女与家庭方面的文章。新中国成立后她曾任清华附中俄文教员（由英文自学俄文），应马启伟之邀为北京体育学院筹建了英语教研室编写教材并担任教研室主任。

新婚后与郑芳回老家看望从小待他如慈母的姐姐程周氏，并接姐姐的大女儿程淑端回北京上学，成为家庭成员，亲如己出。

1934 年

3 月 8 日，大女儿周立业出生，子女姓名为"业"字辈。

7 月开始，北平各大学的一些心理学者，每月第一周举行聚餐会，周先庚既是最初参加者之一，同时也是第一次聚餐会的主持人。

1934 年起，兼职北平协和医学院脑系科名誉讲师一年。

指导雷肇唐完成了《心理电反射及其史略》一文。

1935 年

4月3日，长子周伟业出生在清华园新西院。

7月初，开始筹划工业心理研究。清华大学心理学系与国立中央研究院心理研究所合作实施工业心理学研究计划（与陈立合作）。

8月29日，与陈立同赴南口机车车辆修理厂，做工厂合理化建议制度调查研究，调查持续到1936年4月，并写成调查报告。

1935—1936年，中央研究院心理研究所所长汪敬熙与清华大学理学院院长叶企孙订立合同协作研究工业心理，心理研究所派陈立来清华心理学系开设工业心理学课，清华心理学系聘任助教郑丕留协助陈立教课及研究工作。双方在南口机车厂进行该项研究。陈汉标助教也参加此项工作。

1936 年

1936—1937年，担任清华大学心理学系代主任（系主任孙国华赴美休假）。

1936—1937年，周先庚与梅贻琦（月涵）、沈履（莼斋）、傅任敢、赵忠尧、陈福田、涂奇峦担任成府小学董事。成府小学为1914年清华学校周诒春校长为附近村民创办的一所贫民小学，并亲任总董，抗战胜利复员后并入清华成志学校。

4月，北京心理学界聚餐会上提议刊行《中国心理学报》，周先庚是三位负责编辑事务的心理学者之一。11月，心理学界34位同仁发出通知，正式发起组织中国心理学会。

6月，奉清华大学校长指示为赴巴黎参加世界高等教育会议做准备。

6月1日，次子周宏业出生于清华新西院27号。

1937 年

1月，担任中国心理学会理事。

1月24日，在南京国立编译馆大礼堂举行了中国心理学会正式成立大会，作为清华大学心理学系代主任代替孙国华赴会。因患严重失眠精神失常，会议中途回校治疗休养，但是在成立大会上仍然被票选为七位理事之一。此次高度失眠，虽经北京协和医院莱曼用"鲁米那"药物深度睡眠治疗，但恢复不彻底，记忆力、注意力不能集中持久。

7月，抗战爆发，拟去巴黎参加第11届国际心理学大会，并代表清华大学参加世界高等教育学会议，因交通阻断而未果。

10月，举家迁往长沙，全家住在长沙雅礼中学后门外一处私人家。清华大学理学院心理学系编入长沙临时大学的哲学心理教育学系，11月文学院在南岳开课。

大哥周先孚来长沙见全家最后一面，其返回全椒后于1941年年底去世。

1938年

2月，举家随校坐火车由长沙迁往香港九龙。因火车颠簸，夫人郑芳于16日在广州一家私立医院小产，三子周广业出生，婴儿温箱养护一周后全家到达香港九龙，住东庐石硖尾街37号楼下。长子周伟业患上大脑炎，到昆明后脑疾加重。

4月，由香港九龙经越南到云南蒙自西南联大蒙自分校，任文学院哲学心理学系心理学组行政负责人。因昆明校舍未盖好，文法学院在蒙自开课一个学期。6月在蒙自为昆明西南联大设计了心理学实验室建筑草图。暑假蒙自分校结束，迁入昆明西南联大。

1939年

2月，回九龙东庐接全家，行至越南河内，郑芳突患疟疾滞留，只能一人先赴昆明。约7月再返回接上全家到达昆明，住西仓坡民强巷1号。

秋天，日本飞机轰炸大西门外联大教职员宿舍，遂疏散搬到昆明南乡滇池畔的乌龙浦村（现昆明呈贡区的乌龙村）。

1940年

3月24日，收到国民党中央组织部部长朱家骅来函，希望全国教育学术界同仁为国家民族更加努力工作。

7月，因孙国华请病假去了四川白沙国立编译馆（周先庚在离别时曾对孙国华说："我一定支撑着，管着家，你随时可以回来"），再次受聘担任仍保持建制的清华大学理学院心理学系代主任，直至 1946 年复员。

7 月，致函潘光旦教务长，建议在庆祝梅贻琦服务母校二十五周年时编辑出版《清华科学人物志》和《中国科学人物志》，提议做三件大事：即出版纪念梅校长的献赠本；编《中国科学人物志》；设立奖学金或研究辅助金。

在西南联大主讲普通心理学、理论心理学、心理学史、工业心理学、心理学实验和高级心理学实验等课程。

10 月，获教育部部长陈立夫颁发的在清华大学连续服务十年以上教师的三等服务奖状。

1941 年

夏，与云南大学社会学系费孝通合作搞工厂调研，合作指导研究生，建议派其助教史国衡常住昆明马街子中央电工器材厂与工人同吃同住，进行工人社会与心理调查研究。同时建议其派另一助教田汝康在云南纱厂进行女工访谈调查研究。

9 月，当选美国心理学会正式会员。

9 月，发生家庭悲剧，一周内，五岁幼子周宏业（患白喉病）和外甥女程淑端相继过世。

1942 年

3 月，与清华同窗好友、心理学同行浙大黄翼通信，此后二人经常通信，谈论黄翼研究报告投稿受挫的事情。

7 月 26 日，二女儿周明业出生于昆明胜因寺。

1943 年

1943—1946 年，任昆明云南省立昆华师范学校"教育心理学"讲师。因到昆华师范学校兼课，全家由昆明西仓坡民强巷 1 号搬到学校旁的胜因寺大院居住。

4—8月，在昆明马街子中央电工器材厂举办"工业心理学讲习班"讲课20周，共20讲。

9月，在昆明北校场军委会驻滇干部训练团讲"心理学与军事"。

10月，在昆明农校美国空军第一招待所军委会战地服务团译员训练班讲"心理学与军事"。

秋天，带昆华师范学校三七、三八班学生参观西南联大心理学实验室，并抄写学生收获感言制成小字报展示。

秋天，美国海军后备队上尉、心理学博士格里恩（Glenn）因服务期满回国，通过清华大学教务长兼清华服务社负责人潘光旦介绍，到昆明西仓坡民强巷1号来访，赠送《军事心理测验手册》等书。

12月，应驻昆明的国民革命军第五军军长邱清泉邀请和梅贻琦校长的委派，亲赴军中考察军事心理问题，并为其筹划创办"军官心理测验所"。

1944年

周先庚组织田汝康、戴寅等翻译了波林（Boring）等著的《战士心理学》(*Psychology for the Fighting Man*)。1947—1948年以《战斗员所应知道的心理学》为题在《天津民国日报》上连续发表50多期，为军队官兵提供心理学知识。

1944年2月至1945年3月，经军事委员会训练班教务长樊际昌介绍，在昆明军事委员会译员训练班任英语教师，从第三期教至第七期，每期一个半月。除第六期在昆明西北郊黑林铺外，其余各期在昆明西站。

9月，经云南省主任教官张克定介绍，持有云南省省长龙云签名的通知，在云南省地方行政训练团第十三次学术演讲会上做了一次"心理学与人事管理"的演讲。讲稿发表于《建国导报》1944年11月10日、25日。

1945年

在昆明文林堂成立心理服务社和青年问题顾问处，由十位教授分别负责青年问题的咨询：1945年2月18日—8月1日开会五次；1945年3月5日—6月13日十周，共接待96人次。

3月12日，四子周文业出生于昆明胜因寺。

4月10—13日，经西南联大教育系主任陈雪屏介绍，在军委会驻滇干部训练团讲"群众心理"四次。

5—7月，在昆明参加由美国心理学家默里领导的美国战略服务局伞兵"评估小组"，为中国方面负责人，领导西南联大心理学组等心理学专家和教师参与选拔情报伞兵突击队的心理测验。由杜聿明的伞兵团中选拔出几百名伞兵，组成伞兵团第19、20大队的战略情报队。

1945年8月—1946年1月，以国民党第五军军官心理测验所所长身份，协同美军总部驻昆明办事处和美国战略情报局教育与训练处昆明评估站，进行军官心理测验。先后测评了四批军官共168人。

1945年12月27日、次年1月10日和1月17日，经云南省地方行政训练团主任教官张克定聘请，在云南省地方行政训练团干部训练班，做了三次讲课，分别是"人事心理""群众心理"和"领导心理"。

1946年

3月18日，周伟业患病八年，终于不治。

6—9月，全家经重庆辗转复员回到北平清华园，住新林院4号，继续担任清华大学心理学系教授和系主任至1947年10月。

回到清华园，即到北院七号向理学院院长叶企孙汇报请示，叶希望心理学系按自然科学学科办学。

1946—1947年、1948—1950年，为北京师范大学教育系二年级开设"普通心理学"，包括仪器示范，兼任讲师三年。

1947年

5月16日，应林传鼎教务长的邀请，到辅仁大学作"青年心理之发展"演讲，清华辅仁两校师生三百多人听讲。

5月，在清华大学心理学系相继接待辅仁大学心理学系德籍系主任葛尔兹带领的师生和该校师范学院教育学会的师生参观。

8月9日，受蒋经国致函邀请为青年军北平夏令营授课，于9月5日收到蒋经国致谢函。

1947年10月15日至1948年6月18日赴美休假考察，出国休假前叶企孙院长曾鼓励要专门考察巴甫洛夫条件反射，因而在美国购买了巴甫洛夫条件反射演讲集，并于新中国成立后着手翻译。

在美国休假考查一年中，到美国斯坦福大学、耶鲁大学、纽约大学心理学系、三藩市泡特医院等地考察条件反射与脑电波等研究工作。

10—12月，与康奈尔大学退休心理学系主任本特利经常会面，几次参加斯坦福大学心理学系主任希尔加德的学术讨论会。

在斯坦福大学会见牛满江夫妇，11月参加赵元任夫妇请各位访美学者在旧金山的午宴。

在斯坦福大学的三个月，旁听了老师斯特朗的工业心理、商业心理、职业心理课程。

1948年

1—3月，到美国东部纽海文耶鲁大学考察研究，经原导师迈尔斯教授介绍住在市青年会。不久，搬至正在耶鲁大学考察研究的童第周租住处，并参观了童第周的胚胎学实验研究。

参观考察医学院的格赛尔的儿童诊疗所，特别是他的活动电影照相记录婴儿活动影片的设备和技术。跟生理系的张香桐学习了用动物做脑电波实验的技术。

1月初，在耶鲁大学中国学生会举行的欢迎会上讲话，介绍了国内情况，希望内战快些结束。

与原清华心理学系学生、助教张民觉会面。

4月，到波士顿哈佛大学心理实验室，与退休主任波林会面，波林介绍当时已任主任的他的学生斯金纳见面，斯金纳亲自演示"斯金纳箱"。

4月，在格利恩家住一个月（格利恩1943年由昆明回美国后，在纽约大学教育学院办了一个商业性的"测验与辅导中心"），学习职业测验技术，并受赠一些测验卷册。

4—5月，在纽约见到老朋友、著名美国心理学家默里，默里选送了几本当时的新心理学书，其中有默里自己的著作《人的评估》。

5月7日，离开纽约，赴旧金山返程回国，路过檀香山与斯特朗介绍的女心理学家会晤，把她所赠送的卷册和书籍带回清华大学，并分赠了一些给燕京大学心理学系。

6月18日回到清华园。

6月20日，五子周治业出生于清华园新林院4号。

1948—1949年，兼任北京大学教育系教育心理学讲师1年，为三、四年级开设"心理与教育测验"（"应用心理学"专题）。

11月，提交英国爱丁堡大学第十二届国际心理学大会论文一篇，因未能出席，由陈汉标代为宣读。

1949 年

1949—1951年，为清华心理学系三年级，同时为北师大二年级开设"普通心理实验"课。

4月，携夫人、子女前往颐和园益寿堂见郑芳的姑父母柳亚子、郑佩宜。

6月11日，在清华新林院4号设家宴招待柳亚子夫妇和郑芳的叔父郑之蕃等，为此柳亚子书赠墨宝。

12月，北京心理学界聚餐会上动议恢复中国心理学会和筹建中国科学院心理研究所。

1950 年

3月11日，参加中国科学院副院长竺可桢召开的心理学座谈会，讨论筹建心理研究所的问题。参会并做了开头和结尾发言，发言的还有陆志韦、唐钺、陈立、孙国华、陈选善、林传鼎、丁瓒等。

在"中国科学院1949—1950年全国科学专家调查综合报告"中，在67位我国心理学专家中，由12位心理学专家投票结果排名第一。

6月，被院长郭沫若聘为中国科学院专门委员。20日，以中国科学院专门委员身份参加中国科学院院务扩大会议。

6月，受聘为中国科学院心理研究所筹委会委员，协助陆志韦、曹日昌、丁瓒等筹建心理研究所。

年内，开始着手巴甫洛夫著作的翻译工作。

1951年

1950—1951年，为清华心理学系三、四年级讲授"工业心理学"。

1951—1952年，为北京辅仁大学心理学系讲授"高级实验心理学"。

12月4日，参加全校教师大会，叶企孙、周培源、樊恭烋做报告。

12月14日，听蒋南翔报告讲"苏联问题"。12月16日，在辅仁大学教师学习报告会听邓拓讲"怎样学习文件"。

下半年在全国知识分子思想改造运动中如实交代了"历史问题"，由此成为后半生的转折点。

获清华大学颁发的连续忠诚服务于教育事业二十一年（1931—1951）"久任"奖状。

1952年

4月，获中华全国自然科学专门学会联合会发给"五一"劳动节天安门东台观礼证，5月1日到天安门观礼。

6—9月，听钱俊瑞副部长院系调整报告4次并记录。多次参加清华和燕京两校心理学系联席会议。

9月，院系调整，清华大学心理学系合并至北京大学，归入北京大学哲学系心理学专业，任北京大学哲学系心理学专业教授。

9月，全家搬至北大燕东园42号甲，"文化大革命"后因拆迁，搬至34号小楼楼下。

11月2日，北大全校教师会，汤用彤副校长报告工资调整原则和步骤。因"历史问题"，降为三级教授，工资241元/月。

1953年

5月12日起，到北京师范大学听苏联专家普希金讲普通心理学，共五周。

6月28日，在政协礼堂听冯德培传达中科院访苏代表团汇报。

7月9日，在怀仁堂听科学院访苏代表钱三强作报告。

8月1日—9月28日，数次听苏联专家亚历山大在巴甫洛夫学习会上的报告，并参加巴甫洛夫学说学习会心理学座谈会，陈立主持，吴江霖、沈履、刘范、伍棠棣、朱智贤、刘静和、潘菽、龙叔修、张述祖、陈汉标、丁瓒、谢斯骏、陈舒永等发言。

人民教育出版社出版中等师范院校教材《心理学》，与唐钺、孙国华等各编写一章。

自英文版的巴甫洛夫著作翻译《大脑皮层生理活动的研究》一书，未能出版。

1954 年

4月1日，听苏联专家彼得鲁舍夫斯基演讲，休息时向张厚粲询问关于莫斯科大学的"实验心理学"实习课内容。

4月30日，参加中国心理学会筹备会议第二次会议。

1954—1957年，应北京体育学院马启伟之邀，为生理教研组研究班讲授皮肤电反射，并兼职指导北京体育学院生理学系的佟启良等多名研究生。

与陈选善、曹日昌等编著《心理学》，由中南人民出版社出版。

1950年起，与夫人郑芳自巴甫洛夫著作英文版翻译了《条件反射演讲集——动物高级神经活动（行为）的二十五年客观研究》。1954年由人民卫生出版社出版；2010年北京大学出版社作为《科学素养文库·科学元典丛书》再版了此书。

1955 年

3月2日，心理学专业心理学实验教研室和普通心理学实验室两个教研室联席会议，唐钺、孙国华分别做总结报告。

9月7日，两个教研室合并为"心理学教研室"，主任孙国华，秘书沈德灿。

1956 年

1955—1956年，翻译三本英文著作：《皮肤电反应》（Ruckmick 原著）、《心理电反射》（Woodworth 原著）、《心理电反射现象与托肯诺夫现象的实验技术》（Thouless 原著），但均未出版（留有手稿）。

1957 年

4月，与夫人郑芳合著的科普读物《谈天才》由中国青年出版社出版。

5月20日，在北京大学党委扩大会议上发言，共提出34条意见。

6月，指导北京体育学院生理研究生佟启良完成毕业论文《起赛前状态与起赛状态的皮肤电反射研究》。

是年与郑芳合作在《中国青年》杂志上发表了《创造性劳动的形成过程》《谈独立思考》《谈兴趣》等科普文章。

清华大学贴出关于"李致中事件"的大字报（李致中曾是清华大学心理学系时期他的助教），学生采访他，如实相告，万幸在"反右"中未被打成右派。

翻译《应用实验心理学》（第1章"绪论"、第2章"来一点小统计"、第10章"我们怎么执行动作"、第12章"工作布置"、第13章"工作与休息"、第14章"工作环境"），但未能发表。

1957—1958年，编写《情绪测量》讲稿，为1954级和1955级（三年级和四年级）讲授"情绪测量"课时使用，由学校教材印刷厂油印。

1958 年

3月3—20日，共17天，在北京参加由一机部、科学院心理研究所、北京大学合办的"操作活动合理化研究班"的授课任务。讲授"工作与疲劳""技能与学习"两讲。

指导心理学专业教师陈仲庚完成论文《神经衰弱病人皮肤电反射的休

息曲线》(发表于《北京大学学报》1958 年第 3 期)。

秋冬，下放北京市大兴县（今大兴区）劳动。

1959 年

4 月 14 日，写《几点体会与商榷》一文，因 1944 年曾在《建国导报》13、14、15 期上发表了《心理学与人事管理》的文章，心理学专业的几位教师曾就这篇文章进行了批判，故写《几点体会与商榷》对批判给予回答。

6 月，译著《皮肤电反射》(Wechsler 原著，科学出版社) 出版。翻译三本著作的部分章节（未发表）：①希尔加德、马奎斯 1940 年著《条件反应与学习》(第 8—13 章)；②《心理学历史选读》(Denner 原著，翻译出了华生、亨特、坎农、推孟、苛勒等人物)；③《现代心理学历史导引》(Murphy 原著，译出第 11、12、13、14、15、16、19、28 章)。

秋天，夫人郑芳患直肠癌，到协和医院由吴蔚然大夫手术，但已转移扩散。

1960 年

郑芳手术后癌症复发，到朝阳医院做放疗无效，病情加重。

1961 年

12 月 25 日凌晨，夫人郑芳去世。

1962 年

4 月 1 日，以前与郑芳合写的《谈记忆》投稿到《中国青年》。

翻译《情绪的认识》(Lindzey 主编 *Handbook of social psychology*，1954 年，第二卷，第 17 章)；《颜色与形状的美术》(Fryer 和 Henry 主编 *Handbook of applied psychology*，1950 年，第二卷，第一部)，均未发表。

1962—1963 年，为心理学专业五年级（1958 级）开设"情感心理学问题"课程，该课程相当于"高级实验心理学"专业课，每周 4 学时。

7月，指导心理学专业毕业生林国彬、王栋、魏华忠、张春青完成毕业论文：①林国彬：《自然生活条件下智力活动的皮肤电阻的长期慢性变化》；②王栋：《联想与动作并用的改进实验》；③魏华忠：《联想的历史与方法》；④张春青：《视错觉原因分析与实验》。

1963 年

翻译《新近苏维埃心理生理学中可以观察的无意识与可以推测的意识：内感受的条件联系建立，语义条件联系建立与定向反射》（G. Razan 原著，载《美国心理学评论》1961 年第 68 卷第 2 期）。

1963—1964 年，为心理学专业五年级（1959 级）开设"情感心理学"课程（相当于"高级实验心理学"专业课），每周 4 学时。

7月，指导心理学专业毕业班学生凌文辁完成毕业论文《皮肤电反应与定向反射》。指导心理学专业四年级学生夏国新完成学年论文《我对詹姆斯—兰格情绪理论的认识》。

8月23日，应 1963 级心理学专业 11 位同学约请，在家中用座谈会方式向该班全体同学示范讲解读书做笔记的具体方法，并展出个人履历、学位论文、论文剪报《心理学与生活》（潘光旦题字）、论文单行本、读书笔记、听苏联心理学专家演讲笔记和政治学习笔记等。

9月，招收王树茂为硕士研究生。

1964 年

7月，指导心理学专业毕业班学生夏国新完成毕业论文《近代几个情绪学说的评述》。

8月，翻译《情绪与人格》（第二卷）（译自 M.B.Arnold 著 *Emotion and Personality: Vol. II，Neurological and Physiological Aspects*），未发表。

为总结心理学专业的研究工作，撰写了"北京大学哲学系心理专业关于皮肤电反射与生理心理学研究的经过和现状"的总结报告，1963 年 2 月起草初稿，1964 年 12 月至次年 3 月修改完成，未公开发表。

1965 年

1965 年 10 月—1966 年 5 月 29 日到北京朝阳区王四营公社参加"四清"运动，负责查账、清仓、档案保管和文书等工作。

1966 年

5 月，"文化大革命"开始，当作"反动权威"被批斗，写自我批判和交代材料。

夏季，北大哲学系在北阁贴出第一张大字报，揭发 1963 年曾在家举办所谓的"家庭展览会"，受到老年教师学习班小组批判，上纲上线为"引导青年走成名成家的白专道路"。因为这件事，在"文化大革命"中被反复批判。

8 月 25 日，红卫兵第一次抄家，拿走教师个人调查表、外文书信、硕士博士论文、照相簿，部分讲稿、日记、笔记等。

1967 年

1 月，红卫兵来家查抄出在昆明西南联大兼职为国民党伞兵和第五军军官做心理测验时兼任军官心理测验所所长的"少将参议"级别的薪俸单，由此在"文化大革命"中当作所谓的"国民党少将"遭受残酷批斗。

12 月 22 日，在北大的"控诉资产阶级知识分子统治心理学界大会"上与桑灿南、沈迺璋一起被批斗，陪斗的有陆平、于光远，以及心理学界的专家潘菽、曹日昌、丁瓒、陈元晖、彭飞等，心理所和北师大派车拉人来参加大会。

1968 年

1 月 8 日，新北大公社多人来家第二次抄家，一夜未睡。

1 月 19 日，军代表来家搜查卧室。

2 月 19 日，到系文革办公室，交所写参加 OSS 工作的经过与认识的材料，审讯后临走被泼一头冷水赶走。

4 月 16 日，写译员训练班交代材料。

5月24日,进监改大院与陆平、冯友兰、季羡林、王力等一起劳动改造。监改期间经常被揪斗挨打。一直在写各种自我批判和揭发交代材料。

1969年

1月23日,新北大公社监改大院宣布解除监改并安排搬到38楼202,2月1日批准回家住。

2月,在春节回家日志中写道:"我以为,我的实物实证、记录、档案材料,并不是我的一时一事,而是我的一生习以为常的,我敢说,古今中外高级知识分子少有的信仰怪癖。"

3月28日,哲学系召开批判周先庚大会。

6月25日,第二次自我批判会。

7、8、9月,每次落实政策大会后,召开教授座谈会,均被要求发言。

10月17日,北大第五次落实政策大会,为从宽第6人,被定为"不戴帽子的历史反革命",共从宽32人。

10月26日,下放江西南昌北大鲤鱼洲农场劳动,由老保姆潘氏看家。

11月5日,在鲤鱼洲打柴班排队上班时,"五七"战士们在行进途中唱京剧"智取威虎山"中的"我们是工农子弟兵……",因在队尾唱滑了嘴,唱成京剧"四郎探母"中"我本是卧龙岗浅水龙被困沙滩……"被检举。14日遭全连批判。

12月,修大堤,盖新草房。

1970年

1—4月,在"老头队"干农活。

5—6月,在农场牛倌队放牛。

7月,回"老头队"在棉花地、菜地劳动。

8月24日,早4点起床读毛主席诗词,仿填一首。

9—11月,秋收割稻、打谷晒场等农活,兼在工具房修理、保管农具。

1971 年

1 月开始喂猪，3—5 月育秧看秧田，7 月放牛。

8 月 6 日，由江西鲤鱼洲农场返回北京。

9 月 24 日，心理实验室由南阁搬至哲学楼，学生们对放在室外的人脑模型和脑神经系统模型感到好奇，他说："总有一天还会需要心理学的！"。

9 月 29 日，在南阁门外垃圾堆里捡回指导凌文轾作的毕业论文《皮肤电反应与定向反射》。

9—11 月，学语录，读哲学，帮着刻蜡纸，油印学习材料。

11 月 20 日，下放北京针织总厂毛巾厂劳动至 1972 年 2 月。每天早起打扫厕所和宿舍卫生，周末回家。

1972 年

3 月 20 日，调北大哲学系资料室做管理资料工作，分配管理图书、抄哲学卡片、催还"文化大革命"前教师借的书等。

4 月，整理书库时头痛病持续发作，害怕重犯 1937 年在南京的神经失常病。

4 月 27 日，刻写的"72 届教学安排表"特别清楚，得到大家表扬。

5 月 16 日，提议初级实验古董仪器仍可应用，要搞心理学史的编辑工作，汪青让整理普通心理学实验室的仪器。

6 月 8 日，讨论针灸麻醉，要找有关止痛的心理学根据，孟昭兰让去心理学组研究针灸麻醉。

7 月 5 日，在北大哲学楼与学生郑丕留重逢，并得知张民觉由美国回国探亲。

8 月，调回心理学组。

9 月 19 日，北大领导通知参加陈省身首次回国在北京饭店举行的家宴。

10 月，在哲学楼找到"文化大革命"前翻译后丢失的《情绪与人格》译稿，誊写三份给心理学专业教师使用。

秋天，与实验员张庆云整理颜色实验材料时，提到 20 世纪 30 年代集体调查中国学生最喜欢蓝色是由于传统习惯，受到多次批判。

1973 年

3月12日，与心理专业教师到北医三院参加市卫生局主持的有关针灸麻醉镇痛理论的"精神因素座谈会"。

7月3日，参加《辞海》名词审查会。

7月14日，见到分别多年刚调回北大心理学专业的姜德珍。

7月17日，针对1957年出版的《谈天才》科普读物，心理学专业召开"天才资料汇报会"。

8月10日，北大心理学专业召开"批天才座谈会"。

8月北大开始"批林批孔运动"。刻印《论语》时主张"《论语》只能注不能批"和"'中庸之道'有时还是对的"等，受到多次批判。

10月5日，朱鹤年来访，同去心理所了解针灸麻醉，后去动物所见到贝时璋和童第周。

11月5日和12月13日，两次全校大会上被点名批判为"反动教授"。

11月6日至12月11日，心理学专业和哲学系共开十次揭发批判大会。罪名是：有"反动历史"，"反对批林批孔"，"污蔑'文化大革命'和大好形势"，"搞翻案活动"等。

12月13日和18日两次全校批判大会上，由哲学系重点揭发批判。

1974 年

2月5日至4月8日，随心理学专业教工下北京针织总厂劳动改造。期间共召开八次会议，被工人和教师联合批判为"反动知识分子"，回校后继续写交代和自我批判材料。

5月7日，参加北大召开的全校"批林批孔对敌斗争大会"，晚上思想斗争激烈，一夜未眠，害怕成为"敌我矛盾"，半夜起来向毛主席像"请罪"。5月27日在哲学楼118会上，向工人师傅做"自我批判彻底暴露反动思想"的发言，被批未讲实质问题。

7月23日至10月18日，随心理学专业教工下到北京市鸦儿胡同进行劳动改造，是待处理的"敌我矛盾"。

11月7日，参加哲学系主任郑昕追悼会，见到贺麟。反复写"自我批判提纲"和"主要罪行事实"的交代材料。

1975 年

2月24日，再次下针织总厂劳动改造，仍每天早起打扫厕所，周末乘公交车回家。

4月，工厂车间的党支部、团支部和中学连开三次"批判北大反动教授中型会"。

5月20日，回校，写下厂三个月的总结。

6月16日，向哲学系心理学专业教工全体会作思想汇报，并接受批判。

8月2日，随哲学系74级工农兵学员到大兴基地（后为北大开门办学分校）劳动改造，管理工具，打扫卫生，刻蜡版，看花生地等。

10月20日，随哲学系第一批到大兴基地劳动的师生返校，受夹道欢迎，是队伍中唯一白发教授。

入秋，听说胡耀邦提议要为曹日昌开追悼会。

1976 年

1月8日，周总理去世，18日看报纸上悼念总理唁电不断，不觉泪如雨下。

3月25日，再次下针织总厂开门办学一个月，劳动之外兼做刻蜡版、抄写等工作。

6月19日，参加全校教工赴顺义县（今顺义区）许家务麦收，6月25日返校。

7月28日，唐山大地震，震前三天儿媳杨致均带其母和孩子来北大燕东园同住，一起经历了大地震。

9月9日下午听到广播，毛主席逝世，晚上戴上家里已有的黑纱。

9月15日，调哲学系办公室，仍做清洁工，附带刻蜡版、油印、抄稿等工作。

10月21日，早6点广播，各单位集体进城庆祝粉碎"四人帮"，24日开大会庆祝。

10月26日，见黑板通知：明天开始上课，每周二、四、六下午和一、三、五晚上搞运动。

12月30日，看到"清华北大教育革命文章选编"，其中北大哲学系学员《论语》批注小组的"在孔学圣经上开刀"中写到"伏生"（周先庚笔名）是资产阶级反动教授，仍在受批判。

1977年

9月12日，孟昭兰同意下周一正式回心理学专业来，不再兼管哲学系的事。心理学专业正在筹备成系，让负责管理327室保留的图书资料。

9月16日，陈立来北京开心理学规划预备会议，遂来家访。

9月19日，穿上最好的衣服正式回心理学专业上班，管理报纸图书资料。

9月24日，开始为教师们校阅译稿。

10月17日，鼓励张伯源开"普通心理学"课。

11月18日，参加在心理所召开的心理学会扩大会议，讨论恢复《心理学报》和《心理学译报》和明年冯特百年纪念活动。

12月7日，参加在北大召开的"北京心理学会报告会"，与潘菽、徐联仓、陈元晖、李家治、赫葆源等见面。

12月30日，与孟昭兰谈系里工作，积极建言献策。

1978年

1月19日，正式成为《心理学纲要》译稿的校对编辑工作三人小组成员（另有陈仲庚、沈德灿，后加林宗基）。翻译《心理学纲要》中第13单元"知觉世界"以及各单元专业术语等。

2月15日，在雪地上骑车摔伤，烤电多日渐愈。

4月，几次看"外国科技图书展"，听心理学会举办的学术报告会。

6月10日，参加八宝山曹日昌骨灰安放仪式。潘菽、陈元晖、钱三强、童第周等参加。仪式后在走廊中泪下如雨。

6月23日，在北京展览馆莫斯科餐厅宴请陈省身夫妇及郑芳的姐妹，遇到多年未见的郑芳妹夫著名桑蚕专家吴载德。

8月18日，与编审小组林宗基、沈德灿、陈仲庚讨论统一审译克里奇著《心理学纲要》事。

8月25日，在天文馆听澳大利亚专家布朗（Brown）讲西方教育心理学概况。

9月21日，哲学系落实政策大会，宣布反右倾回潮中周先庚的问题给予平反。

9月28日，参加心理学专业教师落实政策会，发言后落泪。

9—10月，分几次收到"文化大革命"初期被抄走的物品。

10月18日，《心理学纲要》译稿送人教社初审。

12月7—16日，参加保定中国心理学会第二届年会和心理学学术报告会，全国老一辈心理学家到会，13日全体合影。

1979年

1月15日，所写短文《我获得了第二次解放》登载在北大校刊上。

4月27日，在华侨大厦会见美籍华人心理学专家陈郁立。

5月21日，在文史楼实验室接待澳大利亚专家奥弗（Ray Over）。

6月6日和8日，听奥弗教授报告，20日奥弗在仿膳宴请，周先庚提议"大家为心理学第二次'大跃进'而干杯"。

7月28日，陈大柔来访，谈9月份美国心理学会年会的情况，以及要论文送明年在东德召开的冯特百年纪念会和《心理学报》的恢复工作。

8月30日，由北大心理学系推荐为"大百科全书"心理学卷编委。

10月6日，全体教师讨论教学计划。提议要结合自己实际开展专题课，举陈立、郑丕留为例子。

10月31日，参加心理学系学术报告会，沈德灿讲到国别差异时说世界上90%的心理学家来自美国，比如说周先生就是来自美国，于是立刻插话说："不，来自中国！"。

11月24日—12月2日，参加心理学会天津会议。

11月27日，成立实验心理学和工业心理学两个专业委员会。任顾问并发言。

12月11日，参加陆志韦追悼会，到会的有方毅、胡乔木、周培源、潘菽等。

12月29日，陈舒永交来实验室的钥匙，终于又可以使用实验室开展研究了。

1980年

1月28日，在实验室找到"四门速示器"等老旧仪器。

2月18日，为徐联仓翻译工效学讲稿（中译英），20日译至深夜两点。

2月23日，因燕东园要拆除42号甲盖公寓楼，遂搬迁至34号小楼楼下。

3月5日，开始为进修班辅导英语，用翻译校对《心理学纲要》后半部的方法上课，此书由文化教育出版社于1980年10月出版。

3月21日，与进修生谈专业英语课教学方法，分配每人翻译一章《心理学纲要》。

4月14—25日，澳大利亚心理学家齐茨来华讲学十次，25日在临湖轩与齐茨夫妇座谈。

5月9日，与王甦、林仲贤和北师大张厚粲讨论暑期实验班事。

5月21日，为进修班专业英语第一次全体讲课，每人都译完了一章。

6月14日，参加《中国大百科全书》心理学卷第一次编委会。

7月24—25日，张世富来访，告知将赴大连参加教育心理讨论会，恳谈了一昼夜：鼓励张世富收集西双版纳材料，心理测验所应职业化，团结云南省和昆明市两个心理学会，办科普心理学刊物等。

9月8日，为78级本科生18人开设"专业英语课"，主持翻译《心理学导论》（Hilgard著），作为专业英语训练教材。

9月22日，会见美国著名心理学家马森，谈及斯坦福和耶鲁的熟人，马森介绍伯克利分校心理学系情况。

9月29日，参加八宝山丁瓒追悼会。

10月14日，在科学会堂欢迎美国心理学家代表团，参加20日周培源校长在临湖轩接待米勒和西蒙等美国专家的宴请。

10月22日，写完《中国大百科全书》心理学卷框架（征求意见稿）寄出。

11月，为孟昭兰、许政援提升副教授写推荐信。

12月20日，孟昭兰来谈赶译《心理学导论》交北京大学出版社出版。

12月30日，张乔喾和潘大逵等来家造访。

1981年

1月3日，心理学系教师分工审校《心理学导论》译稿。

1月10日，张伯源送来北京心理学会年会请柬（特约代表），建议成立社会心理学专业委员会。

2月5日，张伯源、朱滢来拜年，和他们谈到在北大开"社会心理学座谈会"，北大要出心理学刊物，办心理服务社，搞一个独特的分支。

3月6日，到心理所参加李家治的"人机对话初步试验"鉴定会，建议心理所扩大为"心理科学研究院"。

3月10日，给1978级上专业英语课。

4月2日，读《人民日报》载周培源访美观感：我国社会学和心理学停滞了三十年。

4月底，清华大学70周年校庆时返校，在大礼堂见到老同学程海峰、罗静宜。

6月30日，到市公安局参加"犯罪心理学"教学大纲讨论会，与罗大华谈话。

7月15—17日，参加在北大召开的"社会心理学座谈会"并发言，与会的还有潘菽、林传鼎、吴江霖、费孝通、李有义等。7月19日，《北京日报》做详细报道。

7月25日，准备下学期选10名1979级同学，笔译《心理学入门精选》，每周辅导一次。

9月6日，陈大柔送来"中国心理学六十年的回顾与展望（提纲）"征求意见稿，提了许多意见。

11月14日，被批准加入民革，由民革北京市委副秘书长张廉云和商鸿逵、江元铸介绍，以后均积极参加民革支部各次活动。

12月4—9日，参加"中国心理学会第三次代表大会、纪念建会六十周年学术会议"。

12月11—12日，参加《中国大百科全书》心理学卷的编委会会议。

1982年

1月19日，到人民大会堂云南厅参加中国科协主办的"春节座谈会"并发言。

4月22—24日，参加"中国社会心理学研究会"成立大会（同年9月改名为"中国社会心理学会"），于光远、雷洁琼、潘菽、陈立、周先庚等五人聘为顾问，24日下午参观中南海（由高云鹏联系并组织的）。

4月28日，在临湖轩接待美国密执安大学心理学系主任卡因教授。

6月10日，参加社会心理学会理论问题讨论会。

7月3日，心理学专业全体教师会，成立提职委员会，荆其诚任主席，与吴天敏、姜德珍、王甦同任委员并参加学位评定。

7月12日，参加江西人民出版社的《心理学辞典》编撰计划会。

11月1日，在北大哲学楼电影馆参加"北京心理学会"第二届理事会选举大会，被聘为顾问。

1983年

2月25日，到中央团校参加"马克思逝世百年心理学座谈会"。

3月4日，参加方辰遗体告别会。

3月9日，晏阳初之侄晏昇东、胡绍芳夫妇来访，以后几日多次来访见面叙旧。胡绍芳是《团结报》特约记者。3月24日，晏昇东夫妇来家住，带他们采访王力，并写出访问记投稿。

4月7日，会见外国专家瓦兰斯坦夫妇，谈及心理学界名人和自己的经历。

4月13日，美国著名人工智能专家诺贝尔奖获得者西蒙访华，参加会见并听课。

4月24日，清华校庆，1933级同学聚会，学生张民觉回国相见并合影。

7月12日，参加"北京市社会心理学会"成立大会。

11月17日，华东师大曾性初来信请教有关汉字心理学问题。

1984年

4月5日，收到分别三十多年的学生敦福堂自美国的来信，感谢为他保存了当年的"汉字检索卡片"和油印的《普通心理学》讲义。

7月6日，获悉在辽宁社会科学院工作的学生王树茂将赴美国做访问学者，并与美国心理学家开展合作研究，非常欣慰。

11月28日，高云鹏为《中国大百科全书》编写有关条目来家商议。

1985年

5月2日，安定医院精神科医生陈学诗告知：已批准成立"中国心理卫生协会"，被聘请为顾问。

7、8、11月，三次为华中师范大学物理系学生杨景义自学心理学购买邮寄书籍，并热情指导其自学。

7月8日，收到《军事心理学》作者刘红松来信感谢为其书作序。

1986年

5月16日，得知在昆明师专工作的学生张世富已入党，正在编写全国师专用心理学教材。

6月6日，因指导学生崔莉芳音乐心理学论文接到感谢信。

12月17日，收到中国科技情报所武夷山为其校阅译稿的致谢信。

1987年

3月20日，收到湖北青年刘慎锐的来信，请为他所写的《税收管理心理学》做指导。

5月11日，收到西安市空军工程学院钟德辉来信，请教刘红松的《军事心理学》一书中"军人个性测验"的有关问题。

6月,翻译和校对的《心理学导论》(上下册,主译)由北京大学出版社出版。

12月,北大校长陈佳洱接见并宣布明年初他将与姜德珍一起离休,随后欧美同学会通知给予司局级待遇。

1988年

2月,统校的《心理学纲要》第三册,暂定为"续编",骆正等译,但最终未出版。

4月24日,参加清华校庆"西南联大纪念碑"揭幕典礼,周培源、刘达、陈岱孙在场。

6月12日,持手杖出席北京市社会心理学会第二届学术年会。

8月10日,在燕东园34号小楼家中,北大校领导、心理学系师生及清华校友会举行85岁生日祝寿会。

12月28日,参加北京心理学会会议,遇孙昌龄和高云鹏、焦书兰夫妇。

1989年

2月12日,率全体子婿媳亲属共16人在北大畅春园饭店团聚会餐并合影。

5月4日,北大校庆,遇冯友兰、张民孚(张民觉的弟弟)和马启伟、陆慈夫妇等,与姜德珍在西南联大纪念碑旁合影。

7月13日,吉林人民出版社《心理咨询百科》,约写"周先庚"专条。

9月5日,校改崔莉芳有关音乐心理学译稿。

11月15日,看陈仲庚《临床实验心理学》手稿。

1990年

1月18日,心理学系联欢会,第一个到会并讲话。

4月29日,出席清华大学校庆,清华派车由长子周广业接沈同、陈岱孙一起到清华,在工字厅捐200元重建二校门。见诸多老友和97岁的梅贻琦夫人韩咏华。

6月5日，参加北京心理学会学术报告会，散会后由陈仲庚、王甦的研究生送回家。

8月6日，郑丕留来家取已代为保存四十多年的手稿资料两捆，并合影留念。

12月14日，收到郑丕留贺年卡"教诲如春风，师情如海深"。

1991 年

2月15日，民革支部和凌文轾、方俐洛夫妇来家拜年。

3月29日，与学生王宇宏第四次谈写生平传记事宜，分为传记、年谱、日记三部分，5月交稿。

4月底，清华大学八十周年校庆，长子周广业蹬三轮车送到清华二校门、清华学堂和第三教室楼墙上施滉（清华同班同学）的浮雕像前等处摄影留念。

6月3日，为中国青年出版社《社会科学名著选萃》赶写《心理学导论》浓缩稿两万字，7月27日完成。

8月，头晕严重，中医研究院诊断为"老年痴呆症"，后经北医三院做CT检查，确诊为"大脑萎缩"。

1992 年

2月4日，大年初一许多人来家拜年，沈德灿说周先生是视觉型，脑子还清楚。

8月1日，孙女周巧愚的丈夫彭建军生日，孙子周笑直考取清华大学，全家聚餐录像留念。

9月6日，参加欧美同学会。

1993 年

8月10日，北大人大民革支部在未名湖岛亭会议室为其召开90岁祝寿座谈会，因本人身体不适未能出席，由长子周广业代为参会和发言。市民革领导张廉云到会并讲话。

1995 年

年初和年中两次病危，分别送北医三院和人民医院抢救。

10 月，李卓宝、姜德珍来家探望，嘱尽早在清华大学理学院恢复心理学系。

12 月，再病危，送北大校医院护理。

1996 年

2 月 4 日，因长期脑萎缩引起并发症，多项功能衰竭，于北大校医院去世。享年 93 岁。

附录二 周先庚主要论著目录

[1] Siegen K. Chou. Trends in Chinese psychological interests since 1922 [J]. The American Journal of Psychology, 1927, 38 (3): 487-488.

[2] Siegen K. Chou. The present status of psychology in China [J]. The American Journal of Psychology, 1927, 38 (4): 664-666.

[3] Siegen K. Chou. Reading and legibility of Chinese characters I: Influence of Reading-direction and characters-position upon speed [J]. Journal of Experimental Psychology, 1929, 12 (2): 156-177.

[4] Siegen K. Chou. A Quadrant Tachistoscope for studying the legibility of Chinese characters [J]. Journal of Experimental Psychology, 1929, 12 (2): 178-186.

[5] Siegen K. Chou. A multiple groove board for testing motor skill [J]. Journal of Experimental Psychology, 1929, 12 (3): 249-253.

[6] Siegen K. Chou. A modification of the Dunlap chronoscope [J]. Journal of Experimental Psychology, 1929, 12 (5): 459-461.

[7] Siegen K. Chou. A universal finger maze: The pattern box [J]. Journal of General Psychology, 1929, 2 (4): 527-632.

[8] Siegen K. Chou. Reaction-keys and a new technique for readingreactions

[J]. The American Journal of Psychology, 1929, 41（3）: 469-473.

[9] Siegen K. Chou. An automatic card feeder and catcher mechanism [J]. Journal of General Psychology, 3（1）: 179-182.

[10] Siegen K. Chou. Gestalt in reading Chinese characters [J]. Psychological Review, 1930, 37（1）: 54-70.

[11] Siegen K. Chou. "Tachistoscope" vs. "Bradyscope" [J]. The American Journal of Psychology, 1930, 42（2）: 303-306.

[12] Siegen K. Chou. Reading and legibility of Chinese characters II: Reading half-characters [J]. Journal of Experimental Psychology, 1930, 13（4）: 332-351.

[13] Siegen K. Chou. Reading and legibility of Chinese characters III: Judging the positions of Chinese characters by American subjects [J]. Journal of Experimental Psychology, 1930, 13（5）: 438-452.

[14] 周先庚. 大学生的心理与心理学 [J]. 清华周刊, 1930, 35（7）: 497-502.

[15] 周先庚. 心理学的回顾 [J]. 清华周刊, 1930, 35（8/9）: 621-634.

[16] 周先庚. 清华心理实验室 [J]. 清华周刊, 1930, 35（11/12）: 1010-1020.

[17] Siegen K. Chou. Cinematography of psychologies [J]. Psychological Review, 1931, 38（3）: 254-275.

[18] Siegen K. Chou. Psychological laboratories in China [J]. The American Journal of Psychology, 1932, 44（3）: 372-374.

[19] 陈汉标, 周先庚. 评 Boring 著 A history of Experimental Psychology [J]. 清华学报, 1932, 7（2）: 37-40.

[20] A modification of ranschburg's exposure apparatus [J]. Journal of General Psychology, 1933, 9（1）: 243-246.

[21] Siegen K. Chou. What is the curve of forgetting [J]. The American Journal of Psychology, 1933, 45（3）: 348-350.

[22] Siegen K. Chou. Maze construction and the rolling-ball maze [J].

Journal of General Psychology，1934，11（1）：197-209.

[23] Siegen K. Chou. A water elevated maze [J]. Journal of General Psychology, 1934, 11 (1): 223-226.

[24] 周先庚，程时学. 职业指导的价值 [J]. 教育与职业, 1934 (154): 211-213.

[25] 周先庚，陈汉标. 学生颜色嗜好之调查 [J]. 教育与职业, 1934 (157): 437-447.

[26] 周先庚. 学生"烦恼"与"心理卫生"[J]. 中山文化教育馆季刊, 1934, 1（2）：707-727.

[27] 周先庚，潘如澍，李洪谟. 二十年来周刊变迁表 [J]. 清华周刊, 1934, 41（6）：34-41.

[28] 周先庚，诸葛龙. 定县实验区学校式教育测验 [J]. 测验, 1934, 2 (1): 13-28.

[29] 周先庚. 美人判断汉字位置之分析 [J]. 测验, 1934, 2 (1): 20-62.

[30] 周先庚. 国防设计与心理技术建设 [J]. 独立评论, 1934 (110): 4-9.

[31] 周先庚. 英国十年工业心理技术建设之教训 [J]. 独立评论, 1934, (113): 7-12.

[32] 周先庚. 心理学与心理技术 [J]. 独立评论, 1934 (116): 7-12.

[33] 周先庚. 学术研究的途径 [J]. 独立评论, 1934 (126): 6-12.

[34] 周先庚. 职业指导的重要 [J]. 独立评论, 1934 (130): 6-9.

[35] 周先庚. 定县七年新法测验考试之实施及结果 [J]. 民间半月刊, 1934, 1（9）：1-11.

[36] 周先庚，诸葛龙. 平民识字的几个先决问题 [J]. 民间半月刊. 1934, 1（13）：7-11.

[37] 周先庚. 旧历年在民间的意义 [J]. 1934, 1（19）：8-9.

[38] Siegen K. Chou. Reading and legibility of Chinese characters Ⅳ: An analysis of judgments of positions of Chinese characters by American

subjects [J]. Journal of Experimental Psychology, 1935, 18 (3): 318-347.

[39] Siegen K. Chou & Han-Piao Chen. General versus specific color preferences of Chinese students [J]. The Journal of Social Psychology, 1935, 6 (3): 290-314.

[40] 周先庚, 陈汉标. 中国学生之普通的与特殊的颜色嗜好 [J]. 测验, 1935, 2 (2): 1-30.

[41] 周先庚, 诸葛龙. 陆军士兵与平校学生智慧测验的统计报告 [J]. 测验, 1935, 2 (3): 28-78.

[42] 周先庚, 诸葛龙. 挂题测验法的初步研究 [J]. 测验, 1935, 2 (3): 209-263.

[43] 周先庚. 定县历年测验统计结果略述 [J]. 测验, 1935, 2 (3): 1-27.

[44] 周先庚. 心理学之观点 (陈汉标译) [J]. 教育杂志, 1935, 25 (3): 147-158.

[45] 周先庚, 郑丕留. 应用心理学的史略及其最近趋势 [J]. 中山文化教育馆季刊, 1935, 2 (1): 271-283.

[46] 周先庚. 定县历年测验成绩统计结果略述 [J]. 民间半月刊, 1935, 2 (2): 1-27.

[47] 周先庚. 心理学与"心理建设" [J]. 中山文化教育馆季刊, 1935, 2 (2): 423-435.

[48] 周先庚. 发展工业心理学的途径 [J]. 独立评论, 1935 (135): 9-15.

[49] 周先庚, 陈汉标, 赵婉和. 男女判断三段论法的性别差异 [J]. 中华教育界, 1935, 32 (5): 41-47.

[50] 周先庚. 大学生的训育问题 [J]. 独立评论, 1935 (165): 10-14.

[51] 周先庚. 兴趣与职业 [J]. 独立评论, 1935 (137): 6-11.

[52] 周先庚. 评 Morris S. Viteles 著 Industrial Psychology [J]. 清华学报, 1935, 10 (3): 749-767.

[53] 周先庚, 程时学. 工业心理学之兴起及范围 [J]. 教育杂志, 1935,

25（4）：37-45.

[54] 周先庚. 平教会施行的智慧测验[J]. 民间半月刊，1935，2（14）：1-5.

[55] Siegen K. Chou. Some comments on color preference of Chinese students[J]. The Journal of Social Psychology，1936，7（1）：119-121.

[56] 周先庚，陈汉标. 中国工业心理学之兴起[J]. 中国心理学报，1936，1（2）：140-166.

[57] Siegen K. Chou & Ching-Yuan Mi. Relative neurotic tendency of Chinese and American students[J]. The Journal of Social Psychology，1937，8（2）：155-184.

[58] Siegen K. Chou. An optical illusion of personal magnetism[J]. The American Journal of Psychology，1938，51（3）：574-575.

[59] 周先庚. 人之本性：评麦独孤著《社会心理学引论》[J]. 自由论坛，1942，3（1）：13-14，16.

[60] 周先庚. 论教育心理学之改造[N]. 正义报，1944-1-10.

[61] 周先庚. 实验心理学与教育[N]. 正义报，1944-2-14.

[62] 周先庚. 教育心理与心理教育[N]. 正义报，1944-2-28.

[63] 伏生（周先庚）. 军官心理测验之商榷[N]. 扫荡报，1944-3-13.

[64] 周先庚. 论机关学术化[N]. 扫荡报，1944-3-19.

[65] 周先庚. 心理技术与心理建设[N]. 正义报，1944-3-27.

[66] 周先庚. 机关学术化之途径[N]. 扫荡报，1944-4-11.

[67] 周先庚. 四十年来中国心理学之回顾[N]. 中央日报，1944-5-27，1944-6-3.

[68] 周先庚. 心理服务[N]. 云南日报，1944-6-18.

[69] 周先庚. 心理服务社缘起[N]. 中央日报，1944-6-24.

[70] 周先庚. 战时中国心理学之动态[N]. 1944-7-7.

[71] 周先庚. 心理学系课程之商榷[N]. 中央日报，1944-7-11.

[72] 周先庚. 战时教师应有牧师传教之精神[N]. 中央日报，1944-8-26.

[73] 周先庚. 心理学与人事管理 [J]. 建国导报, 1944（13）: 11-14;（14/15）: 8-12.

[74] 周先庚. 论心理学为大学公共必修科之一 [N]. 中央日报, 1944-12-21.

[75] 周先庚. 智识青年从军运动之心理基础 [N]. 云南日报, 1944-12-24.

[76] 周先庚. 智识从军与心理建军 [N]. 扫荡报, 1945-1-3.

[77] 周先庚. 军事心理与军事教育 [J]. 军事与政治, 1945（6）: 10-11.

[78] 周先庚. 心理学与民主实验 [J]. 民主周刊, 1945, 1（8）: 6-8.

[79] 周先庚. 青年问题顾问处工作报告 [N]. 中央日报, 1946-1-5.

[80] 周先庚. 青年问题顾问处工作检讨 [N]. 中央日报, 1946-1-26.

[81] 周先庚. 现代心理学自然是自然科学 [N]. 中央日报, 1946-6-30.

[82] 周先庚. 现代心理学之进化史：评 Müller-Freienfels 著 The evolution of modern psychology [N]. 平明日报, 1946-12-8.

[83] 周先庚. 论教育心理学之改造 [J]. 教育通讯, 1947（12）: 5-6.

[84] 周先庚. 评齐泮林著《教育统计学》[J]. 教育通讯, 1947（7）: 39.

[85] 周先庚. 工人心理考察：平绥铁路南口机厂试行建议制度初次简易报告 [N]. 天津民国日报, 1947-3-29, 1947-4-5.

[86] 周先庚, 田汝康, 戴寅. 战斗员所应知道的心理学 [N]. 天津民国日报, 1947-4-12 至 1948-8-28.

[87] 周先庚. 青年心理之发展 [N]. 天津民国日报, 1947-5-31.

[88] 周先庚. 心理学在军事上的应用 [N]. 北平时报, 1947-8-31.

[89] 周先庚. 工厂建议制度 [N]. 天津民国日报, 1947-1-24.

[90] 周先庚. 巴夫洛夫传略 [J]. 科学通讯, 1949（6）: 10-12.

[91] 周先庚, 郑芳. 创造性劳动的形成过程 [J]. 中国青年, 1957（5）: 8-11.

[92] 周先庚, 郑芳. 谈独立思考 [J]. 中国青年, 1957（7）: 11-13.

[93] 周先庚, 郑芳. 谈兴趣 [J]. 中国青年, 1957（12）: 20-22.

[94] 周先庚. 谈记忆 [J]. 中国青年, 1962（7）: 10-13.

[95] 周先庚，牟乃祚. 初级心理实验［M］. 北京：清华大学心理学系，1932.

[96] 陈选善，曹日昌，周先庚，等. 心理学［M］. 北京：中南人民出版社，1954.

[97] 巴甫洛夫. 条件反射演讲集［M］. 周先庚，主译. 北京：人民卫生出版社，1954；北京：北京大学出版社，2010.

[98] 周先庚，郑芳. 谈天才［M］. 北京：中国青年出版社，1957.

[99] Wechsler. 皮肤电反射［M］. 周先庚，译. 北京：科学出版社，1959.

[100] Krec. 心理学纲要［M］. 周先庚，主译. 北京：文化教育出版社，1981.

[101] Hilgard. 心理学导论［M］. 周先庚，主译. 北京：北京大学出版社，1987.

参考文献

[1] 本校各院系略述·心理学系 [J]. 清华校友通讯，1948，(4)：5-7.

[2] 清华学校同学录·中一级九十四名 [J]. 清华周刊（三次临时增刊），1917，116-124.

[3] 施滉烈士的革命事迹：访问周先庚同志记录 [M]. 中共云南党史资料（三辑，施滉专辑）[M]. 昆明：云南民族出版社，1987，239.

[4] 唯真学会 [J]. 清华周刊，1920，(194)：42-43.

[5] 徐永煐同志访问记录 [M]. 百年永煐（自印本）[Z]，2002.

[6] 在校同学暑假通讯处一览·大一级 [J]. 清华周刊（十次增刊），1924，74-77.

[7] 艾伟. 中国学科心理学之发展 [J]. 教育心理研究，1940，1(3)：6-11.

[8] 北京大学，清华大学，南开大学，云南师范大学编. 国立西南联合大学史料五（学生卷）[G]. 昆明：云南教育出版社，1998，520-535.

[9] 蔡乐生. 为《汉字的心理研究》答周先庚先生 [J]. 测验，1935，2(2).

[10] 蔡乐生. 一个学心理学者的自叙 [J]. 心理季刊，1937，(1)：135-145.

[11] 曹云祥. 改良清华学校至办法 [J]. 清华周刊（十周纪念增刊），1924，72.

[12] 丁瓒. 巴甫洛夫学说在中国的传播 [J]. 科学大众，1954，(10)：368-370.

[13] 翻译计划 [J]. 翻译通报，1950，1(5)：43.

[14] 冯德培，潘菽. 苏联怎样纪念巴甫洛夫 [J]. 科学通讯，1949，(6)：6-7.

[15] 伏生. 军官心理测验之商榷［N］. 扫荡报，1944-3-13，20.

[16] 黄永言. 朱智贤传［M］. 北京：人民教育出版社，2000，224-232.

[17] 李光谟. 李济先生学行纪略（未定稿）. 考古学研究（二）（北京大学考古系编）［M］. 北京：北京大学出版社，1994，394-397.

[18] 李艳丽，阎书昌. 周先庚与巴甫洛夫学说1950年代的引介［J］. 中国科技史杂志，2014，35（3）：332-345.

[19] 李真真. 中宣部科学处与中国科学院——于光远、李佩珊访谈录［J］. 百潮，1999,（6）：23-30.

[20] 凌文辁，方俐洛. 纪念我国工业心理学的开创者周先庚老师［A］. 见：阎书昌，周广业（编），周先庚文集（卷二）［C］. 2013，668-673.

[21] 罗静宜. 《华侨日报》的前身——《国民日报》与《先锋日报》［J］. 文史通讯，1984,（4）：37-39.

[22] 彭飞. 历史教训值得汲取——1958年心理学批判的剖析［J］. 心理学报，1979,（1），17-21.

[23] 清华校史稿编写组. 清华大学校史稿［M］. 北京：中华书局，1981.

[24] 饶孟侃. 招生问题［J］. 清华周刊（十周年纪念增刊），1924，113-118.

[25] 孙敦恒. 唯救国真理是从的唯真学会［J］. 北京党史，1990,（6），51-54.

[26] 孙敦恒. 清华国学研究院史话［M］. 北京：清华大学出版社，2002，2-3.

[27] 田汝康. 内地女工［J］. 中国劳动月刊，1942,（1），31-48.

[28] 王树茂. 怀念我的导师周先庚教授［A］. 载阎书昌，周广业（编），周先庚文集（卷二）［C］. 2013，662-664.

[29] 王学珍，王效挺. 北京大学纪事（一九一八至一九九七）（上册）［M］. 北京：北京大学出版社，1998，453-454.

[30] 徐庆东，徐庆朱，徐庆来，等. 百年永煐（自印本），2002，199.

[31] 薛攀皋（口述），熊卫民（整理）. 自主与干预：心理学科在中国（1949-1976）［J］. 科学文化评论，2006，3（4）：111-121.

[32] 阎书昌，高志鹏. 信札中的微观心理学历史：黄翼形重错觉研究报告的曲折境遇［J］. 心理学报，2017，49（4）：554-568.

[33] 阎书昌，陈晶，张红梅. 抗战时期周先庚的军事心理学实践与思想［J］. 心理学报，2012，44（11）：1554-1562.

[34] 阎书昌，周广业编：周先庚文集（卷一，卷二）［C］. 北京：中国科学技术

出版社，2013.

[35] 阎书昌. 抗战时期中美心理学家合作开展情报伞兵突击队心理测评[J]. 中国科技史杂志，2015，36（3）：355-363.

[36] 阎书昌. 人类学外心理学内的田汝康先生[J]. 西北民族研究，2015,（2）：101-108.

[37] 雨庵. 军官心理测验之商榷[N]. 扫荡报，1943-11-19，20，21.

[38] 张世富. 一间教室引起的思念[N]. 云南日报，2003-11-7.

[39] 赵莉如. 回忆周老的两件事[A]. 载周文业编，周先庚、郑芳纪念文集（自印本）[C]. 2013，290-291.

[40] 赵以炳. 十年来巴甫洛夫学说在我国的成就[J]. 生物学通报，1959,（10）：468-471，475.

[41] 政协安庆市委文史资料研究委员会，安庆文史资料编辑部. 安庆文史资料·解放战争时期的安庆续辑（下）[M]. 合肥：安徽省新闻出版社，1989，62-65.

[42] 中共中央党史研究室. 中国共产党历史（二卷上册）[M]. 北京：中央党史出版社，2011，155-158.

[43] 中国科学院心理研究所译. 条件反射演讲集[A]. 北京：人民卫生出版社，1954.

[44] 周先庚编，郑芳文集（第2版）[A]. 北京：中国科学技术出版社，2014.

[45] Gantt, W. H. Translator's Preface. *Lectures on Conditioned Reflexes and Psychiatry* [A]. 沪西书店，1953. 9-10.

[46] Cattell, J. M. *Ninth International congress of psychology: Held at Yale University* [A]. New Haven, Connecticut, September 1st to 7th, 1929, Psychological Review Company, 1930, 507, 508.

[47] Miles, W. R. Walter R. Miles. In E. G. Boring & G. Lindzey（Eds.），*A History of Psychology in Autobiography*（Vol. 5, 221-252）[A]. New York: Appleton-Century-Crofts, 1967.

[48] Murray, H. A. Henry A. Murray [C]. In E. G. Boring & G. Lindzey（Eds.），*A History of Psychology in Autobiography*（Vol. 5, 283-310）[A]. New York: Appleton-Century- Crofts, 1967.

[49] Proceedings of the meeting of the Western Psychological Association [J]. *Psychological Bulletin*, 1929, 26（1）: 6-7.

[50] *The OSS Assessment Staff: Assessment of Man: Selection of Personnel for the Office of Strategic Services* [M]. New York: Rinehart & Company, 1948, 376-382.

[51] Yan, S. C. & Chen, J. Correspondence between Henry A. Murray and Siegen K. Chou [J]. *History of Psychology*, 2013, 16（3）: 212-216.

[52] 通讯[N].《新黎里》, 1924-5-16.

后记一

2012年秋，当我得知"老科学家学术成长资料采集工程"项目有可能接收父亲留下的大量资料之后，非常高兴。父亲周先庚是老一辈的心理学家，1996年去世后留下许多资料。2007年，我们子女已将其中大部分捐赠给父亲生前长期工作过的清华和北大的校档案馆，但我家里还留有一些珍贵的资料，希望都能被妥善保存并加以利用。张藜老师要我向中国科协写一份申请报告。不久，就得知申请获得批准，周先庚被特批入选采集工程，我们组建了项目组，由我担任项目组组长，立即投入工作。

2012年年底，中国心理学会第十五届学术会议在广州召开期间举办了纪念周先庚110周年座谈会，大家都为周先庚能进入国家采集工程而备受鼓舞。心理学得到国家和领导的如此重视是心理学界的光荣，都嘱咐我要珍惜这个机会，认真整理周先庚的资料，这是国家的需要，更是心理学界宝贵的财富。要编写的周先庚传记，既要真实反映周先庚本人一生的学术成长经历，更要通过它折射出时代的巨变。

带着大家的期望和嘱托，我们用了将近一年时间采集素材和编写研究报告，从周先庚已发表和未发表的论著文献中，从现存于清华和北大档案馆的上千份材料中，从阅读几百封书信、87本日记、十多本笔记以及大量手稿中，从他的学生后辈的回忆访谈中，全面搜集素材，经过筛选，摘取最能反映他一生学术成长经历的资料。由研究心理学史的项目组成员河北师范大学的阎书昌老师承担第二章至第六章周先庚的学术黄金时期的写作，项目组成员北京大学高云鹏老师写第七章，即周先庚五六十年代在北大任教时期，第一章童年和第八章至第十一章老年与夫人则由我与夫人周思萌负责。第八章至第十章主要以日记书信和纪念文章为原始材料写成，突出了时代背景和主题。我代表写作小组衷心希望得到各方面指教，尤其是采集工程领导小组的专家们不吝赐教。在采集资料和撰写研究报告过程中，我们得到多方帮助指导，在此一并深深致谢。

特别要感谢的是中国科协对我们的亲切关心与支持，以及采集工程专家组组长张藜研究员和罗兴波博士一直以来对我们的悉心指导。

中国心理学会原理事长张侃作为总顾问为我们把握方向，并在2013年11月第十六届全国心理学学术会议（南京）期间亲自主持"周先庚先生诞辰110周年纪念会"，会上年已八十六岁的著名心理学家北京师范大学张厚粲教授做了热情洋溢的发言。2012年12月，第十五届全国心理学学术会议（广州），期间也举行过纪念周先庚先生座谈会，会上暨南大学凌文辁教授深情地回忆老师的教诲，并在会后专门与夫人方俐洛一起写了纪念文章。以上两次纪念座谈会上作了精采发言的还有：彭凯平、博小兰、舒华、樊富珉、金盛华、钟年、郭本禹和阎书昌等。此外心理学界的老前辈赵莉如研究员也写了难得的回忆文章；周先庚的几位早年学生都已年逾八十，不辞辛苦接受我们的访谈，如清华大学原教育所所长李卓宝教授、北大心理学系许政援教授、北大心理学系原总支书记姜德珍教授、中科院心理所原所长徐联仓研究员和夫人季楚卿、著名心理学家教育专家孙昌龄先生、著名心理学家林崇德教授等。远在美国定居的原沈阳心理所所长王树茂先生，通过电话与采集小组成员高云鹏三次长谈。他们大多年老体弱，但都积极配合努力回忆点点滴滴，使我们非常感动，也从他们身上看到周先庚令人敬仰的学术成就与和蔼可亲的人格魅力。

清华大学档案馆老馆长白永毅老师、馆长顾良非、副馆长金富军等都给予了极大支持，尤其是沙俊平老师，用了半年多时间整理建档了117盒470件档案资料。北京大学心理学系许政援教授不顾体弱多病，用了近一年时间整理建档了捐给北大档案馆的全部资料，共计 87 盒 555 件。北大校史档案馆的马建钧馆长和林齐模博士还用近半年时间制作了周先庚诞辰 110 周年纪念展览。在此我要向两校校史档案馆的领导和老师们致以衷心的感谢！

项目组成员阎书昌老师在研究报告的撰写中更承担了五个章节和导言结语的主要写作任务，为传记拟出了响亮的书名，并完成了全部统稿工作，为写作传记做出了最大的贡献；高云鹏老师是父亲唯一的助教，义不容辞地承担了第七章的写作任务，并参加和组织了多次访谈；心理所图书馆馆长陈晶不辞辛苦，参加各次访谈和文字整理；大弟周文业废寝忘食地筹办了 2012 年广州和 2013 年南京两届全国心理学学术会议上的周先庚纪念座谈会，为采集小组的工作出谋划策，我要代表项目组向他们各位成员致谢！

在整个采集工作过程中清华大学心理学系给予大力支持：2013 年 10 月 26 日心理学系庆祝复系五周年同时召开了周先庚 110 周年纪念会；系主任彭凯平在百忙中给予关心，系务会议多次研究周先庚采集工程工作；心理学系副主任樊富珉教授和吴莹系办主任在经费管理使用上方便快捷；钱静班主任带领心理学系学生利用暑假整理口述文字资料等，都在此致以衷心感谢。

在此还要特别感谢我的夫人周思萌，因为她承担了采集小组的全部资料整理编目制表写摘要等最为繁重的工作，并阅读了几乎全部日记，作了详细摘要，写出了第八章初稿，没有夫人的全力参与，是不可能完成这次采集任务的。

年已 88 岁高龄的孙昌龄先生，欣然接受为传记写序的任务，熬夜写出了生动感人的序言，我们都十分感动和敬佩！

现在清华北大校史档案馆已完成和即将完成周先庚全部档案资料的数字化。这样连同这次我们捐赠给采集工程馆藏基地的 530 件资料（其中 505 件为原件），两校一地分为三处的总共 1564 件资料，将有可能通过采集工程连成一体，为今后心理学研究工作者们充分利用这些档案资料提供了便利条件。

通过本项目的工作，让我们兄弟姐妹对父亲有了更全面更深入的了解，也对他的人生际遇更加同情，对撰写好研究报告和保存这些珍贵历史资料的意义有了更深刻的认识。同时，我也要对大姐立业、妹妹明业、大弟文业、小弟治业表达由衷的谢意，感谢他们的支持和理解，同意我把家中的这些资料捐赠给国家，我相信它们一定会得到妥善保存，今后将发挥更大作用。

最后，希望我国的心理学科能得到更多的关心和支持，希望我国的院士队伍中出现更多心理学家的身影，希望我国心理学早日达到世界一流水平！

2013 年 11 月 10 日

后记（续）

在本项目完成结题验收的一年多后才终于补充完成《周先庚传》的修改稿。

2014 年 4 月采集小组曾组织了部分在京的心理学界专家们参观北京大学校史馆举办的"周先庚先生 110 周年纪念展"，参观后举行了座谈会，仍由张侃主持，各位专家都深情地回顾了周先庚先生曲折的一生和对我国心理学的重要贡献，发言都十分生动感人！是对周先庚先生难得的缅怀和纪念。参加座谈会并发言的有：张厚粲、姜德珍、孙昌龄、孟昭兰、傅小兰、吴艳红、钱铭怡、樊富珉、张伯源、张建新、倪启贤、李文馥、武国城、范存仁等。

2015 年全世界将隆重纪念反法西斯战争胜利七十周年，我国也将空前隆重地纪念抗日战争胜利七十周年。为此，丁瓒先生的女儿丁素因、儿子丁宗一，曹日昌在荷兰的儿子曹增义与我和大弟周文业等，于 2014 年共同倡议和发起在 2015 年 9 月举办一次以中国心理学界为主的纪念研讨会，以纪念 1945 年中美两国心理学家为中国军队进行伞兵和军官心理测验七十周年（倡议的此纪念活动后来因故取消了）。为了准备这次活动，我们又重新梳理和查找七十年前关于这次伞兵和军官心理测验的来龙去脉和有关资料，阎书昌教授建议：尤其重要的是要找到当年用于这次测验的 TAT 主题统觉测验测试图片。但查遍采集工程已编目的存于馆藏基地、清华和北大档案馆的所有资料，只查出一批军官心理测验资料，还是未能找到最重要的这批图片和有关伞兵测验的资料。按父亲的收藏保存习惯，这些资料应不会丢失，而且他在"文化大革命"材料中还专门写到过这套图片，于是我想起，在清华档案馆还有四箱未编入档案的剩余资料，会不会在这里面？2015 年 1 月末，我再去清华档案馆查阅这四箱资料，终于找到了这批珍贵图片，七十年后重见天日，真是令人喜出望外！我立即扫描了那十张珍贵图片和默里带来的三十张 TAT 测试图片，部分图片已收入本书第五章第二节。这批伞兵和军官心理测验的实证资料还是几十年来首次发现，对研究我国心理测验和军事心理学史均有重要意义。

回顾这几年的历程，真是十分感慨！如不是父亲辛苦地把这些宝贵资料由昆明带回北京，并在"文化大革命"中用巧妙的方法躲过红卫兵的抄家，也就不会有周先庚的采集工程项目，不会有《周先庚文集》第一、二卷和《郑芳文集》的出版，也就无法编写内容丰富的《周先庚传》。

最后，我要由衷地向阎书昌教授致谢、致敬！多年来如没有他对周先庚的开创性研究，主编了《周先庚文集》，主笔了这本传记，我们不可能完成这项采集工程任务，这是阎书昌教授为我国近现代心理学史作出的特殊贡献！

谨此，再次向中国科协领导、向采集工程专家组和馆藏基地的老师们、向中国科学技术出版社、向清华大学和北京大学档案馆的领导和老师们、向心理学界关心周先庚的同仁，致以衷心的感谢！

周广业
2015 年 2 月 7 日

后记二

2009年1月，我从网络上购买到美国心理学家默里写给周先庚的一封英文打印的信，信纸的空白处及背面写有周先庚的亲笔回信。默里在信中写有一句话："我是多么感激您同我们在中国一起共事，我是多么频繁地想起您和您的学生们（...how much I appreciated your working with us in China and how often I have thought of you and your students）"。"In China"一语令我感到十分惊讶，因为从来没有听说过默里来过中国。自此，我就开始着手周先庚先生相关学术资料的收集工作并进行相关研究。2011年11月，我通过北京大学吴艳红教授联系上了周先庚先生的长子周广业教授，并得知周先庚先生存留下大量心理学档案资料，分别捐赠给了清华大学档案馆和北京大学档案馆，另有一部分珍贵的私人信件类资料收藏于周广业教授个人手中。在周广业教授帮助下我有幸目睹到周先庚生前保留下来的几乎全部档案资料，同时使得我有机会从周先庚先生身上了解到中国现代心理学发展历程的一个侧面。我一方面利用这些档案资料开展相关的学术研究，另一方面和周广业教授着手整理《周先庚文集》的工作。另外，周广业和周文业二位老师也开始着手《郑芳文集》的整理工作。2012年，在我们相关研究工作的推动之下以及有关部门的支持下，周先庚作为目前唯一一位心理学家入选中国科学技术协会和中国科学院等12个部门和单位共同组织实施的"老科学家学术成长资料采集工程",为完成这部周先庚先生的传记奠定了基础。

在开展周先庚先生学术成长资料采集工作的几年中,我利用这些档案资料开展了研究,在国内外期刊上相继发表了七篇学术论文,《周先庚文集》(卷一、二)、《郑芳文集》也相继由中国科学技术出版社出版。这些工作对于当前心理学界重新认识周先庚先生及中国现代心理学发展的某些侧面产生了不可替代的作用。

我们有幸邀请到孙昌龄先生为这部传记撰写了序文,高云鹏先生撰写了第七章并补写了年表,周广业教授和夫人周思萌撰写了第一、八、九、十、十一章和年表,阎书昌教授撰写了导言、第二、三、四、五、六章和结语及著作年表,并对全书做了统稿和修订。2013年我们便完成了这部传记的初稿,怎奈后续的修订工作时断时续,迟至现在才接近完成。在过去的五年中,"老科学家学术成长资料采集工程"的审稿专家组为本部传记提出了两次修改意见,其中一条意见为:"周先庚实际上比目前正在采集的科学家早一个世代,一定程度上有典型性和代表性,从事的学科在采集工程中又具有相对稀有性,如果能促成有基本历史传记品质的周先庚传出版,对于弥补科学家在'民国热'中的缺席,将是非常大的贡献。"这些修改意见为传记质量的提升起到了重要的作用,在此谨表示衷心感谢!在统稿过程中,我对某些细节有了疑问并查不到原始出处时,周广业教授总是不辞辛苦地去找寻相关原始资料,为我的撰写和统稿提供资料上的支持。周文业高工也不时地浏览文稿,并提供了有价值的建议,在此一并致谢。

自从接触周先庚先生的档案资料以来,可以说我对周先生的熟悉与日俱增,尽管他已经过世二十多年了,但是他所保存的档案资料仍会向我们讲述他的心理学生涯。尽管他称自己保存资料是一种"癖好",但是我能感受到的是,他相信自己的心理学教学与科研、培养学生的过程都是他追求心目中"中国心理学"梦想的一部分,都是他自己心血所倾注的"求真"过程中留下的痕迹,无愧于自己所处的时代,这使得他一直视如自己生命一样去呵护这些资料。如果当代学界可以从周先生学术生涯中获得启发的话,那就是做出不负时代、无愧于历史的学术研究工作。周先生自从进入心理学领域之后，可以说没有一天离开过心理学，从来没有放弃过创建"中国心理学"的梦想。1948年，周先生在跟默里通信中提到希望有一天能够到美国讲授"中国牌心理学"（Chinese brand of psychology），这是他对中国心理学的终极梦想。本部传记的标题《逐梦"中国牌"心理学：周先庚传》就取自于此。

自开展周先庚先生心理学生涯研究以来，得到了北京师范大学张厚粲教授、中科院心理研究所张侃研究员、傅小兰研究员、清华大学心理学系彭凯平教授、樊富珉教授、北京大学吴艳红教授等的大力支持，中科院心理研究所赵莉如研究员、北京师范大学林崇德教授、原沈阳心理研究所所长王树茂教授、暨南大学的凌文辁教授和方俐洛教授等提供了回忆资料，清华大学档案馆和北京大学档案馆的各位老师提供了诸多帮助，需要感谢的老师们以及周先庚的家人们还有很多，恕不再一一列举大名，我谨代表采集工程项目成员在此一并谨致谢忱！

鉴于我们的能力有限，在史料的把握以及写作上肯定会存在着一些瑕疵乃至错误，希望能够得到专家学者的斧正，希望将来能有机会完成一部更好的周先庚先生学术传记。

最后，再次向为周先庚学术成长资料采集工程提供热忱帮助的单位和人员表示由衷的感谢！

阎书昌
2018年7月20日

老科学家学术成长资料采集工程丛书
已出版（110种）

《卷舒开合任天真：何泽慧传》　　《此生情怀寄树草：张宏达传》
《从红壤到黄土：朱显谟传》　　　《梦里麦田是金黄：庄巧生传》
《山水人生：陈梦熊传》　　　　　《大音希声：应崇福传》
《做一辈子研究生：林为干传》　　《寻找地层深处的光：田在艺传》
《剑指苍穹：陈士橹传》　　　　　《举重若重：徐光宪传》

《情系山河：张光斗传》　　　　　《魂牵心系原子梦：钱三强传》
《金霉素·牛棚·生物固氮：沈善炯传》《往事皆烟：朱尊权传》
《胸怀大气：陶诗言传》　　　　　《智者乐水：林秉南传》
《本然化成：谢毓元传》　　　　　《远望情怀：许学彦传》
《一个共产党员的数学人生：谷超豪传》《没有盲区的天空：王越传》

《含章可贞：秦含章传》　　　　　《行有则　知无涯：罗沛霖传》
《精业济群：彭司勋传》　　　　　《为了孩子的明天：张金哲传》
《肝胆相照：吴孟超传》　　　　　《梦想成真：张树政传》
《新青胜蓝惟所盼：陆婉珍传》　　《情系梁菽：卢良恕传》
《核动力道路上的垦荒牛：彭士禄传》《笺草释木六十年：王文采传》

《探赜索隐　止于至善：蔡启瑞传》《妙手生花：张涤生传》
《碧空丹心：李敏华传》　　　　　《硅芯筑梦：王守武传》
《仁术宏愿：盛志勇传》　　　　　《云卷云舒：黄士松传》
《踏遍青山矿业新：裴荣富传》　　《让核技术接地气：陈子元传》
《求索军事医学之路：程天民传》　《论文写在大地上：徐锦堂传》

《一心向学：陈清如传》　　　　　《钤记：张兴钤传》
《许身为国最难忘：陈能宽传》　　《寻找沃土：赵其国传》

《钢锁苍龙　霸贯九州：方秦汉传》　　《虚怀若谷：黄维垣传》
《一丝一世界：郁铭芳传》　　　　　　《乐在图书山水间：常印佛传》
《宏才大略　科学人生：严东生传》　　《碧水丹心：刘建康传》

《我的气象生涯：陈学溶百岁自述》　　《我的教育人生：申泮文百岁自述》
《赤子丹心　中华之光：王大珩传》　　《阡陌舞者：曾德超传》
《根深方叶茂：唐有祺传》　　　　　　《妙手握奇珠：张丽珠传》
《大爱化作田间行：余松烈传》　　　　《追求卓越：郭慕孙传》
《格致桃李半公卿：沈克琦传》　　　　《走向奥维耶多：谢学锦传》
《躬行出真知：王守觉传》　　　　　　《绚丽多彩的光谱人生：黄本立传》
《草原之子：李博传》

《此生只为麦穗忙：刘大钧传》　　　　《探究河口　巡研海岸：陈吉余传》
《航空报国　杏坛追梦：范绪箕传》　　《胰岛素探秘者：张友尚传》
《聚变情怀终不改：李正武传》　　　　《一个人与一个系科：于同隐传》
《真善合美：蒋锡夔传》　　　　　　　《究脑穷源探细胞：陈宜张传》
《治水殆与禹同功：文伏波传》　　　　《星剑光芒射斗牛：赵伊君传》
《用生命谱写蓝色梦想：张炳炎传》　　《蓝天事业的垦荒人：屠基达传》
《远古生命的守望者：李星学传》

《善度事理的世纪师者：袁文伯传》　　《化作春泥：吴浩青传》
《"齿"生无悔：王翰章传》　　　　　　《低温王国拓荒人：洪朝生传》
《慢病毒疫苗的开拓者：沈荣显传》　　《苍穹大业赤子心：梁思礼传》
《殚思求火种　深情寄木铎：黄祖洽传》《仁者医心：陈灏珠传》
《合成之美：戴立信传》　　　　　　　《神乎其经：池志强传》
《誓言无声铸重器：黄旭华传》　　　　《种质资源总是情：董玉琛传》
《水运人生：刘济舟传》　　　　　　　《当油气遇见光明：翟光明传》
《在断了A弦的琴上奏出多复变
　　最强音：陆启铿传》　　　　　　　《微纳世界中国芯：李志坚传》
　　　　　　　　　　　　　　　　　　《至纯至强之光：高伯龙传》

《弄潮儿向涛头立：张乾二传》　　《材料人生：涂铭旌传》
《一爆惊世建荣功：王方定传》　　《寻梦衣被天下：梅自强传》
《轮轨丹心：沈志云传》　　　　　《海潮逐浪　镜水周回：童秉纲
《继承与创新：五二三任务与青蒿素研发》　　　口述人生》

《淡泊致远　求真务实：郑维敏传》　《采数学之美为吾美：周毓麟传》
《情系化学　返璞归真：徐晓白传》　《神经药理学王国的"夸父"：
《经纬乾坤：叶叔华传》　　　　　　　　金国章传》
《山石磊落自成岩：王德滋传》　　《情系生物膜：杨福愉传》
《但求深精新：陆熙炎传》　　　　《敬事而信：熊远著传》
《聚焦星空：潘君骅传》